楊立誠編

四庫目略

(二)

中華書局印行

書名	著者	卷數	版本	書旨
鬻子	舊本題周鬻熊撰、	一	綿眇閣本、刊六子全書本、十二子本、子彙本、嘉靖甲辰刊五子本、道藏二卷本、墨海金壺本、守山閣本、近人合刊二十二子本、明自得軒刻楊愼評本、明弘治丙辰楊一淸提陝學校刊五子本、嘉靖甲辰刊五子本、子書百種本、	考漢書藝文志道家鬻子說二十二篇，又小說家鬻子說十九篇，是當時本有二書，列子引鬻子凡三條，皆黃老淸靜之說，與今本不類，疑即道家二十二篇之文，今本所載與賈誼新書所引六條文格略同，疑即小說家之鬻子說也。

墨子

舊本題周墨翟撰、

一

經訓堂叢書本、明嘉靖癸丑唐堯臣刊本、明江藩重刊唐本、緜眇閣四卷本、子彙一卷本、道藏本、茅鹿門六卷本、路小洲有弘治己未舊抄本、振綺堂有吳匏菴手抄本、許氏亦有吳手抄本、許周生有畢刻精校本、明注定國彙刻諸子褒異本、明江右芝城洛字本、舊抄殘本、浙局本、子書百種本、二十二子彙函本、顧澗薲據道藏本校經訓堂本、

墨子以自苦爲極，時時利濟於物，故其教得列於九流，而其書亦至今不泯耳。

子華子	舊本題晉程本撰、	二	緜眇閣本、刊六子全書本、子彙本、明刊十行本、又八行本、墨海金壺本、珠叢別錄本、近人刊二十二子本、明弘治丙辰楊一清校五子本、嘉靖甲辰刊五子本、道藏十卷本、明堂策檻刻郎兆玉評本、刊抄合配本、子書百種本、明刊十卷本、	是書多採掇黃老之言，而參以術數之說。
尹文子	周尹文撰、	一	嘉靖甲辰刊五子本、二十子本、子彙本、緜眇閣本、湖海樓叢書本、道藏三卷本、近人刊二十二子本、墨海金壺本、守山閣本、弘治丙辰楊一清校五子本、愛日精廬有宋刊二卷本、刊六子全書本、昭文張氏有宋刊二卷本、明泰和堂刻沈調元評本、諸子彙函本、子書百種本、	是書本名家者流，大旨指陳治道，欲自處於虛靜，故其言出入於黃老之間。

慎子	周慎到撰、	一	子彙本、緜眇閣本、近人刊十二子本、嘉慶乙亥嚴鐵橋校刊本、墨海金壺本、守山閣校補二卷本、萬歷己卯吳人慎懋賞刊本、諸子彙函本、子書百種本、	是書本法家者流，大旨欲因物理之當然，各定一法以守之，不求於法之外，亦不寬於法之中，則上下相安，可以清淨而治。
鶡冠子	不著撰人名氏、	三	聚珍板本、閩覆本、近十子全書本、瓶花齋本、明刊十行本、五子本、道藏本、子彙本、緜眇閣本、學津討原本、弘治丙辰楊一清校五子本、嘉靖甲辰刊五子本、刊六子全書本、明朱養純刊本、諸子彙函本、子書百種本、	是書頗雜刑名，大旨原本於道德，其文亦博辨宏肆。

公孫龍子	周公孫龍撰、	三	嘉靖五子本、十二子本、子彙本、緜眇閣本、道藏本、近人刊二十二子本、墨海金壺本、守山閣本、弘治丙辰楊一淸校五子本、嘉靖甲辰刊五子本、刊六子全書本、明十顧齋刻楊愼評本、諸子彙函本、子書百種本、崇德書院本、	是書大旨疾名器乖實，乃假指物以混是非，借白馬而齊物我，冀時君有悟而正名實，故諸史皆列於名家。
鬼谷子	舊本題鬼谷子撰、	一	子彙本、十二子本、二十子本、緜眇閣本、明刊本、鮑以文校本、子書百種本、崇德書院本、明臨安高氏刻高金體評本、乾隆五十四年江都秦氏刊陶宏景注道藏本、嘉慶十年江都秦氏重刊陶宏景注三卷本、盧抱經以述古舊抄補道藏本、	是書爲縱橫家之祖。高似孫子略稱其一闔一闢爲易之神，一翕一張爲老氏之術，出於戰國諸人之表。

呂氏春秋

舊本題秦呂不韋撰、

二六

弘治間李瀚刊本、明許宗魯重刻宋賀方回本、萬曆丙申劉如寵刊本、本乙巳汪如鸞刊本、吳勉學刊本、明萬曆己卯姜璧等刊本、朱夢龍刊本、明宋邦乂等刊本、畢氏經訓堂校刊本、元有嘉禾學官本、拜經樓有元刊本、平津館有元至正中吳興謝氏刊補本、明張氏刊本、明刊本子書百種本、盧抱經校本、二十二子彙函本、

是書裒合羣言，大旨以儒爲主。而參以道家墨家。

淮南子

漢淮南王劉安撰、

二一

正統道藏本、漢魏叢書本、萬歷甲午吳郡張維城刊本、明茅一桂刊本、中都四子本、明王鎣刊無注本、明王溥校刊本、二十子無注本、莊氏校刊道藏本、十子全書覆莊本、明汪一鸞刊本、中都四子本、王丕烈有宋刊小字本、許周生有就莊刻精校本、明弘治刊劉績補注本、明刊黄氏重修本、胡氏校莊刊本、子書百種本、明刊二十八卷本、中立四子二十八卷本、二十二子彙函本、

是書大旨原本道德，而縱橫曼衍，多所旁涉，故漢志列之雜家。

書名	撰者	卷數	版本	提要
人物志	魏劉邵撰、	三	漢魏叢書本、明嘉靖己丑上海顧定英刊本、明萬歷劉氏刊本、墨海金壺本、守山閣刊本、隆慶壬申鄭星刊本、乾隆十二年彭氏寶機樓重校定刊本、明刊本、抄本、兩京遺編本、	是書主於論辨人才，以外見之符驗內藏之器，分別流品，研析疑似。其學出於名家，而其理則不悖於儒者。
金樓子	梁孝元皇帝撰、	六	說郛一卷本、知不足齋本、元至正間刊本、子書百種本、	是書於古今聞見事迹，治忽貞邪，咸爲包載，附以議論勸戒，兼資蓋亦雜家之流。
劉子		一〇	子彙本、漢魏叢書本、孫鑛刊二卷本、道藏本、天祿後目有宋刊本、宋刊巾箱本、東湖叢記有菉竹堂舊鈔本、周香巖有明活字本、明刊本、明刊二卷本、子書百種二卷本、崇德書院一卷本、	是書末九流一篇所指得失，皆與隋書經籍志子部所論相同，使隋志襲其說，不應反不錄其書，使其剽襲隋志，則貞觀以後人作矣。

顏氏家訓	隋顏之推撰、	二	明刊顏氏傳書本、漢魏叢書本、知不足齋仿宋刊七卷附考證一卷本、抱經堂刊七卷趙曦明注盧文弨本補注本、高安全書本、宋抄淳熙七年台州公庫七卷本、明正德戊寅蘇州同知顏如瓌刊本、萬曆戊寅袁志邦刊本、明刊本、明刊校本、朱文端集附刊本、子書百種本、	是書大旨於世故人情深明利害而能文之，以經訓故唐志宋志俱列之儒家；然其中歸心等篇深明因果不出當時好佛之習，又兼論字畫音訓，並考正典故品第文藝，曼衍旁涉，不專爲一家之言，今特退之雜家。
長短經	唐趙蕤撰、	九	函海本、讀畫齋叢書本、	是書皆談王霸經權之要，其源出於縱橫家，故以長短爲名。大旨主於實用而非策士詭譎之謀。
兩同書	唐羅隱撰、	二	說郛本、廣祕笈本、二十二子本、昭諫集本、天一閣本、	是書分上下兩卷：上卷五篇皆歸本於老子之言，下卷五篇皆歸本於孔子之言。崇文總目謂以老子修身之說爲內，孔子治世之道爲外，會其指而同原，然則兩同之名，蓋取晉人將無同之義。

書名	撰者	卷數	版本	提要
化書	南唐譚峭撰、	六	道書全集本、道宗六書本、二十子本、唐宋叢書本、墨海金壺本、珠叢別錄本、百名家書本、明初代王府刊本、弘治甲子劉氏刊本、申氏刊本、嘉靖戊戌周藩刊本、說郛本、廣祕笈本、鹽邑志林一卷本、格致叢書本、子彙作齋邱子本、	是書凡六篇：曰道化術化德化仁化食化儉化。大旨多出於黃老而附合於儒言。
昭得新編	宋晁迥撰、	南	明嘉靖刊晁氏三種本、道光中刊晁氏叢書本、宋慶元中刊本、	是書大旨雖主於勉人爲善而不免兼入於釋氏。
芻言	宋崔敦禮撰、	三	抄本、函海本、	是書凡分三卷：上卷言政，中卷言行，下卷言學。大旨頗雜於黃老，未爲粹然儒者之言。

樂菴遺書	舊本題宋李衡撰、	四	明天順癸未刊本、	是書大旨提倡心學、以悟爲宗。
習學記言	宋葉適撰、	五〇	路有鈔本、許氏有鈔本、詒讓有秦西巖鈔不全本、宋刊本在揚州某氏、	是書乃輯錄經史百氏各爲論述，條列成編。其講學析理多異先儒。
本語	明高拱撰、	六	明刊高文襄公集本、指海本、明刊本、抄本、	是書論史多借喻時事，論理亦間參釋道二氏。
白虎通義	漢班固撰、	四	兩京遺編本、漢魏叢書本、格致叢書本、古今逸史本、明傳鑰仿元刊十卷本、抱經堂刊本、吳騫有北宋時坊刻本、朱文游有元大德本、明楊佑刊本、百名家書本、大德九年劉平父刊本、明俞元符刊二卷本、吳氏刊本、子書百種本、明刊二卷本、	是書雖兼涉讖緯，而多傳古義，至今爲考證家所依據。其稱曰白虎通者，乃白虎通德論之省文也。

獨斷	漢蔡邕撰、	二	百川學海本、古今逸史本、抱經堂校刊本、明弘治中劉遜重刊宋本、許氏有明金維垣刊本、漢魏叢書本、格致叢書一卷本、嘉靖中喬世寧刊中郎集本、明刊本、子書百種本、唐宋叢書一卷本、	是書皆考論舊制綜述遺文，與白虎通義風俗通義俱爲講漢學者之資糧。
古今注	晉崔豹撰、	三	顧氏四十家小說本、百名家書本、百川學海本、古今逸史本、明嘉靖間有注釋本、嘉靖癸巳陳釴刊本、漢魏叢書無附本、格致叢書無附本、說郛本、祕書二十一種本、文房小說無附本、明單刊古今注本、子書百種單刊古今注本、	二書皆考證名物，而文相同者十之九。
附中華古今注	五代馬縞撰、	三		

資暇集	唐李匡乂撰、	三	格致叢書本、學海類編本、續知不足齋本、墨海金壺本、顧四十家小說本、續百川學海本、藝圃搜奇本、說郛一卷本、袁褧四十家小說本、舊抄本、唐宋叢書本、	是書分三篇：上篇正誤，中篇談原，下篇本物。大旨皆考證舊文。
刊誤	唐李涪撰、	二	百川學海本、古今逸史本、格致叢書本、學津討原本、說郛本、刊本、	是書皆考究典故，引舊制以正唐末之失，又引古制以糾唐制之誤。大旨多可以訂正禮文。
蘇氏演義	唐蘇鶚撰、	二	藝海珠塵本、函海本、	是書所載與世傳魏崔豹古今注馬縞中華古今注多相出入，大旨於名物典制具有考證。
兼明書	五代邱光庭撰、	五	祕笈本、淡生堂餘苑本、眞意堂活字本、說郛本、	是書首總說諸書，次說五經論語孝經爾雅，次文選，次雜說。大旨皆考證之文。

近事會元	宋李上交撰、	五	守山閣刊本、張目有舊抄本、知不足齋本、	是書紀唐至五代典制，體例在崔豹古今注高承事物紀元之間。大旨皆有關掌故之紀載。
東觀餘論	宋黃伯思撰、	二	明項篤壽仿宋刊本、津逮祕書本、王氏畫苑本、學津討論本、書苑本、摘鈔本、明刊二卷本、	伯思嘗作法帖刊誤古器說論辨題跋三書，其子訒合而編之，總題此名。其稱曰東觀者，蓋以伯思終於祕書郎故也。
靖康湘素雜記	宋黃朝英撰、	一〇	祕笈本、唐本叢書本、學海類編本、墨海金壺本、守山閣刊本、說郛本、學津討原本、	是書皆考證經典異同。其學出於王安石。
猗覺寮雜記	宋朱翌撰、	二	聚珍板本、知不足齋本、學海類編本、閩覆本、抄本、	是書分上下兩卷：上卷皆詩話，下卷雜論文章兼及史事。

能改齋漫錄	宋吳　曾撰、	一八	聚珍板本、墨海金壺本、守山閣本、淡生堂餘苑本、閩覆本、翻聚珍本、乾隆乙未汪秉鈞刊本、	是書分事始，辨誤，事實，沿襲，地理，議論，記詩，記事，記文，類對，方物，樂府，神仙鬼怪十二類，大旨皆考證之文。
雲谷雜記	宋張　淏撰、	四	聚珍板本、閩覆本、杭縮本、海山仙館本、嘯園本、許氏有盧校本、	是書專爲考據之學，於諸家著述，多能析其疑而糾其謬。
西溪叢語	宋姚　寬撰、	三	明鵠鳴館刊本、稗海不全本、津逮祕書二卷本、學津討原本、嘉靖戊申錫山俞憲刊二卷本、東湖叢記有影宋鈔本、嘯園本、明刊本、	是書多考證典籍之異同。
學林	宋王觀國撰、	一〇	聚珍板本、閩中翻刻本、湖海樓叢書本、	是書專以辨別字體字義字音爲主。自六經史漢旁及諸書，凡註疏箋釋之家，莫不臚列異同，考求得失。

容齋隨筆	宋洪　邁撰、	一六	明李氏刊本、馬氏刊本、明弘治八年會通館活字板本、明蘭雪堂仿宋活字本、康熙庚辰重修馬板本、乾隆甲寅埽葉山房翻馬板本補宋槧三筆本、明刊小字本、明刊本、洪氏刊本、	是書皆考辨經史，釐訂典故，旁及文章藝術。
續筆		一六		
三筆		一六		
四筆		一六		
五筆		一〇		
攷古編	宋程大昌撰、	一〇	函海本、學津討原本、淡生堂餘苑本、夷門廣牘本、明鈔單行本、	是編乃雜論經義異同，及記傳謬誤，多所訂證。
演繁露	宋程大昌撰、	一六	說郛本、唐宋叢書一卷不全本、嘉靖辛亥刊本、學津討原本、明萬曆丁巳刊本、刊抄合配本、抄續繁露本、	大昌所演，雖非仲舒本意，然引證詳明，實有裨於小學。至於續編則分制度，文類，詩章，談助四門，亦足資參攷。
續演繁露		六		

緯略	宋高似孫撰、	一二	明秀水沈士龍刊本、百川學海三卷本、墨海金壺本、守山閣本、白鹿山房活字本、淡生堂餘苑摘抄二卷本、	是書以緯略爲名而非論緯書。大旨皆考證舊文，疏通疑滯。
甕牖閒評	宋袁　文撰、	八	聚珍本、閩覆本、蘇杭縮本、江西刊本、	是書專以考訂爲主，分爲八卷：一卷論經，二卷論史，三卷論天文地理人事，四卷論小學，五卷論詩詞書畫，六卷論飲食衣服器用宮室，七卷論釋道技術物產，八卷雜論神怪。
芥隱筆記	宋龔頤正撰、	一	津逮祕書本、格致叢書本、續知不足齋刊本、學津討原本、顧氏文房小說本、說郛本、百川學海本、唐宋叢書本、	是書考據博洽不在沈括筆談洪邁隨筆之下。其曰芥隱者，蓋頤正書室之名也。

蘆浦筆記	宋劉昌詩撰、	一〇	宋嘉定乙亥刊本、知不足齋本、學海類編本、振綺堂有鈔本、拜經樓有舊鈔本、厲樊榭手校鈔本、	是書皆考辨譌文疑義，以作於監蘆瀝場鹽課時，故名蘆浦。
野客叢書 附野老記聞	宋王楙撰、	三〇 一	明刊本、嘉靖壬戌王穀祥重刊本、明細字刊本半頁十行行二十字、稗海本、寶顏堂十二卷本、	是書於經籍異同多所釐正。
坦齋通編	宋邢凱撰、	一	守山閣本、	是書多考證之文，間亦評論史傳及雜事。
考古質疑	宋葉大慶撰、	六	聚珍本、閩覆本、蘇杭縮本、海山仙館本、日本刊本、	是書上自六經諸史，下及宋代著述諸名家，各爲抉摘疑義，考訂釐正。

經外雜鈔	宋魏了翁撰、	三	唐宋叢書二卷本、廣祕笈一卷本、奇晉齋叢書題鶴山筆錄一卷節本、學海類編本、	是編皆抄錄諸書而略以己意標識於下，多有不載全文而但書云云字者，亦有兩卷互見者，蓋隨手記載以備考證之用。
古今考	宋魏了翁撰、	一	元至正二十年庚子刊本、百川學海本、祕笈一卷本、明萬曆刊本、崇禎重刊本、明謝氏刊三十八卷本、明正德刊正續古今考三十八卷本、又二十卷本、說郛本、掃葉山房刊本、	了翁以鄭元禮註某物即今某物者，孔賈諸疏多不能考，欲即漢書本紀所載隨文辨證，然其書未成，僅得二十條，又有錄無書者四條，回乃推演其意續成是編。
續古今考	元方　回撰、	三七		
穎川語小	宋陳　昉撰、	二	守山閣刊本、	是書考究典籍異同，掌故沿革，酷似洪邁容齋隨筆；其論文多辨別經史句法，又頗似陳騤文則。

書名	撰者	卷數	版本	提要
賓退錄	宋趙與旹撰、	一〇	淡生堂餘苑本，學海類編本、涇川叢書四卷本、乾隆壬申存恕堂仿宋本、景宋抄本、	是編論詩多涉迂謬，於吟咏之事茫然未解。至於考證經史辨析典故，則精核者十之六七。可爲夢溪筆談及容齋隨筆之續。
學齋佔畢	宋史繩祖撰、	四	宋刻本、百川學海本、稗海不全本、學津討原本、	是書皆考證經史疑義。
鼠璞	宋戴埴撰、	一	百川學海本、明刊本、說郛本、唐宋叢書二卷本、格致叢書二卷本、續知不足齋叢書二卷本、學津討原二卷本、舊抄本、	是書亦考證經史疑義及名物典故之異同。曰鼠璞者，取戰國策以鼠爲璞之意也。
朝野類要	宋趙昇撰、	五	聚珍板本、閩覆本、知不足齋本、淡生堂餘苑本、	是書徵引朝廷故事，以類相從。其體例近蔡邕獨斷。

困學紀聞	宋王應麟撰、	二〇	明弘治刊本、萬歷刊本、乾隆戊午祁門馬氏刊閻箋本、桐鄉汪氏刊何箋本、乾隆壬戌金氏刊三箋本、又別刊七箋本、嘉慶間黃岡萬氏刊集證本、道光乙酉餘姚翁氏刊注集本、天祿後目有元泰定二年慶元路儒學胡禾監刊本、平津館目有元刊本、	是編乃應麟劄記考證之文。凡說經八卷，天道地理諸子二卷，考史六卷，評詩文三卷，雜識一卷，援據精博，爲宋一代說部之後勁。
識遺	宋羅璧撰、	一〇	學海類編本、拜經樓有舊抄本、五硯樓本、	是書以朱子之學爲宗，故謂夫子之道至晦翁集大成諸家解經自晦翁斷定始出於正。
愛日齋叢鈔	不著撰人名氏、	五	抄本、守山閣本、唐宋叢書不全本、	是書大旨主於辨析名物稽考典故。

日損齋筆記	元黃　溍撰、	一	天順四年刊本、義烏陳氏注刊本、墨海金壺本、守山閣本、金華叢書本、	是書於經史子集皆能考證其異同得失。
丹鉛餘錄		一七	嘉靖丁未刊本、萬歷張士佩刊本、函海本、抄餘錄本、明單本續錄總錄本、明嘉靖單刊續錄本、明嘉靖單刊總錄本、	其考證諸書異同者，則皆以丹鉛爲名。
續錄	明楊　慎撰、	一二		
摘錄		一三		
總錄	明梁　佐撰、	二七		
譚苑醍醐	明楊　慎撰、	九	函海八卷本、	是書亦皆考證之語，與丹鉛錄大致相出入，而亦頗有異同。其名醍醐者，謂從乳出酪，從酪出酥，從生酥出熟酥，從熟酥出醍醐，猶之精義入神，非一蹴之力也。
正楊	明陳耀文撰、	四	抄本、明刊本、	是書凡一百五十條，皆糾楊慎之譌。

疑耀	明張萱撰	七	萬歷中萱自刊行本、嶺南遺書本、	是編考證故實循循有法。雖間倡儒佛歸一之說，其言謹而不肆。
藝彀　補	明鄧伯羔撰	三　二	明刊本、	是書援據經典，雖多本舊文，亦頗自出新意。
名義考	明周祈撰	一二	明萬歷癸未刊本、	是書分天地人物四部，各因其名義而訓釋之。其有異同，則雜引諸書以辨證之。
筆精	明徐渤撰	八	抄本、明刊本、	是編分易通經臆詩談文字雜記五門。其曰筆精者，取江淹別賦語也。

通雅	明方以智撰、	五二	康熙丙午姚氏刊本、浮山此藏軒本、日本刊本、	是書以考證訓詁音聲爲主，而旁及於名物度數藝術之類。
卮林	明周嬰撰、	一〇	湖海樓叢書本、明刊本、	是書體近類書，而考訂經史辨證頗爲該洽。
補遺		一		
拾遺錄	明胡爌撰、	一	明季刊本、依閣抄本、	是書雜考訓詁分爲六類，援引采輯頗有根據。
日知錄	清顧炎武撰、	三二	徐氏初刊八卷本、康熙乙亥潘耒刻本、坊刻小字本、道光十四年嘉定黃氏集釋本、雍正中江陰楊宁有增訂本、經義齋刊本、	是書乃炎武讀書有得，隨時劄記，故以日知爲名。

義府	清黃　生撰、	二	指海本、乾隆五十二年與字詁同刊本、道光壬寅族從孫黃承吉合字詁義府刊本、抄本、	是書皆黃生考證劄記之文。上卷論經，下卷論諸史諸子諸集附以趙明誠金石錄。
藝林彙考	清沈自南撰、	二四	順治中刊本、康熙癸卯刊本、乾隆辛未重刊本、原刊二十七卷本、	是書凡五篇：曰棟宇，曰服飾，曰飲食，曰稱號，曰植物。所載諸書皆取有辨證。
潛邱劄記	清閻若璩撰、	六	乾隆十年閻氏刊本、吳玉搢重編本、	是書皆其考證經籍隨筆劄記之文。曰潛邱者，若璩本太原潛邱人，因取以名書。
湛園札記	清姜宸英撰、	四	葉元塤刊本、湛園集二卷本，	是書皆其考證經史之語，而訂正三禮者尤多。

白田雜著	清王懋竑撰、	八	白田草堂存稿本、抄本、	是書皆其考證辨論之文。而於朱子之書用力尤深。
義門讀書記	清何焯撰、清蔣維鈞編、	五八	乾隆三十四年刊本、	是編皆校正諸書之文。
樵香小記	清何琇撰、	二	守山閣本、抄本、	是編皆考證之文，凡一百二十條，論經義者居其大半，論小學者次之。
管城碩記	清徐文靖撰、	三〇	乾隆九年徐氏刊位山六種本、	是書皆辨析典籍之疑誤，每條以原書爲綱而各繫以論辨，略似學林就正之體，大致與箋疏相近。

書名	撰者	卷數	版本	提要
訂譌雜錄	清胡鳴玉撰、	一〇	乾隆己未刊本、湖海樓叢書本、昭代叢書本、	是編皆考訂聲音文字之譌，大旨採集諸家說部，而參以己說。
識小編	清董豐垣撰、	二	康熙中刊本、乾隆癸未刊本、指海本、袖珍本、學古齋本、	是書凡二十四篇，議禮者居十之九。
論衡	漢王充撰、	三〇	明通津草堂仿宋本、正德辛巳南監補刊本、嘉靖乙未吳郡蘇獻可刊本、錢震瀧本、漢魏本、坊刊本、抱經有校宋本、張目有至元六年重刊乾道殘本、東湖叢記有元刊十五卷本、	充書大旨詳於自紀一篇，蓋內傷時命之坎坷，外疾世俗之虛偽，故發憤著書，其言多激刺。大抵訂譌貶俗中理者多，亦殊有裨於風教。

風俗通義 附錄	漢應劭撰、	一〇 一	漢魏本、格致無附本、古今逸史四卷本、兩京遺編本、鍾評祕書無附本、滂喜齋有大德本、姚若有明刊仿大德本、拜經樓有元刊本、百名家書本、明覆元本、胡文煥刊本、順治刊本、	是書考論典禮類白虎通議；糾正流俗類王充論衡。
封氏聞見記	唐封演撰、	一〇	明正德戊辰刊本、淡生堂餘苑本、學海類編本、雅雨堂本、學津討原本、江都秦黌重刊本、邵亭有舊鈔本、鴻綬有厲樊榭手校抄本、	是書前六卷多陳掌故，七八兩卷多記古蹟，及雜論，末二卷則全載當時士大夫軼事嘉言善行居多，惟末附諧語數條而已。
尙書故實	唐李綽撰、	一	說郛本、祕笈本、續祕笈本、百川學海本、	是書雜記近事而兼考舊聞。其曰尙書者，張嘉貞之玄孫也。

灌畦暇語	不著撰人名氏、	一	學海類編本、奇晉齋叢書本、藝圃搜奇本、淡生堂餘苑本、稽古堂雜說本、	是書皆雜述舊聞，附以論斷。大旨以黃老爲宗。
春明退朝錄	宋宋敏求撰、	三	百川學海本、歷代小史本、說郛本、唐宋叢書本、學海類編本、淡生堂餘苑本、學津討原本、蘇城汪氏有宋本、	是書所記雖多述宋代典制，而雜說雜事亦錯出其間。
筆記	宋宋祁撰、	三	百川學海本、學海類編本、學津討原本、說郛本、唐宋叢書一卷本、	是書上卷曰釋俗，中卷曰考訂，多正名物音訓，頗有裨於小學，亦間及文章史事；下卷曰雜說，造語奇雋，多似焦贛易林譚峭化書。
東原錄	宋龔鼎臣撰、	一	藝海珠塵本、函海本、讀畫齋刊本、十萬卷樓本、	是編多考論訓詁，亦兼及雜事。其說經多出新解。

王氏談錄	宋王欽臣撰、	一	唐宋叢書本、祕笈本、抄本、	是書凡九十九條，皆述其父洙平日所論。
文昌雜錄	宋龐元英撰、	七	說郛本、學海類編一卷不全本、古今說海一卷不全本、藝圃搜奇本、淡生堂餘苑本、續百川學海本、學津討原本、雅雨堂六卷本、張金吾有述古堂舊抄本、	是書所記一時聞見，朝章典故爲多。通典載尚書省爲文昌天府，故以名書。
麈史	宋王得臣撰、	三	淡生堂餘苑本、知不足齋本、明抄本、楚中安陸縣刊本、	是書所紀凡二百八十四事，分四十四門，凡朝廷掌故耆舊遺聞，耳目所及，咸登編錄。其間參稽經典，辨別異同，亦深資考證。

夢溪筆談		二六	宋本、元黑口本、明馬氏仿宋刊本、汲古閣單刊筆談本、津逮祕書無補續本、稗海有補無續本、學津討原有續無補本、唐宋叢書有補無續本、祕笈有補無續本、刊本、	是書於遺聞舊典文章技藝以及小說家言，靡不備載。其曰夢溪者，即括晚時所居地也。
補筆談	宋沈括撰、	二		
續筆談		一		
仇池筆記	舊本題宋蘇軾撰、	二	萬歷壬寅趙進美刊本、說郛不全本、抄本、唐宋叢書不足本、	是書疑好事者集軾之雜帖爲之，非所手著；以頗資考證，故至今傳之。
東坡志林	舊本題宋蘇軾撰、	五	趙開美本、百川學海一卷本、說郛一卷本、稗海十二卷本、抱經以稗海校刊本、學津討原本、東坡大全集本、精抄本、	是書蓋軾隨手所記。本非著作，後人裒而集之，命曰手澤，而刊軾集者不欲以父書目之，故題曰志林。

珩璜新論	宋孔平仲撰、	一	墨海金壺本、珠叢別錄本、唐宋叢書作孔氏雜說四卷本、說郛格致作孔氏雜說一卷本、學海類編四卷本、古今說海說略丁集作孔氏雜說一卷本、抄本、	是書皆考證舊聞，亦間託古事以發議。其曰珩璜者，取貫佩之義以推重其書也。
晁氏客語	宋晁說之撰、	一	百川本、明刊本、說郛本、學海類編本、淡生堂餘苑本、晁氏三先生集本、道光刊晁氏叢書本、	是書乃其劄記雜論及朝野見聞，蓋亦語錄之流，其曰客語者謂每條必記其所語之人也。
師友談記	宋李　廌撰、	一	明刊本、百川學海本、學津討原本、淡生堂餘苑本、	是書皆雜記蘇軾范祖禹黃庭堅秦觀晁說之張耒之言，故曰師友談記。
楊公筆錄	宋楊延齡撰、	一	淡生堂餘苑本、學海類編本、芝園祕錄初刻本、	是書論易取鄭夬。其字義訓詁取王安石陸佃。

呂氏雜記	宋呂希哲撰、	二	指海本、抄本、	希哲少從焦千之孫復石介學，又從程張及王安石父子游，故其學問出入於數家之中。其所記家世舊聞朝廷掌故，多可與史傳相參。
冷齋夜話	宋釋惠洪撰、	一〇	津逮祕書本、稗海本、小字本、學津討原本、精刊本、天祿後目有元刊本、	是書雜記見聞而論詩者居十之八，論詩之中稱引元祐諸人者又十之八，而黃庭堅語尤多。
曲洧舊聞	宋朱弁撰、	一〇	淡生堂餘苑本、知不足齋本、學津討原本、汪氏振綺堂刊本、丁禹生有惠棟校勘本、嘉靖宜興沈敕與東軒筆錄同刊本、	是書作於留金時，然皆追述北宋遺事，無一語及金，故曰舊聞。
元城語錄	宋馬永卿撰、	三	萬歷丁巳本、明刊本、惜陰軒叢書本、小萬卷樓本	是書皆述其師劉安世之語，安世元城人，故以名書。書中多敘述舊聞，亦參以論事論學之說。
附行錄		一		

嬾眞子	宋馬永卿撰、	五	稗海本、	是書乃其雜記之書，然亦多述劉安世語。
春渚紀聞	宋何　薳撰、	一〇	津逮祕書本、浦城遺書本、祕笈不全本、學津討原本、	是書所載多引鬼神報應，兼及瑣事。凡雜記五卷，東坡事實一卷，詩詞事略一卷，雜書琴事附墨說一卷，記研一卷，記丹藥一卷。
石林燕語 考異	宋葉夢得撰、 宋宇文紹奕撰、	一〇 一	稗海本、明正德丙寅楊宗文刊大字無考異本、胡氏琳琅祕室新刊本、葉調生胡心耘合校刊本、明初刊本、津逮祕書本、活字板本、	是書纂述舊聞，皆有關當時掌故，於官制科目言之尤詳。
避暑錄話	宋葉夢得撰、	二	稗海本、明嘉靖項氏宛委堂刊四卷本、津逮祕書本、學津討原本、明刊本、道光乙巳蘇城葉調生新刊本、	夢得爲當代耆宿，藏書至三萬餘卷，故通悉古今，所論多有根柢，惟其爲蔡京之門客，不免以門戶之故，多陰抑元祐而曲解紹聖。

巖下放言	宋葉夢得撰、	三	唐宋叢書本、稗海題蒙齋筆談本、淡生堂餘苑本、藝圃搜奇本、抄本、葉調生新刊本、	是書所述，多提倡釋老之旨。
却掃編	宋徐度撰、	三	宋刊本、景宋抄本、津逮祕書本、學津討原本、	是書所紀皆國家典章，前賢逸事，深有裨於史學。
五總志	宋吳坰撰、	一	知不足齋宋、藝海珠塵本、	是書取龜生五總靈而知事之義，名之曰五總志，所紀多見聞雜事間亦考證舊說。
紫微雜說	宋呂本中撰、	一	指海本、路氏有舊抄本、十萬卷樓本、	是書於六經疑義諸史事蹟多所辨論。

書名	撰者	卷數	版本	提要
辨言	宋員興宗撰、	一	指海本、路有舊抄本、刊本、	是書詳舉經傳史子及宋代諸儒之說，與宗認爲於理未安者皆條列而辨之故名曰辨言。
墨莊漫錄	宋張邦基撰、	一〇	稗海本、單行本、舊抄本、	是書多記雜事，亦頗及考證。自序稱性喜藏書，隨所寓榜曰墨莊故以名其書。
寓簡	宋沈作喆撰、	一〇	淡生堂餘苑本、知不足齋本、張金吾有小草齋舊抄本、	是書喜以禪解易，然所言與沈該易小傳有別，
欒城遺言	宋蘇　籀撰、	一	百川學海本、說郛本、明刊本、粤雅堂本、	籀年十餘歲，時待轍於潁昌，前後九載未嘗去側，因錄其所聞可追記者若干語以示子孫，故曰遺言。中間辨論文章流別古今人是非得失。最爲詳晰。

東園叢說	舊本題宋李如篪撰、	三	路氏有抄本、抄二卷本、指海本、	是書於經義頗有裨益。雖明知爲僞作，要亦足資參證。
常談	宋吳箕撰、	一	抄本、函海本、	是書大旨多評隲史事，而亦間及於考證。
雲麓漫鈔	宋趙彥衞撰、	一五	海昌蔣氏別下齋刊本、稗海四卷本、抄四卷本、抄宋十卷本、許氏有抄本、知不足齋有抄本、孫詒讓有鮑淥飲校本、小山趙氏本、	是書記宋時雜事者十之三，考證名物者十之七。
示兒編	宋孫奕撰、	二三	明潘方凱刊本、抄本、知不足齋本、佳趣堂目有宋板本、	是書博引衆說，往往傷於蕪雜。自序稱：考評經傳，漁獵訓詁，非敢以污當代英明之眼，姑以示之子孫，故名曰示兒編。

游宦紀聞	宋張世南撰、	一〇	稗海本、知不足齋本、	是書多記雜事舊聞，而無一語及時政。
密齋筆記 續記	宋謝采伯撰、	五 一	路氏有抄本、胡氏琳琅祕室叢書本、	是書雜論經史文藝凡五萬餘言。自序稱無牴牾於聖人。
梁谿漫志	宋費　袞撰、	一〇	淡生堂餘苑本、學海類編本、知不足齋本、稽古堂本、明仿宋刊本、常州先哲遺書本、	是書前二卷言朝廷典故，三卷多說雜事，四卷惟述蘇軾事，五卷至九卷則多考證史傳評論詩文，末卷乃兼論神怪。
澗泉日記	宋韓　淲撰、	三	聚珍板本、閩覆本、杭刊本、許氏有盧校本、	是書首掌故，次品評人物，次考證經史，次評論詩文，次雜記山川古蹟。澗泉者，即戴石屏輓韓詩所謂：隱居溪上宅，清酌澗中泉也。

老學庵筆記 續筆記	宋陸　游撰、	一〇 二	稗海無續本、津逮祕書本、學津討原本、明周氏刊本、崇文局無續本、	是書雜諸戲者不過七八事，其餘則軼聞舊典足資考證。
愧郯錄	宋岳　珂撰、	一五	宋刊本、岳氏校刊本、淡生堂餘苑本、學海類編本、知不足齋本、	是書多記宋代制度，可補史志所未備。其曰愧郯者，取左傳郯子來朝仲尼問官事，言通知掌故有愧古人也。
祛疑說	宋儲　泳撰、	一	百川學海本、學津討原本、稗海不足本、	是書以泳平生篤好術數，久而盡知其情僞，因作此以辨之。
琴堂諭俗編	宋鄭至道撰、	二	朱述之有舊抄原本、	是書大旨採摭經史故事關於倫常日用者，旁證曲論，以示勸戒，故曰諭俗。

鶴林玉露	宋羅大經撰、	一六	明刊本、抄本、稗海本、謝天瑞增補二十四卷本、明萬歷刊多補遺一卷本、明刊小字本、進修書院本、	是書體例在詩話語錄之間，詳於議論而略於考證。
貴耳集 二集 三集	宋張端義撰、	一 一 一	說郛歷代小史節錄一卷本、祕笈本、淡生堂餘苑本、津逮祕書本、學津討原本、	貴耳卽尊聞之義。初集二集多記朝廷軼事，兼及詩話。三集則多記瑣聞，兼及神怪。
吹劍錄外集	宋俞文豹撰、	一	抄本、知不足齋本、	文豹所作先有吹劍錄，故此曰外集。吹劍錄持論偏駁，此集言多醇正。
脚氣集	宋車若水撰、	二	抄本、祕笈本、同治孫氏刊本、	是書因病脚氣時所著，遂以爲名。其體例略近語錄，所論多堅持道學門戶。

藏一話腴	宋陳郁撰、	四	抄本、學海類編一卷本、百川一卷本、古今說海一卷本、說略一卷本、姚若有抄本、適園叢書本、	是書分甲乙二集，又各分上下卷，多記南北宋雜事，間及詩話，亦或自抒議論。
佩韋齋輯聞	宋俞德鄰撰、	四	舊抄本、讀畫齋本、學海類編本、	是書多考論經史，間及於當代故實及典籍文藝。大旨皆詳核可據，不同於稗販之談，
書齋夜話	宋俞琬撰、	四	路氏有抄本、淡生堂餘苑本、許氏有舊抄本、	是書乃琬平日讀書論文隨所得而筆記者。卷一皆辨論經義，卷二卷三皆推闡先儒之說；多發明河圖洛書及先天太極二圖。末一卷皆論文之語。
齊東野語	宋周密撰、	二〇	明刊本、明商氏刊本、津逮祕書本、明正德胡文璧刊本、稗海不足本、學津討原本、	是書稱齊東者，其先世濟南人也。中多記南宋舊事，而古義賴以考正者亦頗不少。

困學齋雜錄	元鮮于樞撰、	一	知不足齋本、	是書多紀當時詩話雜事。
隱居通義	元劉壎撰、	三一	康熙中刊本、讀畫齋刊本、江西刊本、海山仙館本、	是書分十一門：理學三卷，古賦二卷，詩歌七卷，文章八卷，駢儷三卷，經史三卷，禮樂造化地理鬼神雜錄各一卷。
湛淵靜語	元白珽撰、	二	知不足齋本、	是書乃珽雜記之文，於宋多內詞，與劉壎相類。其曰湛淵者，因珽家於西湖有泉自竺山匯於其門，珽名曰湛淵，遂以爲號。
敬齋古今黈	元李冶撰、	八	聚珍板本、閩覆本、杭縮本、萬歷戊子武林蔣氏書室刊十四卷本、昭文張氏有元抄殘本、海山仙館本、抄十二卷本、	是書皆訂正舊文，以考證佐其議論。

日聞錄	元李翀撰、	一	函海本、墨海金壺本、守山閣本、	是書多及歷代故事，略如蔡邕獨斷崔豹古今注之體，而辨論多有可採，亦間及元代軼事。
勤有堂隨錄	元陳櫟撰、	一	學海類編本、	是書皆櫟隨筆劄記之文，雖多談義理，而頗兼考證。於宋末元初諸人學問之源流，文章之得失，非泛泛託諸空言者。
玉堂嘉話	元王惲撰、	八	明刊全集本、抄全集本、守山閣本、墨海金壺本、張金吾有淡生堂抄本、	是書多紀錄當時一切掌故及詞館中考核討論諸事，而於制誥尤詳。
庶齋老學叢談	元盛如梓撰、	三	知不足齋本、	是書多辨論經史評騭詩文，而朝野逸事亦間及之。

研北雜志	元陸　友撰、	二	祕笈本、唐宋叢書本、得月簃叢書本、項藥師刊本、敏求記稱有柯栢湖校本、	是書所錄皆軼聞瑣事，關於書畫者爲多。其曰研北者，蓋友取漢上題襟集所載段成式語，自號研北生，遂以名其筆記。
北軒筆記	元陳世隆撰、	一	學海類編本、知不足齋本、	是書多論史事。
閒居錄	元吾邱衍撰、	一	抄本、學津討原本、舊抄本、	是書乃衍劄記手稾，多雜談神怪。其考辨諸條往往可採。
雪履齋筆記	元郭　翼撰、	一	函海本、學海類編本、婁東邵廷烈刊棣香齋叢書本、	是書乃翼隨手雜錄，於經史疑義極有考證。胥自號東郭生，因以東郭先生故事名其齋曰雪履。

霏雪錄	明鎦績撰	二	明成化刊本、學海類編本、淡生堂餘苑本、說海本、藝圃搜奇本、	是書辨訂詩文疑義頗有根據；其雜述舊聞亦多有淵源。
蠡海集	明王逵撰	一	稗海本、	是書多規模觀物外篇，分天文地理人身庶物歷數氣候鬼神事義八門，皆即數究理推求天地人物之所以然，
草木子	明葉子奇撰	四	明正德丙子裔孫溥刊本、明楊瑞重刊本、乾隆壬午龍泉令蘇遇龍重刊本、明嘉靖刊本、明閩中與郁離子合刻稱括蒼二子本、	是書凡八篇：曰管窺，曰觀物，曰原道，曰鉤玄，曰克謹，曰雜制，曰談藪，曰雜俎。自天文地紀人事物理一一分析，頗多微義。其論元代故事亦頗翔實。
胡文穆雜著	明胡廣撰	一	路有抄本、文穆集本、	是書乃廣隨手劄記，其考訂經史疑義多有可取。

讕言長語	明曹　安撰、	一	祕笈二卷本、正德己亥史紀重刊本、抄本、	是書自序謂皆零碎之詞，故名曰讕言長語。讕言者逸言也，長語者剩語也，書中多據所見聞發明義理。
蟫精雋	明徐伯齡撰、	一六	路有抄本、	是書雜採舊文，亦兼出己說，凡二百六十一條。大致文評詩話居十之九，論雜事者不及十之一。
震澤長語	明王　鏊撰、	二	明王永熙刊本、明王學伊重刊紀錄彙編本、學海類編刊、眉公祕笈本、指海本、借月山房彙抄本、澤古齋本、明刊震澤別集本、	此本乃鏊退休歸里隨時筆記之書，分經傳國猷官制食貨象緯文章音律音韻字學姓氏雜論仙釋夢兆十三類。持論皆有根據。
井觀瑣言	明鄭　瑗撰、	三	學海類編本、祕笈本、唐宋叢書本、	是書考辨故實，品騭古今，頗能有所發明。

南園漫錄	明張志淳撰、	一〇	刊本、淡生堂餘苑本、抄本、	是書自序稱因洪邁容齋隨筆羅大經鶴林玉露二書仿而爲之卷首數條皆摭洪邁之失。其餘則述所見聞各爲考證。大致似洪書者十之一，似羅書者十之九。
雨航雜錄	明馮時可撰、	二	廣祕笈本、	是書上卷多論學論文，下卷多記物產而間涉雜事。
採芹錄	明徐三重撰、	四		是書第一卷論養民教民，第二卷三卷多論學校貢舉政事利弊，第四卷多論明代人物臧否。大旨皆攷稽典故究悉物情，
畫禪室隨筆	明董其昌撰、	四	金臺別集本、康熙庚子長洲楊氏刊本、乾隆中董氏刊本、	是編第一卷論書，第二卷論畫，第三卷分記：遊記事評詩評文四子目，第四卷亦分四子目曰雜言上，曰雜言下，曰楚中隨筆，曰禪悅。大旨以李贄爲宗。

六研齋筆記	明李日華撰、	四	明刊本、乾隆中刊本說部全書本、	是編記論書畫者十之八，其餘多記雜事。
二筆		四	原刊本、	
三筆		四		
物理小識	明方以智撰、	一二	康熙甲辰于氏刊本、	是書首爲總論，中分天類曆類風雷雨暘類地類占候類人身類鬼神方術類異事類醫藥類飲食類衣服類金石類器用類草木類禽獸類凡十五門。大旨本博物志物類相感志諸書而衍之。
春明夢餘錄	清孫承澤撰、	七〇	古香齋刊小字本孔氏刊本、	是書詳載明代典故。
居易錄	清王士禎撰、	三四	原刊本、漁洋全集本、	是書大旨在辨證典籍評品詩文表章人物，而於所見古書言之尤詳。

池北偶談	清王士禛撰、	二六	原刊本、漁洋全集本、	是書凡談故四卷，談獻六卷，談藝九卷，談異七卷。其曰池北者，士禛家有池北書庫故也。
香祖筆記	清王士禛撰、	一二	原刊本、漁洋全集本、	是書體例與居易錄同，惟不載時事爲異。其曰香祖者，王象晉羣芳譜曰：江南以蘭爲香祖，士禛蓋取其祖之語以名滋蘭之室因以名書也。
古夫于亭雜錄	清王士禛撰、	六	原刊本、漁洋全集本、嘯園本、刊五卷本、	是書多考證之文。其曰古夫于亭者，以所居魚子山有古夫于亭，因以名書。其曰雜者，以是書無凡例無次第也。
分甘餘話	清王士禛撰、	四	原刊本、漁洋全集本、說鈴本、	是書皆隨筆記錄，瑣語爲多。其曰分甘者，取王羲之與謝萬書中語也。

洞天清錄	宋趙希鵠撰、	一	格致叢書本、讀畫齋本、續藝圃搜奇本、明寧獻王刊有續本、唐宋叢書本、海山仙館本、宋氏有舊抄本、蔣生沐有明人手抄精校本、	是書所論皆鑑別古器之事，凡分十一類，大致洞悉源流，辨析精審。
負暄野錄	宋陳槱撰、	二	知不足齋本、讀畫齋本、	是書上卷論石刻及諸家書格，下卷論學書之法及紙筆墨研諸器。皆源委分明，足資考證。
雲烟過眼錄	宋周密撰、	四	明刊本、抄本、祕笈本、唐宋叢書無續本、奇晉齋叢書無前錄本、十萬卷樓本、抄二卷本、	是書皆記所見書畫古器，略品甲乙而不甚考證。
續錄		一		

格古要論	明曹昭撰、	三	格致叢書本、王佐增訂重刊十三卷本、惜陰軒叢書本、百名家書本、夷門廣牘本、舊抄本、	是書凡分十三門：曰古銅器，曰古畫，曰古墨蹟，曰古碑法帖，曰古琴，曰古硯，曰珍奇，曰金鐵，曰古窯器，曰古漆器，曰錦綺，曰異木，曰異石。於古今名玩器具眞贋優劣之解，皆能剖析纖微，又請悉典故，一切源流本末，無不釐然，故是書頗爲鑒賞家所重。
竹嶼山房雜部	明宋詡撰、	三二	明刊本、	是書分養生部燕閒部樹畜部種植部尊生部五種。於田居雜事最爲詳悉。
遵生八牋	明高濂撰、	一九	明刊本、通行本、嘉慶刊本、	是書以閒適消遣之事分爲八類，故曰八牋。

清祕藏	明張應文撰、	二	明抄本、抄本、知不足齋刊本、附其子丑眞蹟日錄後、後人析爲三卷改題筠軒清祕錄託名董其昌撰、	是書雜論玩好賞鑑諸物。其曰清祕藏者，王穉登序謂取倪瓚清祕閣意也。
長物志	明文震亨撰、	一二	刊本、倪雲乙編本、小鬱林本、續粵雅堂本、袖珍刊本、	是編分室廬花木水石禽魚書畫几榻器具位置衣飾舟車蔬果香茗十二類，其曰長物，蓋取世說中王恭語也。
韻石齋筆談	清姜紹書撰、	二	原刊本、乾隆中汪道謙重刊本、知不足齋本、嘯園本、	是書仿周密雲烟過眼錄記所見古器書畫及諸奇玩。惟密書以收藏之人標題。此書卽以其物標題；密書但記其名，此書並詳其形模及諸家授受得失之始末，其體例小異耳。

七頌堂識小錄	清劉體仁撰、	一	知不足齋本、體仁子凡刊本、抄本、昭代叢書本、	是書所記書畫古器凡七十四條，多稱孫承澤梁清標諸書家物。
研山齋雜記	不著撰人名氏、四庫總目謂孫承澤之孫炯有研山齋珍玩集、此書或亦炯撰、	四	路有抄本、	是編首論六書而附以璽印及刊版告身表文之屬，次研說墨譜而附以眼鏡，次爲銅器考窯器考，皆足以資考證。
意林	唐馬總編、	五	嘉靖己丑廖自顯刊本、學津討原本、道藏本、聚珍板本、閩覆本、崇文局本、張氏照曠閣本、許周生有元刊本、周耕厓有注本、嚴鐵橋有重定本、	初梁庾仲容取周秦以來諸家雜記凡一百七家，摘其要語爲三十卷，名曰子鈔。總以繁略失中，復增損以成此書。

紺珠集	不著編輯者名氏、	一三	明天順庚辰刊本、拜經樓有龔蘅圃手校抄本、	是書皆鈔撮說部，摘錄數語，分條件繫，以供獺祭之用。體例頗與曾慥類說相近。惟類說引書至二百六十一種，而此書祇一百三十七種，視慥書僅得其半，然去取頗有異同，未可偏廢。
類說	宋曾　慥編、	六〇	明天啟丙寅刊本、昭文張氏有秦酉巖舊抄五十卷本、許氏有舊抄本、宋板十行行十六字不分卷、	是書分前後二集，摘錄古書二百六十一種，大都遺文僻典裨助多聞。
事實類苑	宋江少虞編、	六三	路小洲有抄本、胡心耘有校本、振綺堂有抄本、許氏有舊抄本、抄七十三卷本、	少虞以宋代朝野事迹見於諸家記錄者甚多，而畔散不屬，難於稽考，因爲選擇類次之，分二十二門，各以四字標題。所引之書悉以類相從，全錄原文，不加增損。

仕學規範	宋張　鎡編、	四〇	明初蜀府刊本、張叔未藏有宋刊印宋本、宋小字本、	是書分爲學行己涖官陰德作文作詩六類，統載宋名臣事狀並徵引原文各著出典。若所採九朝名臣傳諸書俱爲修文者所據依，故多與史合且可補其闕遺。
自警編	宋趙善璙編、	九	明林庭㭿刊本、洪武中蜀刊本、嘉靖乙巳唐曜刊本、瞿氏有宋刊大板本、元刊本、	是書乃採宋代名賢言行可以爲法者彙爲八類，又分五十五子目。大致仿言行錄之體而略變其義例。
言行龜鑑	元張光祖編、	八	路氏有抄本、	是書蓋因善璙自警編而益以典型錄厚德錄善善錄名臣言行錄及碑誌等文。
說郛	明陶宗儀編、	一二〇	明刊本、順治丁亥陶氏刊本、近有張氏手鈔足本印行、	是書體例如曾慥類說而採摭較富，所摘錄亦稍詳。

玉芝堂談薈	明徐應秋編、	三六	蒨園刊本、	是書亦考證之學，而嗜博愛奇，不免兼及瑣屑之事。其例立一標題爲綱，而備引諸書以證之。大致採自雜記小說者爲多。
元明事類鈔	清姚之駰撰、	四〇	路氏有抄本、	是編蓋摘取元明諸書分門隸載。元人紀載較少，故蒐羅主於詳；明人紀載最多，故去取主於愼。
儼山外集	明陸　深撰、	三四	明刊四十卷本、四庫箸錄汰去聖駕南巡日記大駕北還錄淮封日記南遷日記科場條貫平胡錄六卷、	是書皆陸深劄記之文。今存者僅十八種：曰傳疑錄，河汾燕閒錄，春風堂隨筆，知命錄，金臺紀聞，願豐堂漫書，溪山餘話，玉堂漫筆，停驂錄，續停驂錄，豫章漫鈔，中和堂隨筆，史通會要，春雨堂雜抄，同異錄，蜀都雜抄，古奇器錄，書輯。

古今說海	明陸楫編、	一四二	明嘉靖甲辰雲間陸氏刊本、道光辛巳酉山堂書坊翻刻本、	是書採輯前代至明小說，分四部七家：一曰說選，載小錄偏記二家；二曰說淵，載別傳家；三曰說略，載雜記家；四曰說纂，載逸事散錄雜纂三家。所採凡一百三十五種。
少室山房筆叢正集 續集	明胡應麟撰、	三二 一六	明萬曆丙午刊本、	是書皆應麟考据雜說，分正續二集，共十二種：曰經集會通，史書佔畢，九流緒論，四部正譌，三墳補逸，二酉綴遺，華陽博議，莊嶽委談，玉壺遐覽，雙樹幻鈔，丹鉛新錄，藝林學山。
鈍吟雜錄	清馮班撰、	一〇	康熙中刊本、借月山房彙鈔本、澤古齋本、汲古閣刊合集本、	是書凡九種：曰家戒，正俗，讀古淺說，嚴氏糾謬，日記，戒子帖，遺言，通鑑綱目糾謬，將死之鳴。

書名	著者	卷數	版本	本書旨
古今同姓名錄	梁孝元皇帝撰、	二	函海本、	是書所錄同姓名人不及余寅諸家之備，但類書之存於今者莫古於是。
編珠	舊本題隋杜公瞻撰、	二	高氏刊本、嘉靖甲戌刊巾箱本、	是書原目分天地山川居處儀衞音樂器玩珍寶繒綵酒膳黍稷菜蔬果實車馬舟楫，今所存者僅音樂以上五門而已。
補遺	清高士奇輯、	二		
續編		二		
藝文類聚	唐歐陽詢等撰、	一〇〇	明嘉靖丁亥胡纘宗小字本、萬歷丁亥王元貞刊大字本、明蘭雪堂活字本、明聞人詮刊本、有馮已蒼依宋刊校本、	是書爲類四十有八，以事實居前，詩文列後，在諸類書中體例最善。

北堂書鈔	唐虞世南撰、	一六〇	明陳氏增改刊本、陽湖孫氏昭文張氏並有舊抄未經陳氏增改本、明刊本、粵東孔氏刊本、陶九成改此書爲古唐類苑季目有抄本、胡心耘有明抄本又名大唐類要、竹垞有抄本、丁禹生有藝海樓抄本、郘亭有明抄本、	北堂者，祕書省之後堂。此書蓋世南在隋爲祕書郎時所作，凡八百一類，多摘錄字句而不盡註所出。
龍筋鳳髓判	唐張鷟撰、	四	明萬歷刊本、湖海樓叢書本、學津討原本、明沈潤卿刊本、海山仙館本、無注元刊本、	是編取備程試之用，名雖似乎法家，實則隸事之書。

書名	撰者	卷數	版本	提要
初學記	唐徐堅等撰、	三〇	嘉靖十年錫山安國仿宋刊本、嘉靖十三年晉府刊本、萬歷丁酉陳大科刊本、萬歷丁亥徐守銘重刊安國本、明晉陵楊氏重刊安國本、古香齋刊巾箱本嘉靖二十三年潘王刊本、馮登府有宋本、孔氏刊本、	是書分三十二部，三百一十三子目，其例前爲叙事，次爲事對，次爲詩文。其所採摭皆隋以前古書，而去取謹嚴，多可應用。
元和姓纂	唐林　寶撰、	一八	嘉慶七年孫星衍洪瑩刊十卷本、抄十卷本、	是書以唐韻二百六部排比諸姓，各載受氏之源與諸家之譜系。
白孔六帖	唐白居易　合編、宋孔傳	一〇〇	明嘉靖刊本、天祿後目有宋刊孔帖三十卷本、王蘭泉有宋刊白帖三十卷本、張氏適園有宋刊白帖三十卷、	唐制帖經以得六爲通，此六帖之名所由起。是書雜採成語故實，足備詞藻之用。

小名錄	唐陸龜蒙撰、	二	稗海本、	是書所載皆古人小名，始於秦終於南北朝。
蒙求集註	晉李瀚撰、	二	明萬歷初吳門顧氏刊本、學津討原本、金三俊補注四卷本、乾隆癸卯今雨堂刊本、日本佚存叢書李氏原注本、分三卷本、姚若有永樂間張權刊三卷本、明翻宋本、明辨齋本、	是書取古人事蹟類爲四字韻語以便記誦，皆以對偶成文。
事類賦	宋吳淑撰、	三〇	嘉靖壬辰趙鷺洲刊于郡齋據華家宋本、校嘉靖中俞安期仿宋刊本、乾隆甲申華氏劍光閣並廣事類賦刊本、瞿氏有校本、明常州崇正書院刊本、宋刊大字本、元刊黑口本、	是書皆隱括故實以一題爲一賦，分子目一百篇，

太平御覽	宋李昉等撰、	1000	萬曆元年黃正色活字本、浙人倪炳文續定刊本、嘉慶九年常熟張氏仿宋本、嘉慶十二年歙鮑氏刊本、嘉慶丙寅揚州汪氏活字本、許氏有景宋抄本、吳門黃氏有宋刊小字本、周錫瓚有明文淵閣殘本三百六十卷、黃丕烈有明本、	是書分五十五門，所採書一千六百九十種。徵引至爲浩博。
册府元龜	宋王欽若等撰、	1000	明黃國琦刊本、康熙中刊本、陽湖孫氏有舊抄本、昭文張氏有舊抄北宋本、	是書惟取六經子史，不錄小說，中分三十一部，部有總序，又子目一千一百四門，門有小序。
事物紀原	宋高承撰、	一〇	明正統戊辰南昌閻敬刊本、格致叢書本、惜陰軒叢書本、明正統中趙弼增删二十卷本、宋閩中刊題事物紀原集類二十卷本、	是書於一事一物，皆考索古書，求其緣起。所載凡一千七百六十五事。

實賓錄	宋馬永易撰、文彪續補	一四	說郛不全本、	是書取莊子名者實賓之意。採古人殊名別號彙爲一編。
書叙指南	宋任　廣撰、	二〇	明嘉靖六年山西刊本、雍正三年金滙刊本、惜陰軒本、墨海金壺本、珠叢別錄本、柴氏抄十二卷本、明白石書屋刊本、	是書皆採錄經傳成語以備尺牘之用，故以書叙爲名。
海錄碎事	宋葉廷珪撰、	二三	明嘉靖間劉鳳校刊本、許氏有舊抄校本、	氏聞士大夫家有異書，無不借讀，因作數十大冊，擇其可用者手抄之名曰海錄。爲部十六，爲門五百八十有四。
古今姓氏書辨證	宋鄧名世撰、	四〇	嘉慶七年洪氏刊本、守山閣以宋殘本校、附校勘二卷、	是書以韻隸姓，體例與元和姓纂相同。其複姓則以首字爲主，附見於各韻之後，

帝王經世圖譜	宋唐仲友撰、	一六	季氏目有宋刊八卷本、瞿氏清吟閣刊本、金華叢書本、鳴野山房抄本、	是書分類纂言，而各系以圖譜。大路以周禮爲綱而諸經史傳以類相附，於先聖大經大法咸綜括貫串，故以帝王經世爲名。
職官分紀	宋孫逢吉撰、	五〇	路小洲有抄本、許氏有抄本、丁禹生有舊抄本、十萬卷樓抄本、	是書每官先列周官典章，次叙歷代制度沿革名姓故事，根據經註，沿考史傳，搜採頗爲繁富。
歷代制度詳說	宋呂祖謙撰、	一二	提要稱有元泰定三年刊本、淡生堂餘苑十卷本、路有抄本、張氏志載怡顏堂抄本、抄十五卷本、	是書蓋採輯事類以備答策，本家塾私課之本，中分十三門，每門前列制度，後爲詳說。
永嘉八面鋒	不著撰人名氏、	一三	湖海樓本、巾箱本、明薛應旂本、都穆刊本、盧雍校刊本、弘治癸亥刊本、	是書凡提綱八十有八，每綱又各有子目，皆預擬程試答策之用。

後集		四〇	明嘉靖丙申刊本、季目有宋刊前後二集八十卷本、千頃堂書目有別集三十卷本、明刊小字本、崇文書院刊本、明錫山秦汴得宋刊重梓本、	是編前集凡二百四十二類，後集凡三百二十六類，續集凡四十七類。所引多古書及宋代軼事逸詩。
錦繡萬花谷前集	不著撰人名氏、	四〇		
續集		四〇		
事文類聚前集		六〇	明萬歷甲辰金谿唐氏重刊本、宋元舊板無遺集本、元刊無新遺兩集本、萬歷丁未刊本、日本刊本、	穆書每類皆始以羣書要語次古今事蹟次古今文集，略仿藝文類聚。大用與淵相繼增，加體例皆一無所改。
後集	宋祝穆撰、	五〇		
續集		二八		
別集		三二		
新集	元富大用撰、	三六		
外集		一五		
遺集	元祝淵撰、	一五		

記纂淵海	宋潘自牧撰、	一〇〇	明萬曆己卯刊本、季目有宋刊一百九十五卷本天一閣目許氏目並有舊抄一百九十五卷本、元刊一百九十五卷本、吳門汪氏藏宋刊有抄補本、	是編分門隸事與諸家略同，惟詳近略遠詳大略細與他家體例略異。
名賢氏族言行類稾	宋章定撰、	六〇	四庫依宋坊刻本、	是編以姓氏分韻排纂，各序源流於前，而以歷代名人之言行依姓分隸，蓋以譜牒傳記合爲一書者也。
羣書會元截江網	不著撰人名氏、	三五	四庫依元麻沙本、振綺堂有元刊本明弘治十一年趙淮刊本、抄本、	是編凡分六十五門，每門間附子目，各類之中，以歷代事實宋朝事實經傳格言名臣奏議諸儒至論分段標識，又有所謂主意事證時政警段結尾諸目，至於排偶成句亦備載焉。

雞肋	宋趙崇絢撰、	一	百川本、說郛本、學海類編本、墨海金壺本、珠叢別錄本、學津討原本、景閣抄本、	是編雜採古事而名同而實異者，有相似而相反者，有一事而數見者，有事相類者，有姓名同者，各自爲條不相比附。其曰雞肋者，殆有取於食之無味棄之可惜之意歟。
小字錄	宋陳　思撰、	一	明萬曆己未沈宏正刊本、抄本、	是書因陸龜蒙侍兒小名錄稍加推廣，集史傳所載小字以爲一編。
全芳備祖前集 後集	宋陳景沂撰、	二七 三一	路有抄本、平津館目有抄本、許氏有抄本、	是編前集爲花部，後集爲果部卉部草部木部農桑部蔬部藥部，每部分事實祖賦詠祖二類。

書名	撰者	卷數	版本	提要
山堂考索前集	宋章如愚撰、	六六	明正德中愼獨齋刊本、振綺堂有元延祐中圓沙書院刊本、	是編前集分十三類，後集分七類，續集分十五類，別集分十一類，門目互相出入，大抵此集所遺即彼集補苴。
後集		六五		
續集		五六		
別集		二五		
古今合璧事類備要前集	宋謝維新撰、	六九	嘉靖丙辰錫山秦氏刊本、嘉靖丙辰衢州夏氏刊本、弘治戊午錫山華氏刊但有前集本、明大字本、	是編每門皆前爲事實，後爲詩文，宋代軼事逸篇往往而在。
後集		八一		
續集		五六		
別集		九四		
外集		六六		
古今源流至論前集		一〇	宋嘉祐丁酉刊本、元延祐本、元大德乙未刊本、明刊本、	是書亦備程試之用，而於經史百家之異同，歷代制度之沿革，條列件繫，尙有體要。
後集	宋林駉撰、	一〇		
續集		一〇		
別集	宋黃履翁撰、	一〇		

玉海 附詞學指南	宋黃應麟撰、	二〇〇 四	元至元六年慶元路儒學刊附十三種本、明南京國子監正德嘉靖萬歷遞脩本、嘉慶丙寅江寧藩庫重刊本、浙局刊本、	是書爲詞科應用而作，故臚列條目，率鉅典鴻章。其採錄故實，亦皆吉祥善事，與他類書體例迥殊。
小學紺珠	宋王應麟撰、	一〇	明刊本、玉海後附刊本、津逮祕書本、江寧藩庫本、日本刊本、浙局本、	是書分門隸事，與諸類書略同；而每門之中，以數爲綱，以所統之目繫於數下，則與諸類書迥異。
姓氏急就篇	宋王應麟撰、	二	玉海後附刊本、徐稼圃有舊刊單行本、江寧藩庫本、浙局本、	是書雖以記錄姓名爲主，而臚列名物組織典故意義融貫，亦可爲小學之資。至其體例係以姓氏排纂成章，尤便記誦。
六帖補	宋楊伯嵒撰、	二〇	路小洲有抄二十四卷、宋刊本、雲間陸氏藏有仿宋抄本、	是編以增補白居易六帖孔傳續六帖所未備，凡二十類，中多割引宋人詩句。

翰苑新書前集 後集上 後集下 別集 續集	不著撰人名氏、	七〇 二六 六 一二 四二	明萬歷辛卯金陵周曰校刊本、天一閣目有抄本（題進士劉子實茂父著）雲間吳氏有明館抄本、不全、	是編皆爲應酬而作，於宋代典故文章足資考證。
韻府羣玉	元陰時夫撰、	二〇	元大德刊黑口本、明初刊本、明嘉靖乙丑劉氏刊本、明萬歷中王元貞增修刊本、天順葉氏刊本、康熙中刊韻玉定本、（河間守徐可先之妾謝瑛所删非陰氏之舊、）	昔顏眞卿編韻海鏡源，爲以韻隸事之祖，然其書不傳，傳於今者以是書爲最古。
純正蒙求	元胡炳文撰、	三	明刊本、朱伯修云有嘉靖刊本、四庫依鮑氏本、汲古閣有精抄本、日本刊本、	是編採集古人嘉言善行，各以四字屬對成文，而自註其出處於下。所載皆有裨幼學之事。

排韻增廣事類氏族大全	不著撰人名氏、	二二	明刊二十八卷本、日本刊本、有元刊十卷本、	是編以韻隸姓，以姓統人，與章定名賢氏族言行類稾體例相同。
名疑	明陳士元撰、	四	明萬歷刊本、歸雲別集本、借月山房彙抄本、澤古齋叢抄本、湖北叢書本、	是書上自三皇，下迄元代，博採史傳及百家雜說，凡古人姓名異字及更名更字與同姓名者皆彙萃之。
荊川稗編	明唐順之撰、	一二〇	明茅一相刊本、	大旨欲使萬事萬物畢貫通於一書，故始之以六經，終之以六官，六經所不能盡，則條列以九流之學術；六官所不能盡，則賅括以歷代之史傳。
萬姓統譜 附氏族博考	明凌迪之撰、	一四六 一四	明萬歷己卯原刊本、明刊百五十四卷本、	是書以古今姓氏分韻編次，略仿林寶元和姓纂；以歷代名人履貫事蹟按次時代分隸各姓下，又仿章定名賢氏族言行類稾。名爲姓譜，實則合譜牒傳記而共成一類事之書也。

喻林	明徐元太撰、	一二〇	明萬歷乙卯刊本、刻二十八宿字樣、每頁二十行、行二十字、有摘鈔本、名喻林一葉二十四卷、	是書採摭古人設譬之詞，彙爲一編，分十門，每門又各分子目，凡五百八十餘類。其徵引古籍，具列書名，併註其篇目卷第。
經濟類編	明馮琦撰、	一〇〇	明萬歷甲辰刊本、	是編爲琦手錄之稾，粗分四類。琦沒之後，其弟瑗與其門人周家棟吳光儀稍爲排纂，且刪其重複，定爲帝王政治等二十三類。
同姓名錄	明余寅撰、	一二	抄本、明萬歷丁已刊本、	是書上據經史，旁摭稗官，起自洪荒，訖於元代，雖地名神名樂名鳥獸蟲名同者，亦一概收錄，可謂備矣。
錄補	周應賓補、	一		
說略	明顧起元撰、	三〇	明刊本、嬾眞草堂刊本、	是書雜採說部件繫條列，頗與曾慥類說陶宗儀說郛相近。故明史收入小說家類。然考其分門編次，實同類書，但類書隸事，此則纂言耳。

天中記	明陳耀文撰、	六〇	隆慶己巳初刊五十卷本、萬曆己酉重刊定本、	是編乃其類事之書，以所居近天中山，故題曰天中記。
圖書編	明章潢撰、	一二七	天啟癸亥刊本、	是編取左圖右書之意，凡諸書有圖可考者，皆彙輯而爲之說。
駢志	明陳禹謨撰、	二〇	萬曆丙午刊本、抄本、	是書取古事之相類者，比而錄之，對偶標題，不立門目，而各註其所出於條下。
山堂肆考 補遺	明彭大翼撰、	二二八 一二	萬曆己未刊本、振綺堂有熊氏刊本、又有張氏本、	是書分四十五門，門又各分子目，大致薈稡類書而成。

古儷府	明王志慶撰	一二		是書以六朝唐宋駢體足供詞藻之用者，採摭英華分類編輯。
廣博物志	明董斯張撰	五〇	明萬歷刊本、乾隆辛巳重刊本、	是編爲分門隸事之書。凡分大目二十有二，子目一百六十有七。所載始於三墳，迄於隋代。其徵引諸書皆標列原名，綴於每條之下。
淵鑑類函	康熙敕撰、	四五〇	內府刊本、外覆本、古香齋巾箱本、刊本、石印本、孔氏刊本、	是書因俞安期所編唐類函。廣其條例，博採元明以前文章事蹟，臚綱列目，沓爲一編，務使遠有所稽，近有所考，源流本末一一燦然。
駢字類編	康熙敕撰、	二四〇	內府刊本、刊本、石印本、	是編所採諸書詞藻，並括以二字，而以上一字類從。凡一千六百有四字，分隸爲十有三門。所引以經史子集爲次，與佩文韻府同。

分類字錦	康熙敕撰、	六四	內府刊本、江蘇廣東覆本、	是書皆採掇成語，裁爲駢偶，分類編輯，每類以二字三字四字爲次，各詳引原書註於條下。
子史精華	康熙敕撰、	一六〇	內府刊本、蘇州翻本、舒懷翻本、坊翻本、袖珍刊本、石印本、	是書分三十類，子目二百八十，凡名言儁句，採掇靡遺。於子史兩家誠所謂披沙而簡金，集腋而成裘矣。
佩文韻府	康熙敕撰、	四四四	內府刊本、蘇州翻刻本、廣東翻刻連拾遺本、江西翻刻本、石印本、	是編以經史子集爲次，以韻府羣玉五車韻瑞所已載者列於前，而博徵典籍補所未備列於後。
韻府拾遺	康熙敕撰、	一一一	內府刊本、蘇州翻本、廣東翻本、江西翻本、石印本、	大旨在拾佩文韻府之遺，凡前編所未載者謂之補藻，其已載而增所未備者謂之補註。

格致鏡原	清陳元龍撰、	一〇〇	雍正中刊本、江西翻本、蘇州翻本、封面有珊瑚印者爲最初印本佳、	是編所分三十門，皆博識之學，故名曰格致，每物必窮其源委，故名曰鏡原。
讀書記數略	清宮夢仁撰、	五四	康熙丁亥刊本、板入內府懺花庵本、	是編分類隸事，各以數爲綱。大致以小學紺珠羣書拾唾爲藍本。而稍摭宋元明事附益之。
花木鳥獸集類	清吳寶芝撰、	三		是書集花木鳥獸故事，分門臚列，凡一百一十目，皆採掇舊文以供詞藻之用。
別號錄	清葛萬里撰、	九	路氏有抄本、許氏有抄本、抄八卷本、	是書取宋金元明人別號，以下一字分韻編輯，極便檢查。
宋稗類鈔	清潘永因撰、	三六		是書以宋人詩話說部分類纂輯，凡五十九門，末附搜遺一卷，以補諸門之所未備。

書名	西京雜記
著者	梁吳均撰、
卷數	六
版本	明嘉靖元年吳郡沈與文校刊本、嘉靖甲子孔天允刊本、許目有明唐琳刊本、明郭子章與三輔黃圖合刊名秦漢圖記十二卷本、明柯堯旻本、明活字本、津逮本、學津本、古今逸史本、漢魏本、稗海本、龍威祕書本、抱經堂校刊本、袖珍刊本、
本書旨	是書所述雖多爲小說家言，而摭採繁富足補漢書之闕。

世說新語	宋劉義慶撰、	六	振綺堂有影宋精抄本、明嘉靖乙未袁褧刊本、王世貞刊本、萬歷甲辰鄭氏重刊本、萬歷己酉周氏博古堂重刊袁本、明凌瀛初套板八卷本、明吳勉學刊六卷本、周氏紛欣閣刊本、惜陰軒本、張懋辰本、乾隆二十七年黃氏刊本、崇文局六卷本、	是書所記分三十八門，上起後漢，下迄東晉，皆軼事瑣語，足爲談助。
朝野僉載	舊本題唐張鷟撰、	三	影宋十卷本、祕笈本、許氏有抄十卷本、說郛說海歷代小史均節錄一卷本、胡心耘有校宋十卷本、	是書皆紀唐代故事，而於諧噱荒怪纖悉臚載。

國史補	唐李　肇撰、	三	學津討原本、唐宋叢書本、津逮祕書本、得月簃叢書本、說郛本、	是書自序謂：言報應敘鬼神徵夢卜近帷箔則去之；紀事實探物理辨疑惑示勸戒採風俗助談笑則書之。歐陽修作歸田錄自稱以是書爲式。
大唐新語	唐劉　肅撰、	一三	明馮夢禎刊本、稗海本、（皆改題唐世說新語）	是書所記起武德之初，迄大曆之末，凡分三十門，皆取軼文舊事有裨勸戒者。
次柳氏舊聞	唐李德裕撰、	一	抄本、說郛本、歷代小史本、續祕笈本、學海類編本題作明皇十七事本、顧氏文房四十家小說本、	是書所記皆元宗遺事，凡十七則。
劉賓客嘉話錄	唐韋　絢撰、	一	說郛本、顧氏文房小說本、學海類編本、稽古堂雜說本、	是書追述長慶元年在白帝城聞劉禹錫所談。其文與李綽尚書故事相同者凡三十八條。

明皇雜錄 別錄	唐鄭處誨撰、	二 一	墨海金壺本、守山閣本、	是書皆記開元天寶軼聞，
因話錄	唐趙璘撰、	六	稗海本、唐宋叢書三卷不足本、瞿氏有舊抄本、	是書凡分五部：一卷宮部，爲君，記帝王；二卷三卷商部爲臣，記公卿百僚；四卷角部爲民，凡不仕者咸隸之；五卷徵部爲事，多記典故而附以諧戲；六卷羽部爲物，雜述諸物而一時瑣事無所附麗者亦入焉。
大唐傳載	不著撰人名氏、	一	守山閣本、抄本、	是書記武德至元和雜事，多唐代公卿言行，新唐書多採用之。
教坊記	唐崔令欽撰、	一	明刊本、古今逸史本、說郛本、古今說海本、格致叢書本、續百川學海本、百名家書本、抄本、	是書所記多開元中猥雜之事，故陳振孫譏其鄙俗。

幽閒鼓吹	唐張　固撰、	一	說郛本、歷代小史本、顧氏文房小說本、學海類編本、祕笈本、續百川學海本、	是書凡二十五篇，所記皆中唐遺事，多有關於法戒。
松窗雜錄	唐李　濬撰、	一	奇晉齋叢書本、說郛作摭異記本、歷代小史本、顧氏文房小說本、稽古堂雜說本、	是書所記唐代雜事，以明皇爲最詳。
雲溪友議	唐范　攄撰、	三	明刊小字本、稗海十二卷不及三卷足本、龍威祕書本、康熙刊本、	攄自號五雲溪人，故以名書。其書凡六十五條，詩話居十之七八。
玉泉子	不著撰人名氏、	一	明刊本、稗海本、子書百種本、	所記皆唐代雜事，亦多採他小說爲之。

雲仙雜記	舊本題唐馮贄撰、	一〇	唐宋叢書本、藝海珠塵本、明葉氏菉竹堂刊本、龍威祕書本、廣四十家小說本、草玄雜俎本、稽古堂雜說本、說郛本、容齋隨筆載有南劍謝刻本、嘯園本、	是編雜載古今逸事，各註其所出之書。
唐摭言	五代王定保撰、	一五	雅雨堂刊本、稗海不足本、學津討原本、	是書述有唐一代貢舉之制特詳，多史志所未。及其一切雜事，亦足以覘名場之風氣驗士習之淳澆。
中朝故事	南唐尉遲偓撰、	二	路有抄本、歷代小史一卷本、	是書皆記唐宣懿昭哀四朝舊聞。上卷多君臣事迹及朝廷制度，下卷則雜錄神異怪幻之事。

金華子	南唐劉崇遠撰、	二	說郛一卷本、文淵閣傳抄本、讀畫齋本、函海本、子書百種本、	崇自號金華子。因以爲所著書名。凡六十餘條，所記皆唐末朝野之故事。
開元天寶遺事	五代王仁裕撰、	四	影宋抄二卷本、說郛一卷本、歷代小史本、續百川學海本、顧氏文房小說二卷本、藝圃搜奇本、明刊本、元刊活字本、宋有興化刊本見容齋隨筆、	晁公武讀書志云：蜀亡，仁裕至鎬京，採摭民言，得開元天寶遺事一百五十九條，分爲四卷。
鑑戒錄	蜀何光遠撰、	一〇	明初刊本、說郛本、學海類編本、知不足齋本、學津討原本、崇文局本、黃蕘圃有宋刊本、拜經樓有影宋抄本、	是書多記唐及五代間事，而蜀事爲多，皆近俳諧之言，各以三字標題，凡六十六則。

南唐近事	宋鄭文寶撰、	一	說郛本、唐宋本、續百川本、祕笈本、刊三卷本、明刊本、	是書雖標南唐之名，而所記皆瑣語碎事。
北夢瑣言	宋孫光憲撰、	二〇	雅雨堂刊本、稗海不足本、昭文張氏目有華亭孫道明至正二十四年五月抄本、	光憲初從高季興於荊州，在夢澤之北，因以爲名。所載皆唐末及五代士大夫逸事。每條多載某人所說，以示有徵。
賈氏談錄	宋張　洎撰、	一	守山閣本、說郛類說皆不全本、顧氏四十家小說本、伍氏刊小說本、胡心耘擺印本、	是書乃洎爲李煜使宋時錄所聞於賈黃中者，故曰賈氏談錄。所述皆唐代軼聞。
洛陽縉紳舊聞記	宋張齊賢撰、	五	知不足齋本、	是書所述皆梁唐以還洛城舊事，凡二十一篇，分爲五卷。中多據傳說之詞，約載事實以爲勸戒。

南部新書	宋錢　易撰、	一〇	路有抄本、四庫著錄係鮑氏鈔本、類說不足本、學津討原本、稽古堂雜說刊本姚若有何元錫校本、粤雅堂本、	是書所記皆唐時故事，間及五代。多錄軼聞瑣語，而朝章國典因革損益亦雜載其中。
王文正筆錄	宋王　曾撰、	一	百川學海本、歷代小史本、學津討原本、說郛本、	是書所記朝廷舊聞，凡三十餘條，皆太祖太宗真宗時事。其下及仁宗初者僅一二條而已。
儒林公議	宋田　況撰，	二	明嘉靖庚戌刊本、稗海本、	是編記建隆以迄慶歷朝廷政事及士大夫行履得失甚詳。五代十國時事亦間附以一二條。
涑水紀聞	宋司馬光撰、	一六	聚珍版本、閩覆本、學海類編本、學津討原本、淡生堂餘苑二卷本、崇文局本、舊抄二卷本、翻聚珍本、	是編雜錄宋代舊事，起於太祖迄於神宗，每條皆註其述說之人，故曰記聞。

澠水燕談錄	宋王闢之撰、	一〇	知不足齋本、稗海不足本、黃氏抄本、	是編分十五類，皆記紹聖以前雜事。
歸田錄	宋歐陽修撰、	二	稗海本、歐集本、學津討原本、	是編多記朝廷軼事及士大夫談諧之言。因作於致仕居潁之後。故名曰歸田。
嘉祐雜志	宋江休復撰、	一	唐宋叢書本、稗海本、祕笈本、學海類編本、紛欣閣叢書本、丁禹生有舊抄二卷本、	是編亦名江鄰幾雜記，鄰幾即休復之字也。所載皆當代軼事，兼以雜說。
東齋記事	宋范　鎮撰、	六	墨海金壺本、守山閣刊十卷本、	是編爲鎮退居時作，故所記多蜀事；時新法方行，故所述多祖宗美政。

青箱雜記	宋吳處厚撰、	一〇	刊本、稗海本、張月霄有舊抄本、	是編所記皆當代雜事，亦多詩話。
錢氏私志	宋錢世昭撰、	一	說郛本、歷代小史本、古今說海本、學海類編本、唐宋叢書本、瓶花齋抄本、	是編雜述家世見聞，而頗詆斥歐陽修。
龍川略志 別　　志	宋蘇　轍撰、	一〇 八	明刊十卷本、略志百川學海本、別志稗海本、許氏有影宋舊抄略志本、	略志惟首尾兩卷紀雜事十四條，餘二十五條皆論朝政。別志四十八條，所述多耆舊之餘聞。
後山談叢	宋陳師道撰、	四	說郛本、唐宋叢書本、學海類編本、後山集後附刊本、續祕笈本、	所記皆宋代雜事；後山師道別號也。

孫公談圃	宋劉延世撰、	三	明刊本、百川學海本、稗海本、學津討原本、說郛本、歷代小史本、道光丙午高郵單刊本、	所錄皆聞於孫升之語。
孔氏談苑	舊本題宋孔平仲撰、	四	唐宋叢書本、祕笈說海一卷本、藝海珠塵五卷本、續說郛本、茗齋舊抄六卷本、	是書多錄當時瑣事，往往與他書相出入。
畫墁錄	宋張舜民撰、	一	稗海本、說郛本、	是書乃所作筆記，亦以畫墁爲名，中多載宋時雜事，於新唐書五代均屢致不滿之詞。
甲申雜記	宋王鞏撰、	一	學海類編本、知不足齋本、唐宋叢書單刊聞見近錄本、	所記雜事三卷，皆紀東都舊聞。
聞見近錄		一		
隨手雜錄		一		

湘山野錄	宋釋文瑩撰、	三	津逮祕書本、學海類編無續本學津討原本、祕笈本、明抄本、宋本每半頁九行行二十字、	所記多北宋雜事；以作於荊州之金鑾寺，故以湘山爲名。續錄中太宗卽位一條，李燾引入通鑑長編，啟千古之論爭。
續錄		一		
玉壺野史	宋釋文瑩撰、	一〇	學海類編本、知不足齋作玉壺清話本、墨海金壺本、守山閣本、	是書自序云：收國初至熙寧間文集數千卷，其間神道墓誌行狀實錄奏議之類，輯其事成一家。玉壺者，其隱居之地也。
侯鯖錄	宋趙令畤撰、	八	稗海本、說郛本、知不足齋本、明刊本、	是書採錄前輩遺事及詩話文評，皆斐然可觀。
東軒筆錄	宋魏　泰撰、	一五	稗海本、嘉靖間刊本、	是書所記多矜熙寧新法而抑元祐黨籍，持論不甚可憑，而所記瑣事多有可采。

泊宅編	宋方　勺撰、	三	讀畫齋本、稗海本、明翻宋十卷本、金華叢書本、	是書所記皆見聞雜事，因勺寓居湖州泊宅村，故以名書。
珍席放談	宋高晦叟撰、	二	函海本、抄本、	是書所記北宋舊聞，上自太祖，下及哲宗，於朝廷典章制度沿革損益及士大夫言行可爲法鑒者，隨所見聞分條錄載。
鐵圍山叢談	宋蔡　絛撰、	六	知不足齋本、學海類編本、淡生餘苑本、嘉靖庚戌鴈里草堂鈔本、卽鮑氏据以付刊者、	是書於徽宗時一切制作始末，記錄頗詳，惟中多爲其父蔡京餙非。
國老談苑	舊本題宋王君玉撰、	一	百川一卷本、歷代小史本、學津討原本、	是書所記皆太祖太宗眞宗三朝遺事，於當時士大夫頗有所毀譽，尤推重田錫而貶斥陶穀。

道山清話	不著撰人名氏、	一	百川學海本、學津討原本、說郛不足本、	是書所記皆北宋雜事。於王安石深致詆諆，而於程伊川及劉摰亦不甚滿。
墨客揮犀	宋彭乘撰、	一〇	稗海本、古今說海有續一卷本、昭文張氏有續集十卷明人舊鈔本、四庫未見、	是書於宋代遺聞軼事及詩話文評，記載綦詳。大旨皆推重蘇黃。
唐語林	宋王讜撰、	八	聚珍板本、閩覆本、惜陰軒叢書本、墨海金壺本、守山閣本、嘉靖初齊之鸞刊二卷不全本、	是書雖仿世說新語，而所紀典章故實嘉言懿行多與正史相發明。
楓窗小牘	不著撰人名氏、	二	說郛本、唐宋叢書本、稗海本、廣祕笈本、	著者聞爲百歲老人，所記多汴京故事。

南窗記談	不著撰人名氏、	一	知不足齋本、學海類編本、淡生堂餘苑本、墨海金壺本、珠叢別錄本、	是書所記多北宋盛時事。其於名臣言行及典章故實亦多所記載。
過庭錄	宋范公偁撰、	一	稗海本、	是書多述祖德，亦間及詩文雜事。以皆紹興丁卯戊辰間聞於其父，故名曰過庭。
萍洲可談	宋朱彧撰、	三	說郛本、祕笈本、百川學海本、稗海本皆不全。墨海金壺本、守山閣本、	是書多述其父之所聞見，而於朝章國典土俗民風，亦多所記載。
高齋漫錄	宋曾慥撰、	一	墨海金壺本、守山閣刊本、古今說海本、藝圃搜奇本、學海類編本、歷代小史本、	是書上自朝廷典章，下及士大夫事蹟，以至文評詩話詼諧嘲笑之屬，隨所見聞，咸登記錄。

默記	宋王銍撰、	三	知不足齋本、學海類編本、藝圃搜奇本、說郛本古今說海本、歷代小史本、抄本、	是書多載汴京朝野遺聞。
揮麈前錄 後錄 第三錄 餘話	宋王明清撰、	四 一一 三 二	津逮祕書本、學津討原本、盧氏抄校本宋本十一行行二十字、	是編皆其劄記之文。前錄後錄第三錄皆記朝廷故事；餘話則兼及詩文碑銘，補前三錄所未備。
玉照新志	宋王明清撰、	六	明刊本、祕笈本、唐宋叢書本、學津討原本、抄校本、	是編多談神怪瑣事，亦間及朝野舊聞及前人逸作。其曰玉照新志者，蓋嘗得一玉照，因以名其所居併名其書云。
投轄錄	宋王明清撰、	一	四庫依抄本、說郛本、淡生堂餘苑本、路有抄本、振綺堂有述古堂精抄本、	是編皆奇聞異事，客所樂聞，不待投轄而自留，故以投轄爲名。

張氏可書	宋張知甫撰、	一	函海本、墨海金壺本、守山閣本、十萬卷樓本、文瀾閣傳抄本、穴研齋本、	是編於徽宗時朝廷故實紀載特詳。其餘瑣聞佚事爲他說家所不載者，亦多有益談資。雖雜以詼諧神怪之說，要其大旨固東京華夢錄之流也。
見聞前錄	宋邵伯溫撰、	二〇	津逮祕書本、學津討原本、淡生堂餘苑本、	是書前十六卷記太祖以來故事，於熙寧變法元祐分黨言之尤詳；十七卷多記雜事；十八卷至二十卷皆記邵子之言行。
清波雜志 別志	宋周　煇撰、	十二 三	知不足齋本、稗海三卷本、宋刊有大字本、	清波爲杭州城門之名，紹興中煇寓其地，因以名書。所記皆宋人雜事。
雞肋編	宋莊季裕撰、	三	四庫依抄本、曾慥類說不足本、說郛不足本、琳琅祕室一卷本、元抄一卷本、	是書記遼宋誓書一條，大旨以和議爲主。至其以龍城錄爲非王銍所作，反據以駁金華圖經之類，殊失考證。

書名	撰者	卷數	版本	提要
聞見後錄	宋邵　博撰、	三〇	淡生堂餘苑本、津逮祕書本、學津討原本、敏求記有舊抄本、	是編蓋續其父伯溫聞見錄故曰後錄。然伯溫所記多朝廷大政，可裨史傳；是書兼及經義史論詩話，又參以神怪俳諧，較前錄頗爲繁雜。
北窗炙輠錄	宋施德操撰、	一	學海類編本、奇晉齋二卷本、讀畫齋二卷本丁禹生有吳枚菴抄校本、	是書炙輠之名，蓋取義淳於髡事。然所記多當時前輩盛德可爲世法者，間及雜事雜說，亦無滑稽之意，未審何以命此名也。
步里客談	宋陳長方撰、	二	墨海金壺本、守山閣本、	氏家於步里，遂以名書。所記多嘉祐以來名臣言行，而於熙寧元豐之間邪正是非尤三致意。
桯史	宋岳　珂撰、	一五	明成化刊有附錄一卷本、嘉靖中錢如京重刊本、胡心耘有元刊本、歷代小史本、津逮本、學津本、稗海本、抄本、	是編載南北宋雜事凡一百四十餘條；雖多詼諧瑣語，足補正史之遺。其曰桯史者，猶言柱記也，蓋襲李德裕之故名，而取義則殊不可解。

獨醒雜志	宋曾敏行撰、	一〇	知不足齋本、	是書多紀兩宋軼聞，可補史傳之闕；間及雜事，亦足廣見聞。
耆舊續聞	宋陳　鵠撰、	一〇	知不足齋本、淡生堂餘苑本、	是書皆載南北宋遺事。大致根據南渡以後故家遺老之舊聞，故多有元祐諸人緒論。其品評文藝亦具有淵源。
四朝聞見錄	宋葉紹翁撰、	五	知不足齋本、浦城遺書本、舊抄本、	是書皆雜敘高孝光寧四朝軼事，各有標題，不以時代爲先後，分甲乙丙丁戊五集，凡二百有七條。惟丁集所記僅寧宗受禪慶元黨禁二事，不及其他。
癸辛雜識前集 後集 續集 別集	宋周　密撰、	一 一 二 二	津逮祕書本、稗海本、學津討原本、淡生堂餘苑刊後集本、胡心耘有校茶夢閣本、抱經堂單抄別集本、	是書以作於杭州之癸辛街，因以爲名。所記多雜言瑣事。

隨隱漫錄	宋陳世崇撰、	五	稗海本、	隨隱，即世崇號也。其書多記同時人詩話，而於南宋故事言之尤詳。
東南紀聞	不著撰人名氏、	三	墨海金壺本、守山閣本、舊抄本、	是書當爲元人所作，故稱宋爲東南。所紀間有南北宋事，則連類及之也。
歸潛志	元劉祁撰、	一四	元至大間孫和伯刊本、知不足齋本、聚珍板本、閩覆本、學海類編本、淡生堂餘苑六卷本、小山堂抄本、鮑以文手抄本、	是書名曰歸潛，蓋祁於壬辰北還，以此二字牓其室，因以題其所著。一卷至六卷爲金末諸人小傳，七卷至十卷雜記軼事，十一卷記哀宗亡國始末，十二卷記崔立作亂刼羣臣立碑而附以辨亡論一篇，自是以下悉爲語錄詩文。

山房隨筆	元蔣子正撰、	一	知不足齋本、歷代詩話本、稗海本、古今說海本、藝圃搜奇本、抄本、百川學海本、	是書多記宋末元初事，而敘賈似道誤國始末尤詳。
山居新語	元楊　瑀撰、	四	元本、知不足齋本、景元一卷本、家刊紅印本、	是書皆記所見聞，多參以神怪之事。其關於風化政典可資勸戒者亦頗不少。
遂昌雜錄	元鄭元祐撰、	一	稗海本、讀畫齋本、學海類編本、說郛本、歷代小史本、古今說海本、	氏遂昌人；而此錄題曰遂昌，不忘本也。所記多宋末軼聞及元代高士名臣軼事。
樂郊私語	元姚桐壽撰、	一	學海類編本、祕笈本、鹽邑志林本、	至正之末，氏流寓海鹽，時江南擾亂，惟海鹽未被兵火，尙得以從容論述，故以樂郊私語爲名。所記軼聞瑣事，多近小說家言。

輟耕錄	明陶宗儀撰、	三〇	明刊本、明玉蘭草堂刊本、津逮祕書本、日本刊本、有元刊本、	是書乃雜記聞見小事。於有元一代法令制度及至正末東南兵亂之事紀載頗詳。所考訂書畫文藝，亦多足備參證。
水東日記	明葉　盛撰、	三八	明原刊三十八卷萬歷癸丑補刊二卷、康熙中刊四十卷本、	是書記明代制度，及一時遺聞軼事，多可與史傳相參。
菽園雜記	明陸　容撰、	一五	明刊本、又刊十卷本、墨海金壺本、守山閣本、	是書乃陸容劄錄之文，於明代朝野故實叙述甚詳，可與史傳相考證，旁及諧談雜事，皆並列簡編，蓋自唐宋以來說部之體如是也。
先進遺風	明耿定向撰、	二	明刊本、祕笈本、	是書略仿宋人典型錄之體，載明代名臣遺聞軼事。大致嚴操守礪品行存忠厚者爲多，又多記居家行己之細事，而朝政罕及焉。

觚不觚錄	明王世貞撰、	一	廣百川學海本、澤古齋本、借月山房本、指海本、祕笈本、續說郛本、	是書專記明代典章制度於今昔沿革尤詳。自序謂傷觚之不復舊觚，蓋感一代風氣之升降也。
何氏語林	明何良俊撰、	三〇	明嘉靖刊本、又套板本、	是書因裴啟語林之名。其體例門目，則全以劉義慶世說新語爲藍本，而雜採宋齊以後事蹟續之。併義慶原書共得二千七百餘條。
山海經	晉郭　璞注、	一八	嘉靖十五年馮元雍刊本、明胡文煥刊格致叢書本、祕書二十一種本、古今逸史本、玉淵堂項氏刊本、黃晟翻項本、漢魏叢書本、子書百種本、經訓堂本、浙局本、二十二子彙函本、昭文張氏有毛斧季校宋尤袤本、郝懿行注本、	是書敘述山水，多參以神怪。然道里山川，率難考據，按以耳目所及，百不一眞。諸家並以爲地理書之冠，亦未爲允。核實定名，是直小說之祖耳。

山海經廣註	清吳任臣撰、	一八	康熙丁未刊有圖五卷本、	是書因郭璞山海經註而補之，故曰廣註。於名物訓詁山川道里皆有所訂正。
穆天子傳	晉郭璞注、	六	天一閣刊本、漢魏叢書本、古今逸史本、明趙標刊本、龍威祕書本、明青蓮閣單行本、平津館刊本、道藏三卷本、說郛本、洪頤煊有校刊本、子書百種本、	是書所紀多夸言寡實。所謂周穆王西行一事，爲經典所不載，與列子周穆王篇亦互有出入。
神異經	舊本題漢東方朔撰、	一	漢魏叢書本、格致叢書本、龍威祕書本、廣四十家小說本、伍氏刊小說本、百名家書本、說郛本、子書百種本、	是書所載皆荒外之言，怪誕不經，共四十七條。

海內十洲記	舊本題漢東方朔撰、	一	漢魏叢書本、古今逸史本、龍威祕書本、祕笈本、四十家小說本、明刊呂氏十種書本、說郛本、子書百種本、	十洲者，祖洲，瀛洲，懸洲，炎洲，長洲，元洲，流洲，生洲，鳳麟洲，聚窟洲也。書中多夸大之語，大致恍惚支離不可究詰。
漢武故事	舊本題漢班固撰、	一	古今逸史本、古今說海本、道藏八種本、歷代小史本、敏求記有錫山秦如操綉石書室本、	是書所言多與史記漢書相出入，但雜以妖妄之語。
漢武帝內傳	舊本題漢班固撰、	一	漢魏叢書本、守山閣刊本、道藏八種有外傳一卷本、說郛本、龍威祕書本、汲古閣本、墨海金壺本、	是書多奇言怪語。其詞華豔麗，與王嘉拾遺記陶宏景眞誥體格相同。
漢武洞冥記	舊本題漢郭憲撰、	四	漢魏叢書本、古今逸史本、龍威秘書本、祕笈本、顧氏四十家小說本、明刊呂氏十種本、說郛本、子書百種本、	是書所載皆怪誕不經之談，未必眞出憲手。又詞句綺豔，亦逈異東京，或六朝人依託爲之。

拾遺記	秦王嘉撰、	一〇	漢魏叢書本、古今逸史本、稗海本、明初刊本、祕書二十一種刊本、嘉靖乙酉顧氏思玄室刊本、說郛本、歷代小史本、子書百種本、抄蕉窗蒐隱本、	是書所記上起三皇，下迄石虎，事蹟十不一眞，但詞語豔發。
搜神記	舊本題晉干寶撰、	二〇	漢魏叢書八卷本、祕冊本、津逮祕書本、學津討原本、子書百種本、稗海八卷本、龍威祕書八卷本、抄八卷本、鹽邑志林二卷本、	是書敘事古雅。而書中諸論，非六朝人不能作，與他僞書不同，疑其卽諸書所引綴合殘文傳以他說，亦與博物志述異記等。
搜神後記	舊本題晉陶潛撰、	一〇	津逮祕書本、學津討原本、漢魏叢書二卷本、說郛本、唐宋叢書一卷本、祕冊本、子書百種本、	是書文詞古雅，體例嚴整，實非鈔撮補綴而成，亦非唐以後人所能作。

異苑	宋劉敬叔撰、	一〇	說郛本、唐宋叢書一卷本、漢魏叢書本、祕冊本、津逮祕書本、學津討原本、	是書皆記神怪之事。遣詞簡古而意態具足。
續齊諧記	梁吳均撰、	一	說郛本、古今逸史本、漢魏叢書本、祕書二十一種本、文房小說本、	按隋志宋散騎侍郎東陽無疑先有齊諧記七卷，故此書稱續。所載皆異聞神說，頗爲唐人所引用。
還寃志	隋顏之推撰、	三	漢魏叢書作還寃記本、祕笈一卷本、顏氏傳書本、續百川學海本、唐宋叢書本、說郛本、抄本、	是書皆述釋家報應之事。文詞亦頗古雅。
集異記	唐薛用弱撰、	一	古今逸史本、唐宋叢書本、續百川學海本、祕書二十一種本、顧氏文房小說本、說郛本、歷代小史本、	是書凡十六條，多述唐代軼聞，亦間涉靈異。

博異記	舊本題唐谷神子撰、	一	古今逸史本、唐宋叢書本、續百川學海本、祕書二十一種本、藝圃搜奇題鬼谷子本、顧氏文房小說本、說郛本、	是書凡十條，皆記神怪事，敍述雅贍，所錄詩歌亦工緻。
杜陽雜編	唐蘇鶚撰、	三	稗海本、說郛本、歷代小史本、廣四十家小說本、學津討原本、	是書所記，上起代宗廣德元年，下至懿宗咸通十四年，凡十朝之事，皆以三字爲標目。其中述奇技寶物，類涉不經，大致祖述王嘉之拾遺，郭子橫之洞冥。
前定錄	唐鍾輅撰、	一	百川學海本、唐宋叢書無續本、學津討原本、	是書凡二十三則，皆記前定之事。自序稱：庶達識之士知其不誣，奔競之徒亦足以自警。
續錄		一		

桂苑叢談	舊本題馮翊子子休撰、	一	說郛本、祕笈本、續百川學海本、四十家小說本、明伍氏刊小說本、抄本、	是書前十條皆載咸通以後鬼神怪異及瑣細之事，後爲史遺十八條，其十二條紀唐代雜事，餘六條則兼及南北朝。
劇談錄	唐康　駢撰、	二	津逮祕書本、學津討原本、淡生堂餘苑本、藝圃搜奇本、稽古堂雜說刊本、學海類編本、	是書凡十四條，皆記天寶以來瑣事。亦間以議論附之。
宣室志	唐張　讀撰、	一〇	稗海本、振綺堂有明刊本、	是書皆記鬼神靈異之事。其曰宣室，蓋取漢文帝宣室受釐召賈誼問鬼神事，然於義未當。
補遺		一		
唐闕史	五代高彥休撰、	二	知不足齋本、龍威祕書本、說郛本、昭文張氏有荼夢主人手抄本、顧嗣立刊閭邱辨囿本、崇文局本、汪氏刊本、	是書凡五十一篇。所記皆怪妄等事。

甘澤謠	唐袁　郊撰、	一	津逮祕書本、唐宋叢書本、學津討原本、說郛本、	是書所記異聞凡九事，皆從太平廣記錄出。自序謂春雨澤應甘澤成謠，故以名書。
開天傳信記	唐鄭　綮撰、	一	百川學海本、學津討原本、歷代小史本、說郛本、	是書皆記開元天寶故事。凡三十二條自序稱簿領之暇搜求遺逸，期於必信，故以傳信爲名。
稽神錄	宋徐　鉉撰、	六	津逮秘書有補遺一卷本、學津討原本、說郛本、	是書所記共一百七十四事，又有拾遺十三事，皆係唐末五代異聞。
江淮異人錄	宋吳　淑撰、	二	知不足齋本、函海本、龍威秘書本、廣四十家小說本、藝圃搜奇本、嘉靖伍光忠刊唐宋元明小說本、說郛本、	是編所紀多道流俠客術士之事凡唐代二人南唐二十三人，大旨語怪。

太平廣記	宋李昉等撰、	五〇〇	宋刊本、明嘉靖中許自昌刊大字本、又談氏刊大字本、天都黃氏刊小字本、翻刻小字本、江西袖珍本、明活字本、	是編凡分五十五部，所採書三百四十五種，古來軼聞瑣事僻笈遺文咸在焉。
茅亭客話	宋黃休復撰、	一〇	津逮秘書本、學津討原本、胡氏琳瑯秘室活字仿宋刊本、說郛本、	是編雜錄其所見聞：始於王孟二氏，終於宋眞宗時，皆蜀中軼事。語雖多涉神怪，大旨主乎勸戒。
分門古今類事	不著撰人名氏、	二〇	路小洲有抄本、十萬卷樓本、振綺堂有影宋抄本、	是編分十二類。大旨在徵引故事以明事有定數，無容妄覬，而又推及於天人廸古從逆之所以然。
陶朱新錄	宋馬　純撰、	一	珠叢別錄本、說郛本、廣四十家小說本、墨海金壺本、抄本、	氏以致仕居越之陶朱鄉，搜集見聞著是書，因名曰陶朱新錄。所載皆宋時雜事。

睽車志	宋郭彖撰、	六	稗海本、說郛本、汲古閣有影宋鈔本、	是書皆記鬼怪神異之事，爲當時耳目所見聞者。其名睽車志，蓋取易睽卦上六載鬼一車之語也。
夷堅支志	宋洪邁撰、	五〇	嘉靖間刊本、黄丕烈有殘宋本、乾隆刊巾箱本、	是書所記皆神怪之說，故以列子夷堅事爲名。
博物志	舊本題晉張華撰、	一〇	明宏治癸亥劉遜刊本、漢魏叢書本、古今逸史本、格致叢書本、稗海本、秘書二十一種本、明葉氏刊本、士禮居刊本、指海本、百名家書本、子書百種本、道光七年浦江周氏紛欣閣刊本、	是書大致剽掇大戴禮春秋繁露孔子家語本草經山海經拾遺記搜神記異苑西京雜記漢武內傳列子諸書餖飣成帙，不盡華之原文也。

述異記	舊本題梁任昉撰、	二	明重刊宋陳思本、說郛本、稗海本、漢魏叢書本、格致叢書本、龍威秘書本、百名家書本、子書百種本、抄本、	是書採輯先世之事，纂新述異，皆時所未聞，將以資後來屬文之用。
酉陽雜俎 續集	唐段成式撰、	二〇 一〇	津逮祕書本、稗海無續本、學津討原本、萬歷戊申李雲鵠刊本、崇文局本、昭文張氏有元刊二十卷本、	是書所紀多怪誕不經。而遺文祕籍，亦往往錯出其中。其曰酉陽雜俎者，取梁元帝賦訪酉陽之逸典語，謂二酉山也。
清異錄	宋陶穀撰、	二	唐宋叢書四卷本，祕笈四卷本、惜陰軒叢書本、康熙中陳氏刊本、說郛四卷本、漱六閣刊本、持靜齋有明嘉靖間抄本、	是書皆採摭唐及五代新穎之語，分三十七門，各爲標題，而註事實緣起於其下。

續博物志

宋李　石撰、

一〇

稗海本、格致叢書本、唐宋叢書本、古今逸史本、祕書二十一種本、百名家書本、漢魏叢書本、子書百種本、

是書大旨在補張華所未備，而軼聞瑣語亦多可以備參考。

書名	著者	卷數	版本	書旨
宏明集	梁釋僧祐撰、	一四	明有南北藏支那三本、雍正十三年藏經館重刊龍藏本、萬歷丙戌汪道昆刊黑口本、明抄本、	是編皆輯東漢以至梁代闡明佛法之文。其學主於戒律；其說主於因果，其大旨則主於抑周孔排黃老而獨尊釋。
廣宏明集	唐釋道宣撰、	三〇	明吳氏刊本、重刊龍藏四十卷本、明萬歷丙戌汪道昆刊黑口本、	是書分爲十篇：一曰歸正，二曰辨惑，三曰佛德，四曰法義，五曰僧行，六曰慈濟，七曰戒功，八曰啟福，九曰悔罪，十曰統歸，每篇各爲小序，大旨排斥道教，與僧祐書相同。
法苑珠林	唐釋道世撰、	一二〇	明萬歷辛卯刊本、雍正十三年藏經館重刊一百卷本、道光丁亥蔣因培妻吳氏醵刊一百卷本、支那本、	大旨以佛經故實分類排纂，推明罪福之由，用生敬信之念。

開元釋教錄	唐釋智昇撰、	二〇	明刊支那本、雍正十三年藏經館重刊三十卷本、	是書以三藏經論編爲目錄，分爲二錄：一曰總括羣經錄，一曰別分乘藏錄。
宋高僧傳	宋釋贊甯撰、	三〇	明萬歷辛亥刊本、雍正十三年重刊龍藏本支那本、	是書所錄始於唐高宗，凡正傳五百三十三人，附見一百三十八，傳後附以論斷，於傳授源流最爲賅備。
法藏碎金錄	宋晁迥撰、	一〇	明嘉靖中晁瑮刊本、趙府居敬堂本、晁氏寶文堂本、	是書蓋宗門語錄之類。其曰碎金，取世說新語安石碎金義也。
道院集要	宋晁迥撰、	三	明嘉靖中晁瑮刊本、晁氏寶文堂本、	是書乃王古選錄迥書，故名集要。其以此本卽道院集者誤也。

書名	撰者	卷數	版本	提要
僧寶傳	宋釋惠洪撰、	三〇	明刊本、常熟刊本、明刊小字本、錢塘鳳篁嶺僧廣遇刊本、四明比邱寶定刊本、	是書總括五宗，於禪門宿望各述其事蹟，始末爲之傳贊，凡八十一人。
附補僧寶傳		一		
臨濟宗旨		一		
林間錄	宋釋惠洪撰、	二	抄本、刊本、明刊本、明翻宋本、萬歷甲申馮夢楨刊小字本、	是書所記皆高僧嘉言善行，然多贊寧高僧傳諸書之譌，又往往自立議論發明禪理，不盡敘錄舊事也。
後集		一		
五燈會元	宋釋普濟撰、	二〇	蘇城汪氏有宋本、明嘉靖辛酉刊本、萬歷甲寅刊本、雍正十三年重刊龍藏六十卷本、支那刊本、	是書取道原傳燈錄李遵勗廣燈錄白運中續燈錄通明聯燈會要正受普燈錄合爲一編，故曰五燈會元。
羅湖野錄	宋釋曉瑩撰、	四	祕笈本、唐宋一卷不足本、支那二卷本、藝圃搜奇本、抄本、	是書自序謂：以倦遊歸憩羅湖之上，因追憶昔所見聞。錄爲四卷。其中多載禪門公案及機鋒語句。蓋亦林間錄之流，而緇徒故實，紀述頗詳。

釋氏稽古略	元釋覺岸撰、	四	張目有元至正刊本、明嚴爾圭刊本、明天啟丙寅畢志熙重刊本、	是書皆叙述釋氏事實，用編年之體，以歷代統系爲綱，而以有佛以來釋家世次行業爲緯，始於太昊庖犧氏，終於南宋瀛國公。
佛祖通載	元釋念常撰、	二二	元刊本、明隆慶五年刊本、重刊龍藏三十六卷本、支那三十六卷本、	是編所叙釋氏故實，上起七佛，下訖元順帝元統元年，皆編年紀載，於佛教之廢興，禪宗之授受，言之頗悉。

書名	著者	卷數	版本	書旨
陰符經解	舊本題黃帝撰、	一	漢魏叢書本、珠叢別錄本、道書全集本、祕笈本、明溪香館刻虞淳熙評本、諸子萃覽本、說郛本、李筌注三卷本、合刻陰符注解本、墨海金壺本、抄本、子書百種本、問字堂目有郭忠恕三體書石刻本、	太公以後爲陰符經註者凡六家，書中多雜兵家語。
陰符經考異	宋朱　子撰、	一	朱子遺書本、指海本、明邵以臣刊玄宗內典諸經本、紛欣閣叢書本、合刻陰符注釋本、	陰符之僞，自黃庭堅發之。是書乃考諸本之同異刊定其文。
陰符經講義	宋夏元鼎撰、	四	四庫依鈔本、合刻陰符注釋本、道藏本、路小洲有抄本、	是書以丹法釋陰符之旨，而陰符之變爲爐火卽始於此。

老子註	舊本題河上公撰、	二	世德堂本、中都四子本、元刊纂圖互注本、明刊小字六子本、十子全書本、經訓堂攷異無注本、二十子無注本、道光間高郵王引之據河上注其弟愚山刊行本、宋建安虞氏本、宋有巾箱本、拜經樓有宋刊纂圖互注本、河上公章句巾箱本、	是書詞旨不類漢人，且註附句下，馬融以前亦無此例。
道德指歸論	舊本題漢嚴遵撰、	六	祕冊彙函本、津逮祕書本、漢魏叢書本、唐宋叢書本、學津討原本、	是書僅存論德篇六卷。

老子註	魏王弼撰、	二	聚珍版本、閩覆本、杭縮本、明萬歷中張之象刊本、政和乙未晁說之刊本、乾道庚寅熊克重刊本、中立四子本、閔齊伋刊本、古逸叢書本、日本刊本、子書百種本、二十二子彙函本、正統道藏本、	是註詞義簡遠，妙得微契，老子註本，此爲最古。
道德經解	宋蘇轍撰、	二	明刊兩蘇經解本、道藏本、祕笈四卷本、抄本、明刊本、	是書大旨主於佛老同源，而又引中庸之說以相比附。
道德寶章	宋葛長庚撰、	一	祕笈本、影刊趙孟頫寫本、抄本、白雲觀影宋本、	是書隨文標識，不訓詁字句，亦不旁爲推闡。所註乃少於本經，語意多近於禪偈，蓋佛老同源故也。

道德眞經註	元吳　澄撰、	四	道藏本、路氏有抄本、粵雅堂刊本、子書百種本、	澄學出象山，以尊德性爲本，故此註所言與蘇轍略同，雖不免援儒入墨，而就彼法言之，則較諸方士之所註精邃多矣。
老子翼 考異	明焦　竑撰、	三 一	明萬歷刊本、乾隆庚申山陰郭氏重刊改題老子元翼本、日本刊六卷本、	是書輯韓非以下解老子者六十四家，而附以竑之筆乘共成六十五家，各採其精語裒爲一編。
御註道德經		二		是註所闡明者，皆人事常經。
老子說略	清張爾岐撰、	二	刊本、抄本、	是書以解老子者多紛繞穿鑿，自生障礙，乃屏除一切，略爲疏通大意，故名曰說略。
道德經註 附陰符經註	清徐大椿撰、	二 一	洄溪刊本、抄本、	是書以老子舊註人人異說，而本旨反晦，乃尋繹經文疏解其義。大旨與張爾岐老子說略相同。

關尹子	舊本題周尹喜撰、	一	綿眇閣本、子彙本、二十子本、十二子本、明十行本、明刊宋陳顯微箋解本、道書全集注二卷本、墨海金壺本、珠叢別錄本、守山閣三卷本、諸子萃覽本、明讀書坊刻四家評本、蔡氏刊本、子書百種本、明刊二卷本、胡心耘有殘宋本、	是書多法釋氏及神仙方技家，如變識爲知一息得道嬰兒蕊女金樓絳宮青蛟白虎寶鼎紅爐誦呪土偶之類。
列子	舊本題周列禦寇撰、	八	世德堂六子本、又小字六子本、二十子無注本、湖海樓附釋文二卷本、明盧九章刊本、士禮居有宋刊本、張金吾有季蒼葦藏元刊本、明萬曆丁丑施堯臣刊無注本、宋有巾箱本、閔齊伋刊本、十子全書本、浙局本、錢華館本、抄本子書百種本、明刊本、	列子近佛經，而逐事爲解反多迷失。

冲虛至德眞經解	宋江遹撰、	八	元刊本、明刊本、明李栻刊道宗六書本、抄本、	其稱列子爲冲虛至德眞經者，冲虛眞經唐所尊，至德字又宋所加也。所註則仿郭象註莊之體，擺落訓詁，領要標新，往往得言外之旨。
莊子註	晉郭象撰、	一〇	世德堂大字本、小字本、中都四子本、二十子、無注本、明鄒之嶧校刊郭注本、莊騷合刻本、元明小字六子本、明萬歷中王澍刊無注本、陳氏刊本、十子全書本、明萬歷丁丑兩淮都轉刊于愼德書院無注本、明刊本、明刊批點本、明刊歸批本、古逸叢書本、閔齊伋刊本、日本刊本、浙局本、閩刊本、明刊本、士禮居有南宋刊本、宋有巾箱本、	註莊子者數十家，惟象註獨標新義：大暢玄風。

南華眞經新傳	宋王　雱撰、	二〇	宋刊大字本、明刊本、道藏本、張目有舊抄本、張氏志有無名氏刊本、	是書體例略仿郭象之註而更約其詞。大致所註詳於內篇而略於外篇雜篇。
莊子口義	宋林希逸撰、	一〇	明福清施觀民校刊本、嘉靖乙酉江汝璧重刊名三子口義本、萬歷二年刊三子口義本、明刊本、抄本、宋刊黑口本每頁二十行行十八字、	是書詞旨明暢，有裨初學。惟排斥舊註，殊不足取。
南華眞經義海纂微	宋褚伯秀撰、	一〇六	路小洲有抄本、道藏本、	是書輯郭象以下註莊子者十三家，而斷以己意，謂之管見。大旨主義理不主音訓。

莊子翼	明焦竑撰、	八	明萬曆戊子刊本、單刊闕誤本、	是書體例與老子翼同，所載書目自郭象註以下凡二十二家、旁引他說互相發明者自支遁以下凡十六家，又章句音義自郭象以下凡十一家。大旨以郭象呂惠卿褚伯秀羅勉道陸西星五家爲主。
莊子闕誤		一		
附錄		一		
文子	不著撰人名氏、	二	子彙本、二十子本、明黃之寀刊本、明崇德書院七子本、緜眇閣本、守山閣刊本、明綦杰刊本、墨海金壺本、明刊本、刊本、明道灊本	書凡十二篇，大旨皆本老子。
文子纘義	宋杜道堅撰、	一二	聚珍版本、閩覆本、昭文張氏有舊抄足本、明刊合注本、明道灊堂刊本、道藏本、二十二子彙函本、	是書凡自爲說者題曰纘義。其餘裒輯衆解，但總標舊說，不著姓名。

列仙傳	舊本題漢劉向撰、	二	古今逸史無贊本、明嘉靖甲午黃省曾刊本、汲古閣刊本、祕書二十一種本、夷門廣牘本、嘉靖九年王氏校刊增讚敘一卷本、胡氏刊有贊本、道藏八種本、琳琅祕室本、日本刊本、	是書體例全仿列女傳，所載凡七十一人，人係一贊，篇末又爲總贊一首。
周易參同契通眞義	漢魏伯陽撰、	三	漢魏叢書本、道書全集本、周藩刊本、	是書多借納甲之法，言坎離水火龍虎鉛汞之要，以陰陽五行昏旦時刻爲進退持行之候，後來言爐火者皆以是書爲鼻祖。
周易參同契考異	舊本題空同道士鄒訢撰、	一	朱子遺書本、守山閣本、紛欣閣本、	考陳振孫書錄解題稱：朱子以參同契詞韻皆古奧難通，因合諸本更相讎正。朱子自跋亦稱：凡諸同異悉存之以備考證，故以考異爲名。

周易參同契解	宋陳顯微撰、	三	宋端平元年王夷刊本、道書全集周藩刊本、	是書篇次悉從彭曉之本。其分三篇而不分章，則從葛洪之說。
周易參同契發揮 釋疑	宋俞　琬撰、	三 一	元子正至年嗣天師張與封刊本、明宣德三年刊本、王氏刊本、	是書以一身之水火陰陽發明丹法，雖不及彭曉陳顯微陳致虛三註爲道家專門之學，然取材甚博。其釋疑三篇考核異同較朱子本尤詳備明白。
周易參同契分章註	元陳致虛撰、	三	道書全集周藩刊本、	是書以金丹之道當以陰符道德爲祖，金碧參同次之。又稱丹書多不可信，得眞訣者要必以參同契悟眞篇爲主。
古文參同契集解	明蔣一彪撰、	三	津逮祕書本、學津討原本、	是書乃據楊慎僞古本而作，故謂之古文；其彭曉陳顯微陳致虛俞琬四家之註悉割裂其文綴於各段之下，故謂之集解。

抱朴子內外篇	晉葛洪撰、	八	嘉靖丁丑魯藩刊本、祕笈本、二十子本、明萬歷己亥盧舜治刊本、繼昌刊本、萬歷甲申吳興愼懋官刊本、柏筠堂刊本、子書百種本、明刊七十卷本、平津館七十卷本、道藏本、	是書內篇論神仙吐納符籙尅治之術，外篇則論時政得失人事臧否，大旨亦以黃老爲宗。
神仙傳	晉葛洪撰、	一〇	漢魏叢書本、毛晉刊本、錢氏敏求記有舊鈔本、龍威秘書本、夷門廣牘一卷本、道藏本、	是書爲答其弟子滕升問仙人有無而作，所錄凡八十四人，證以諸書所引，確爲古本。
眞誥	梁陶宏景撰、	二〇	明刊本、明俞安期校刊前後二本、張氏照曠閣刊本即學津討原本、道藏輯要本、	是書凡七篇，皆記神仙授受眞訣之事。

亢倉子	唐王士元撰、	一	子彙本、十二子本、緜眇閣本、二十子本、墨海金壺本、珠叢別錄本、別六子全書本、子書百種本、	是書雖雜剽老子莊子列子文子商君書呂氏春秋劉向說苑新序之詞，而聯絡貫通亦頗亹亹有理致。
亢倉子註	舊本題何粲撰、	九	明刊本、道藏本、抄本、	據柳宗元亢倉子辨，則是書唐代已有註，晁公武讀書志亦載何璨註亢倉子二卷，當即此本。惟璨字從玉與今本小異，或即傳寫異文歟。
元眞子	唐張志和撰、	一	十二子本、子彙本、二十子本、崇德書院七子本、二十二子本、天隱子夷門廣牘本、說郛單天隱子本、知不足齋元眞子三卷本、格致叢書單天隱子三卷本、道藏外篇三卷本、	元眞子僅存三篇；一曰碧虛。二曰鸑鷟，三曰濤之靈，併爲一卷。其言略似抱朴子外篇。天隱子凡八篇：一曰神仙，二曰易簡，三曰漸門，四曰齋戒，五曰安處，六曰存想，七曰坐忘，八曰神解，今以與元眞子同時，即附之元眞子後俾從其類焉。
附天隱子		一		

無能子	不著撰人名氏、	三	十二子本、子彙本、二十子本、二十二子本、道藏本、明朱氏刻孫鑛評本、	是書凡三十四篇，大旨以老莊爲宗而傳以佛理。
續仙傳	南唐沈汾撰、	三	汲古閣本、明黃氏刊一卷不全本、道藏本、琳琅秘室本、明刊本、	是書上卷載飛昇一十六人，以張志和爲首；中卷載隱化十二人，以孫思邈爲首；下卷載隱化八人，以司馬承禎爲首。
雲笈七籤	宋張君房選、	一二二	明張萱清眞館刊本、道藏輯要本、	其稱雲笈七籤者，蓋道家之言以天寶君說洞眞爲上乘，靈寶君說洞元爲中乘，神寶君說洞神爲下乘，又太元太平太淸三部爲輔經，又正一法文遍陳三乘，別爲一部，統稱三洞眞文，總爲七部，故君房取以爲名也。

悟眞篇註疏 附直指詳說	宋張伯端撰、	三 一	道書全集周藩刊本、明刊五卷本、	是書專明金丹之要，與魏伯陽參同契道家並推爲正宗。
古文龍虎經註疏	宋王　道撰、	三	道書全集周藩刊本、	是書取世傳龍虎經三十三章，自爲註而自疏之，末附二圖，大旨以魏伯陽書爲根柢。
易外別傳	宋俞　琬撰、	一	通志堂本、元刊小字本、影元抄本、	名曰易外別傳者，蓋謂丹家之說雖出於易，不過依仿而託之，非易之本義也。
席上腐談	宋俞　琬撰、	二	秘笈本、瞿氏有舊抄本、抄本、	是書乃其劄記雜說。惟上卷前數十條爲考證名物之語，下卷則備述丹書，大旨皆不出道家。

道藏目錄詳註

明白雲霽撰、

四

明刊本、許氏有抄本、新刻袖珍本、

是書以道藏之文，分門編次，大綱分三洞四輔十二類，與雲笈七籤相合，蓋歷代道家之舊目。

書名	著者	卷數	版本	書旨
楚詞章句	漢王逸撰、	一七	明正德戊寅王鏊刊本、高第黃省曾校刊本、蔣之翹刊本、隆慶辛未豫章王孫芙蓉館重刊宋本、佳楊鶴刊本八卷、朱燮元刊本、後附篆文離騷五卷、綠君亭刊屈子無註、汲古閣刊本、湖北叢書本、明坊刻本、明刊本、	此書係就劉向所輯之楚詞十六篇，益以己所作九思與班固二敘合爲十七卷，而各爲之註。逸去古未遠，多傳先儒之訓詁。註中往往隔句用韻，蓋仿周易象傳之體。
楚詞補註	宋洪興祖註、	一七	明刊本、汲古閣刊本、惜陰軒叢書本、金陵局刊本、	此書以蘇軾校本爲主，而參用洪炎以下十五家之本，列王逸註於前，而一一疏通證明於後，於逸註多所闡發，又皆以補曰二字別之，使與原文不亂，爲楚詞諸註中之善本。

書名	撰人	卷數	版本	提要
楚詞集註		八	明仿宋本、成化乙未何喬新刊本、正德己卯沈圻刊本、嘉靖乙未袁氏仿宋本、萬歷初吉府刊本、隆慶辛未豫章芙蓉館重刊宋本、常熟翁氏有元至元丙子建安傅子安宅重刊本、古逸叢書本、崇文書局本、	此書以屈原所作二十五篇爲離騷，宋玉以下十六篇爲續離騷，隨文詮釋，每章各繫以興比賦字。其訂正舊註者，別爲辨證二卷。又刪定晁補之續楚詞變離騷二書爲後語六卷。
辨證	宋朱熹撰、	二		
後語		六		
離騷草木疏	宋吳仁傑撰、	四	知不足齋本、龍威秘書本、清乾隆己亥海昌祝氏刊本、附祝德麟辨證、張目有宋慶元庚申刊本、敏求記稱此書經屠本畯刪改、從曹秋岳處鈔得原本、崇文本、	此書大旨謂離騷之文多本山海經，故書中引用每以山海經爲斷，學者多病其膠滯，然徵引宏富，辨典核實，可爲考證博物之助。

補繪離騷全圖	清蕭雲從原畫幷註、	二	路有鈔本、八千卷樓鈔本、原刊本、極精、	此圖舊祇六十四圖，餘多闕佚。雲從補繪九十一圖，共計一百五十五圖，自天文地理蟲魚草木與凡可喜可愕之物，無不賅備。
山帶閣註楚詞		六	清康熙癸巳刊本、	此書註前冠以屈原列傳，外傳，楚世家節略，以考事蹟之本末，次列地圖五，以考涉歷之先後，所註卽據事蹟之年月與道里之遠近，以定所作之時地。餘論係辨證諸家註釋之得失，說韻博引古音之同異，每部列通韻叶韻同母叶韻三例，以攻駁顧炎武毛奇齡之說。
楚詞餘論	清蔣驥撰、	二		
楚詞說韻		一		

書名	著者	卷數	版本	本書旨
揚子雲集	漢揚雄撰、	六	明鄭璞補輯本、明漳浦張燮輯刊本楊侍郎集五卷、張溥刊百三家集本一卷、汪士賢刊二十一家集本三卷、均不全、	按隋志唐志皆載雄集有五卷，其本久佚。宋譚愈取漢書及古文苑所載四十餘篇，纂爲五卷。此本係明鄭樸取太玄法言方言及蜀王本紀琴清英諸條與諸文賦，合爲六卷者是也。惟雄所作諸箴只二十八篇，此本所收凡三十五篇，疑雜有崔駰崔瑗之作。
蔡中郎集	漢蔡邕撰、	六	明正德乙亥錫山華氏活字本、明王乾章刊本均十卷、佳萬歷中刊本十卷、不及華王二本、汪士賢刊本八卷、張溥本止二卷、清順治中劉嗣美刊明陳留令徐子器編輯本六卷、雍正中刊本、咸豐四年楊以增刊十卷、附外集四卷、明蘭雪堂活字本十卷、外傳一卷、楊賢刊本海源閣刊本、十萬卷樓本、	按邕集久佚，此本係據陳留新刊本，凡詩文九十四首，與張溥刊本互有出入，如張本有薦董卓一文，陳本無之，即其一例。

孔北海集	漢孔融撰、	一	有刊本、後附雜考一卷、張溥本、乾坤正氣集本、	按融集已散佚於宋代，此本係據明人所掇拾者，凡疏一篇，上書三篇，奏事二篇，議一篇，對一篇，數一篇，書十六篇，碑銘一篇，論四篇，詩六篇，共三十七篇，其聖人優劣論，蓋一文而偶存兩條，編次者析爲二篇，實三十六篇也。
曹子建集	魏曹植撰、	一〇	宋本大字、旁有陳思王三字、明嘉靖中郭萬程仿宋刊本、有徐伯虯序、明活字本十卷二本、均佳、汪刻本亦十卷、別本四卷、祇詩賦，無雜文、此書以無七步詩者爲善、朱述之有精校本、莫友芝孫仲容俱有鈔本、張溥刊本二卷、又天祿目有宋元豐五年萬玉堂刊、明補本、	此本凡賦四十四篇，詩七十四篇，雜文九十三篇，係從宋甯宗時本翻雕，蓋卽通考所載也。殘篇斷句錯出其間，惟唐以前舊本既佚，後來刊植集者，率以是編爲祖。

嵇中散集	魏嵇康撰	一〇	明嘉靖乙酉黃省曾仿宋本、板心下有南星精舍四字、程榮校刊本、汪刊本、百三名家本一卷、乾坤正氣本、持静室有顧沅以吳匏庵鈔本、本校于汪本上、	此本凡詩四十七篇，賦一篇，書二篇，雜著二篇，論九篇，箴一篇，家誡一篇，而雜著中嵇荀錄一篇，有錄無書，實共六十二篇，爲明黃省曾所輯。按康集早佚，至宋僅存十卷。此本卷數，雖同宋本，亦多所散佚。
陸士龍集	晉陸雲撰	一〇	明正德己卯陸元大刊、宋徐民瞻所刻二俊集各十卷本、汪士賢刊本、此書有雲集而無機集、豈未見合刻全本耶、二俊集、武昌有刊本、百三名家本二卷、	原本散佚，此本係明人裒合散亡，重加編輯，都爲二百餘篇，敍次頗爲叢雜，學者病之。惟世無別本，於此亦可窺雲著作之一班。

陶淵明集

晉陶潛撰、

八

明汪刊本、明谷園刊六卷本、正德刊何孟春注本十卷、嘉靖丙午刊本十卷、嘉靖庚戌宗藩懷易堂刊本八卷、萬曆己卯華亭蔡汝賢刊本、萬曆丁亥休陽程氏刊本，明新安吳汝紀仿宋本十卷、與韋應物集合刻、黃丕烈有汲古閣所藏北宋刊本十行、行十六字、淸嘉慶十二年魯氏刊本、道光壬辰海鹽陳氏刊本、道光間陶文毅輯注十卷本、明正德辛未林位刻本、明閔氏套板本、百三名家本一卷、汲古閣刻十卷、附吳仁傑所編年譜、旌德仿宋本，汲古閣有宋巾箱本、紹熙間贛川曾集本、綠君亭本、豫章刊本、

今所傳六朝別集，惟此集與謝朓集爲原書。集中聖賢羣輔錄五孝傳贊二書爲後人所依託，此本削之不載。

璿璣圖詩讀法	璣圖詩秦蕙撰其讀法則明康萬民作、	一	明弘治刊本、淡生堂目題織棉迴文詩譜二卷有刊本、	原圖凡八百餘言，縱橫往復，皆成章句。有謂其字本織以五色，以別三五七言之異，後傳本概以墨書，故迷其句讀。宋元間有僧起宗以意推求，得三四五六七言詩三千七百五十二首，分為七圖，萬民於第三圖內增立一圖，更得詩四千二百六首，合成此編。
鮑參軍集	宋鮑照撰、	一〇	明汪士賢刊本、正德庚午朱應登刊本、即四庫箸錄之都穆本、陽湖孫氏有影寫宋本係鮑集原文、楊州刊本、宋本十行、二十六字、小字不等、明程榮本、百三名家集本二卷、持靜室有顧沅以朱本校汪刊本、羣書拾補內有校正鮑集若干條、	按原集由齊虞炎編次而成，此本係據明朱應登所重刊者，文章皆有首尾，詩賦亦往往有自序自註。與從類書採出者不同。

謝宣城集	齊謝朓撰、	五	明汪士賢刊本、正德中黎晨刊本、清吳騫愚谷叢書仿宋本、楊州刊本、百三名家本一卷、宋紹興戊寅樓昭刻本、明正德六年劉紹刻于武功、萬歷己卯宣城重刊本、清康熙丁亥郭威釗刻六卷、	按朓集原本十卷，宋樓炤惟刊其詩五卷，此本五卷即紹興二十八年樓炤所刊，前有炤序，猶南宋佳本也。
昭明太子集	梁昭明太子撰、	六	明葉紹泰刊本、六卷、明張燮刊本五卷、明楊慎等校定遼府寶訓堂刻五卷、在嘉靖乙卯、較葉刊爲古楊州刊本、天祿後目有宋湻熙八年刊本五卷、明汪士賢刊本亦五卷、百三名家本一卷、明閔氏編輯本、盛氏刊本、	原本久佚，此本爲明嘉興葉紹泰所刊，凡詩賦一卷雜文五卷，係由類書採掇而成。不能稱爲完本。

書名	撰人	卷數	版本	備註
江文通集	梁江淹撰、	四	宋本十卷，半頁十行、行十八字、敏求記八卷本，持靜室有錢曾藏翻宋本、明汪士賢本十卷、明胡人驥彙注本十卷、百三名家本二卷、清乾隆戊寅梁賓校刊本四卷、揚州江氏刊本十卷、梅鼎祚校刻本、附集遺本傳、江昉輯本十卷、	舊本散佚，行於世者惟有汪士賢張溥兩刊本，此本係淸乾隆時以汪本參核異同，又益以張斌家鈔本參互成編，頗爲賅備。
何水部集	梁何遜撰、	一	明正德丁丑張統刊本、孫氏書目稱雍正間項道暉刊本、多于張紘本、敏求記云有舊刻舊鈔兩本、並題陰何集連陰常侍詩集一卷、百三名家本一卷、明錢塘洪瞻祖合刻陰何詩集二卷、又明刻三卷、天祿本、淸乾隆十九年汪昉刻据洪本、八千卷樓影元鈔本、	按遜集原有八卷，自宋已殘闕。此本乃明張紘所刊，首列遜小傳，凡詩九十五首。附同作二首，聯句三首，又附以七召一篇，字句多所竄亂，已非廬山眞面目矣。

庾開府集箋註	周庾信撰、清吳兆宜箋註、	一〇	楊州吳氏刊本、明汪刊無注本十二卷、明朱日藩輯刊庾開府集六卷、有詩無文、正德辛巳承節本、不全、百三名家本二卷、孫仲容有葉石君舊藏朱子儋刊本、間有鈔補、	按信集在元末尚有傳本，至明遂佚，此本雖冠以滕王逌序，實由諸書鈔撮而成，已非其舊。兆宜等箋註頗多附會牽合。
庾子山集註	清倪璠撰、	一六	清康熙二十六年刊本、	是編以吳兆宜所箋庾開府集，係合衆手成之，不免漏略，乃重爲補葺，雖稍傷冗漫，然比核史傳，實較吳本爲詳。
徐孝穆集箋註	陳徐陵撰、清吳兆宜箋註、	六	楊州吳氏刊本、徐庾二集俱有翻刻本、百三名家本一卷、無注、	按隋書經籍志，載陵集本三十卷，久佚不傳，此本乃從藝文類聚文苑英華諸書採掇而成，兆宜箋之未及卒業，徐文炳續爲補緝以成是編，頗有足參考者，惟不甚考訂史傳，是其缺點。

東皐子集	唐王績撰、	三	孫氏岱南閣仿宋刊巾箱本、明崇禎中刊本、趙清常脈望館鈔本、最善半頁九行、行二十字、	按績以仕途不達，乃退隱北山東皐，自號東皐子。詩文皆疏野有別致，集爲其友呂才所編，此本卷數與才序合，而才所稱龍門憶禹賦，集乃不載，似非舊本。
寒山子詩集附豐干拾得詩	唐釋寒山撰、唐釋豐干拾得撰、	一 一	明吳明春刊本、萬歷己卯王宗沐刊本、明天台僧永樂丙申重刻宋淳熙己酉沙門志南編本、題天台三聖詩集、擇是居有仿宋刊本、	按寒山子，豐干，拾得皆唐貞觀中台州僧，其詩相傳乃台州刺史閭邱允令寺僧道翹所蒐集。此本係明吳明春所校刊，以寒山詩併爲一卷，以拾得豐干詩別爲一卷附之。其詩多作禪門偈語，而時有名理存焉。
王子安集	唐王勃撰、	一六	明崇禎中張燮校刊本、清乾隆辛丑項氏刊本、合稱初唐四傑集、平津館有影鈔北宋刊本唐四傑詩集四卷、明嘉靖永嘉張遜業校本二卷、	按勃集久佚，初唐十二家集中僅載詩賦一卷，闕略殊甚。此本乃明張燮搜集文苑英華諸書，編爲一十六卷，雖非唐宋之舊，以視別本較爲完善矣。

盈川集	唐楊炯撰、	一〇	明萬歷中童佩校刊本、項刻本、明張燮曹荃等校刊本十三卷附一卷、明張遜業校刊本二卷、明沈巖刊本、刻本十三卷、	按炯集宋代已無完全，此本乃明萬歷中龍游童佩從諸書詮集詮次成編，凡賦八首詩三十四首雜文三十九首而以贈答評論之作別爲附錄一卷。
附錄		一		
盧昇之集	唐盧照鄰撰，	七	項刊本、明張燮刊本、題幽憂子集七卷、明張遜業校刊本二卷明刻十卷本、	按原本十卷，此本僅存七卷。照鄰遭時不遇，病廢坎坷，故平生所作大抵歡寡愁殷，有騷人之遺響。
駱丞集	唐駱賓王撰、明顏文註、	四	項刊本、明張燮刊本、明顏文撰注本四卷、陳繼儒注本四卷、張炳祥刊小字本亦卷、盧更生刊本八卷、陳魁士注本十卷、作靈隱子、陳注在顏注之前、又陳大科刊陳魁士六卷、又二卷本有詩賦無文、郗雲卿編、又有一卷本最古、清嘉慶丙子秦思復校刊十卷本附考異、道光己酉義烏駱氏刊本、附考異一卷、平津館有元刊本十卷、唐八三家集本、金華叢書本、	按丞集新舊唐書皆作十卷，宋藝文志載有百道判三卷，今並散佚，此本四卷，蓋後人所重輯，其註則明顏文所作，援引頗多疎舛。

陳拾遺集

唐陳子昂撰、

一〇

明弘治四年新都楊春重編本、萬歷中射洪楊澄重刊本較四庫完善。題陳伯玉文集附錄一卷黑口本、每頁二十二行行二十一字、又一本二十二行行二十九字、又一本十六行、行十七字、又二卷本、四庫依寫本、又趙坦校白口本、

按唐初文章，不脫陳隋舊習，子昂始變文格，不事排儷力追疏樸，故韓愈柳宗元皆稱之。此本傳寫譌脫，且有闕漏，後從文苑英華所載者補入，較爲完善。

張燕公集

唐張說撰、

二五

明嘉靖丁酉伍氏龍池草堂校刊本、明高叔嗣刊與曲江集合刊本，不全、聚珍本、多文六十一篇、顧千里家有三十卷鈔本、係由朱竹君家宋刊本轉鈔、劉燕亭有宋刊唐三十家文集、如二張權載之會昌一品集等、皆足本、係劉公勔藏書、並有元翰林國史院官書長印、閩覆本、江西刊本、

按說文典曜麗宏贍朝廷大作多出其手，其集唐志作三十卷，宋以唐諸家著錄則皆二十五卷，今本亦作二十五卷，將並文苑英華及唐文粹所載詩文六十一篇、依類補入較爲完善。

曲江集	唐張九齡撰、	二〇	明成化九年邱濬刊本、題張子壽文集、又一本作張文獻集十二卷、萬歷十二年南韶巡按王氏刊本、十二卷、附錄一卷、清雍正中張氏裔孫世緯等重刊本十二卷、附千秋金鑑錄五卷、千秋金鑑、後人僞作、存目力斥之、清順治中刊十二卷本、	此本首尾完具，係邱濬從明文淵閣錄出，其卷目與唐志相合，蓋猶宋以來之舊本。九齡忠亮負重望，文章亦宏博典實。
李北海集　附錄	唐李邕撰、	六　一	明無錫曹荃校刊本、崇禎庚辰刊本、乾坤正氣集本、	按邕文集本七十卷，宋志已不著錄。此本為明曹荃所刊，大抵採摭文苑英華諸書，裒而成帙，凡賦五篇，詩四篇，雜文三十二篇，視原集十不存一，卷末附錄新舊唐書本傳及贈答詩，而別載賀赦表六篇。

李太白集	唐李白撰、	三〇	宋咸淳已巳刊本、卷尾江萬里序、宋茗香有錢孫寶校本云可校正繆本數十處、清康熙五十六年繆曰芑仿宋刊本、石印本、天祿目有元板唐翰林李太白集二十六卷、多誤、似是坊刻、	按新唐書藝文志稱白草堂集二十卷，爲李陽冰所編，宋樂史續增爲二十卷，而白又有別集十卷，今皆不傳，此集乃宋敏求以王溥及唐魏顥本蒐羅逸作，合爲一編，曾鞏又考其先後而次第之，爲三十卷。
分類補註李太白集	宋楊齊賢集、註元蕭士贇刪補、	三〇	明許氏刊本、明嘉靖癸卯吳人郭雲鵬刊本、天祿琳瑯前目元刊本二十五卷、似無雜箸、明翻至元本劣、吳門汪氏藏元至元辛卯刻本、海鹽陳氏有元本、	按李白集註，宋元人所撰集者今惟此本行世。前二十五卷爲古樂府歌詩；後五卷爲雜著，分類編次，與舊本不同。註中多徵引故實，兼及意義，大致詳贍，足資檢閱。
李太白詩集註	清王琦撰、	三六	清乾隆中刊本、道光初翻刻本、劣、	按註李詩者，自楊蕭二家外，有明林兆珂胡震亨二家，琦乃參合衆說，編次箋釋，定爲此本，其註採摭頗富，惟稍病蕪雜。

九家集註杜詩	唐杜甫撰、宋郭知達集註	三六	內府刊本、宋淳熙本、寶慶乙酉曾噩重刊本、精甚、九行二十六字、朱郭知達集註刻本、京板本、杜詩各刻本甚多、明正德刊白文分體八卷、佳、次劉須溪評本、	九家者，王洙宋祈王安石黃庭堅薛夢符杜田鮑彪師尹趙彥材也。宋人喜言杜詩，而註杜詩者無善本，此書集註頗爲簡要。至假託名氏撰造事實者皆删削不載，頗具別裁。
黃氏補註杜詩	宋黃希原本、其子鶴成之	三六	嘉靖初金臺汪諒翻刻本、平津館有元刊本三部皆二十五卷、拜經樓吳氏有集千家注杜詩、後記皇慶壬子余志安刊於勤有堂、宋本題黃氏補千家注杜工部詩史、見天錄目、張目有元刻本、有積慶堂刻木印、元刻廣勤堂本	希以杜詩舊註每多遺舛，嘗爲隨文補輯，未竟而歿，其子鶴成之。大旨在於案年編詩，故冠以年譜辨疑用爲綱領，而詩中各以所作歲月註於逐篇之下。鉤稽辨證頗具苦心，惟穿鑿之處亦所難免。

書名	撰者	卷數	版本	按語
集千家杜註詩	元高楚芳編、	二〇	明嘉靖丙申明易山人校刊本、玉几山人校刊本附文集二卷、明靖江王刊本、萬曆中許氏刊本、汲古閣本亦附文二卷、環玉山房劉須溪評杜詩二十二卷、又有大字本删去劉須溪圈點附文集二卷、陽湖孫氏有元刊本、每頁二十二行行二十二字、近刊本、	按集千家註杜詩本南宋書肆所刊，楚芳略爲刊削，而以劉辰翁評語散附句下。至所集諸家之註，眞贗錯雜，然宋以來註杜諸家，鮮有專本傳世，遺文緒論頗賴此書以存。
杜詩攟	唐元竑撰、	四		是編乃元竑讀杜詩時所劄記，以駁正劉辰翁之語爲多，所論雖未必全得杜意，然勝舊註之穿鑿附會。
杜詩詳註	清仇兆鰲撰、	二五	清康熙中刊本、道光間坊刻本劣、	是編所註，每詩各分段落，先詮釋文義於前，而徵引典故列於詩末，援據頗爲繁富，且無千家諸註僞撰故實之陋習。附編二卷，別爲逸杜詠杜論杜補杜四類。
附編		二		

王右丞集註	唐王維撰、清趙殿成註	二八	明正德仿宋本十卷無注、東壁圖書府刊詩集二卷本、弘治甲子呂夔刊六卷本、嘉靖二十四年顧佃子刊本、又套板本七卷與孟集合刊、汪立名刊王孟韋柳本二卷、項氏玉淵仿宋刊本六卷佳與韋集合刊、清乾隆元年趙氏刊本、有翻刻、黃丕烈有宋麻沙刊十卷本、昭文張氏有何義門校本、汪氏有宋刻十卷本、徐季有鈐記、天祿書目有影宋刻本十卷、毛氏所鈔、	按殿成以顧起經類箋王右丞集，支離破碎，又註詩而不註文，乃詳爲考訂以成此編，頗於顧註，多所訂正。
附錄		二		
高常侍集	唐高適撰、	一〇	四庫依汲古閣影宋精鈔本、明正德中刻本、較四庫影宋本多絕句一首、與王岑二家合刊、明上淩校刻本、影宋鈔本、較各本多碑文數篇、	按適集唐志作十卷，通考又有集外文一卷，詩一卷，此本從宋本影抄，凡詩八卷文二卷，與唐志數合，其集外詩文則已佚去矣。

孟浩然集	唐孟浩然撰、	四	明刊本有四卷、三卷、二卷、又有不分卷本、劉須溪注三卷本分體、顯道洪刊本三卷佳、汲古閣刊本三卷、以事爲類、李夢陽刊二卷本、許自昌本、清康熙中天都汪立名刊本二卷、與王集合刊、黃丕烈有宋刊本三卷、十二行行二十一字、	按浩然集本天寶四年宜城王士源所編，士源序稱凡二百一十八首，此本乃有二百六十三首，又稱詩或闕逸未成。而製思清美，及他人酬贈，咸次而不棄，而此本無不完之篇，亦無唱和之作，其爲後人所改竄，殆無疑義。
常建詩	唐常建撰、	三	明嘉靖丁未余文周仿宋刻唐十子詩自常建至魚玄機十八共十四卷本、汲古閣本、明刊二卷本、八千卷樓有鈔二卷本、	按建恬淡寡營泊然聲利之外，故其詩所造獨深，往往可與王孟抗行。
儲光義詩	唐儲光義撰、	五	明活字本與劉隨州錢考功合印、許氏有影宋鈔本、清雍正刊不分卷本、	其詩源出淘潛，質而不俚，在開元天寶間，能卓然自成一家。

次山集	唐元結撰、	一二	明正德撰本十卷附錄一卷、明武定侯郭勛編湛若水校本十卷、不佳、淮南黃又刻十二卷本、	按結制行高潔,深抗閔時憂國之心,其詩文皆寄託遙深,戛然自造,韓愈以前力變排偶濃麗之習者,實自結始。
顏魯公集	唐顏眞卿撰、	一五	聚珍板本、明嘉靖中無錫安氏刊本佳、明刊顏氏傳書本六卷、萬曆中平原令劉思誠刊本、清初顏氏刊本、嘉慶中顏氏重刊安氏本、道光間黃本驥刊本搜葺甚備而刻甚劣、閣覆本、乾坤正氣本、孫淵如刊本精、	原本久佚,此乃宋敏求掇拾重編。眞卿文章,博典莊重,集中廟享議等篇,說禮尤爲精審。
補遺		一		
年譜		一		
附錄		一		
宗玄集	唐吳筠撰、	三	汲古閣刊道藏八種本、宋刻大字本、路氏有抄本、八千卷樓有抄本、	按宗玄爲筠之私諡,按權德序稱凡四百五十篇,此本僅一百十九篇,則非完書矣。元綱論見於新舊唐書,當爲筠作,內丹九章經前有筠序,乃題元和戊戌年作,考筠沒在大歷十三年,元和在大歷之後,其爲僞託,殆無疑義,
附錄		一		
綱論		一		
內丹九章經		一		

杼山集	唐釋皎然撰、	一〇	汲古閣刊唐三僧集本、昭文張氏有舊抄本題晝上人集卽錢遵王家物、	按皎然及貫休齊已俱爲唐僧，皆以詩名，而皎然之詩弱於齊已而雅於貫休，雜文數篇則非其所長也。
劉隨州集	唐劉長卿撰、	一一	明弘治戊午餘姚韓明校刊本、李士修刊本、韋祀謨刊八卷本、明活字本十卷、清康熙中席氏刊唐百家詩本十卷補一卷、宋板十二行行二十一字、	是集凡詩十卷文一卷。長卿號爲五言長城，而高仲武中興閒氣集病其十首以後語意略同，實爲確論。
韋蘇州集	唐韋應物撰、	一〇	下邳余懷本、席氏刊本、項氏玉煙堂刊本佳、又單行本五卷、汲古閣本、明吳汝紀仿宋與陶集合刊本八卷、又天都汪氏刊本二卷、明淩濛初朱墨套板陶韋合集本、天祿後目有宋刊巾箱本一部、大字本一部、明戶部郎華雲刊本題韋江州集、孫仲容有元刊本、明弘治丙辰楊一清跋隴洲劉屺刻本、明翻嘉祐本、退補齊本、	其詩近體不如古體，七言不如五言，大抵源出於陶而融化於三謝，故眞而不朴，秀而不媚。

毘陵集	唐獨孤及撰、	二〇	趙懷玉刊本、席氏刊本祇詩三卷、	是集凡詩三卷文十七卷。按唐之古文，得元結與及始漸除繁濫，特變格之初，明而未融耳。
蕭茂挺文集	唐蕭穎士撰、	一	路有抄本、盛氏刊本、	按士穎與李華齊名，惟著作散落，唐志所載游梁新集十卷文集十卷，俱不可見，此本僅存賦九篇，表五篇，牒一篇，序五篇，書五篇耳。
李遐叔文集	唐李華撰、	四	路有鈔本、許氏有舊鈔舊校本、八千卷樓鈔本、	原本南宋時已佚，此本乃從文苑英華唐文粹諸書採輯而成，華文詞緜麗精彩煥發，與蕭穎士並稱於時。
錢仲文集	唐錢起撰、	一〇	明活字板本、題錢考功集、席氏刊本、嘉靖間羅龍淵校刊本七卷、又有題錢起集十卷、亦明刻之佳者、	唐志作一卷，晁公武讀書志作二卷，今本十卷，殆後人所分。按大歷以還，詩格初變，起與郎士元其稱首也，然溫秀蘊藉，不失風人之旨。
華陽集	唐顧況撰、	三	明顧氏刊本、席氏刊本共五卷、黃鶴山莊刊本、清道光中刊本、	按況致仕歸隱，退居茅山，自號華陽眞逸況集本三十卷，南宋末僅存五卷，其本今亦不傳。此本乃明錢端蒐合成帙，而以其子非態詩附之。況在中唐名甚重，非態詩有父風，惟所存無幾。
附顧非態詩		一		

翰苑集

唐陸贄撰、

二三

宋刊小字本、奏章奏議、明陳仁錫刊本、宣德三年刊本、天順元年刊本、弘治十五年刊本、嘉靖乙卯刊奏議十五卷、有注、制誥十卷、無注、萬歷丁未二十七世孫基忠校刊本、清雍正元年年羹堯刊本、廣東重刊年本、周右等刊本、乾隆中平定張佩芳刊注本、錢竹汀有宋刊即錢遵王物所謂大字本也、陽湖孫氏有元至大辛亥刊本二十二卷、題陸宣公集、曝書亭目翰苑集六冊、萬歷三十五年吳道南序、又一部二十四卷、四冊、崇禎元年湯賓尹評、許氏有陸宣公集十五卷、係默泉精舍仿宋鈔本、嘉慶戊寅春暉堂刊本、道光甲申三十七世孫刻於宜賓本、劣、尚善堂翻宋本、石印本、

翰苑集，或題陸宣公奏議，乃沿讀書志之誤，贄文多出於一時匡救規切之語，而於古今政治得失之林，無不深切著明。贄尚有詩文別集十五卷，久佚不傳。

權文公集	唐權德輿撰、	一〇	席氏刊本祗有詩、明嘉靖辛丑劉大謨刊本十卷刊五十卷本宋刊本、	德輿有制集文集各五十卷，制集已佚，文集亦久無傳本。據王士禎居易錄，其所藏尙五十卷，然未見其本。此本係楊愼所收詩賦十卷，至爲殘缺。
韓集舉正 外集舉正	宋方崧卿撰、	一〇 一	路有鈔本、宋湻熙己酉刻本八千卷樓鈔本、	此書與文集外集附錄年譜並刊，今惟存此十卷之末附有外集舉正一卷。其名曰舉正，蓋因郭京易舉正之舊，體例至爲明晰，而所據碑本凡十有七，所據諸家之本凡十，蒐集之功實不可沒。
原本韓文考異	宋朱子撰、	一〇	李文貞刊本、李目有宋刊本、宋板昌黎先生文集、有大字本。十行、行十八字、小字本十一行、行二十字、俱無注、朱文公校昌黎先生集十二行、行二十一字、又十三行、行二十二字、瞿氏有十二十三行兩本、	其書因韓集諸本互有異同，方崧卿所作舉正，多以閣本爲主，多所依違牽就，是以覆加考訂，勒爲十卷，題曰原本以相別。

別本韓文考異	宋朱子原本、王伯大重編、	四〇	明正統刊本、萬曆高安朱吾弼刊本、明新安朱崇沐刊本、元刊閩麻沙坊本、天祿後目有宋紹定癸巳大字刊本、又小字麻沙本、又中字本、路小洲有元刊本二十卷、外集集傳遺文遺詩一卷、不知完否、拜經樓目亦有二十卷本、云不佳、何子貞有明嘉靖丙辰新會莫如士校、刊韓柳集本、又永懷堂葛氏刊本、皆無注、又硃批本十六卷、	此本以朱子原文考異散入句下，又採洪興祖年譜辨證樊汝霖年譜註孫汝聽解韓醇解祝充解爲之音釋，附於各篇之末，厥後書肆重刊，又散音釋入句下，輾轉改移，不免舛
外集		一〇		
遺文		一		
補遺		一		
五百家註音辨昌黎先生文集	宋魏仲舉編、	四〇	清乾隆中江西刊本、所據四十卷之本後在陳杏江處、無外集別集亦無年譜、宋槧本附外集別集今佚、	此本首列評論詁訓音釋諸儒名氏一篇，自唐燕山劉氏迄穎人王氏共一百四十八家，又附以新添集句五十家補註五十家廣註五十家釋事二十家補音二十家協音十家正誤二十家考異十家統計三百六十家，不足五百之數，按韓文選有考證音訓者洪興祖以下凡三十一家，原書世多失傳，猶賴此以獲見一二。

書名	撰人	卷數	版本	附註
東雅堂韓昌黎集註	宋廖瑩中撰、	四〇	明萬曆中長洲徐氏刊本、天祿後目有四部、丁禹生藏宋刻初印、紙潔墨精首尾完善、蘇州局繙刻本、	此本係明徐時泰重刊，按其原本卽世綵堂本，爲瑩中手註，時泰以瑩中爲賈似道之黨，因削其名氏及開版年月，並改題東雅堂本。
外集		一〇	宋刊本、明刊本、	
韓集點勘	清陳景雲撰、	四	文道十書本、蘇局繙刻本、	是編點勘東雅堂韓文集註，糾其疏舛，考正史傳，訂正訓詁，刪繁補缺，較原本實爲精密。
詁訓柳先生文集	唐柳宗元撰、	四三	明刊本、明游氏刊本、嘉靖中東吳郭雲鵬重刊宋本、注不箸撰人名氏、天啟壬戌柳氏重刊本、濟美堂柳集四十五卷、龍城錄二卷、外集二卷、附錄二卷、集傳一卷、南宋大字無注本、蘇城汪氏有殘宋本、祠堂書目有殘宋本、天祿目宋板訓詁柳先生文集與韓集板式相同、莫氏仿宋本、	按宗元詩文集，初爲劉禹錫所編，分三十二卷，宋穆修所刊者云卽禹錫所編，沈晦以穆本參校諸本，凡穆本所未收者，別集外集二卷，醇就沈本作音註，又搜集遺佚，別成一卷，名曰新編外集。
外集		二		
新編外集	宋韓醇音釋、	一		

書名	撰者	卷數	版本	提要
增廣註釋音辨柳集	不著編輯者名氏、	四三	路有元本、諸家箸錄、皆宋元板、天祿後目有宋刊小字本、四部元刊本二部、姚若有元刊本題爲京本注釋音辨唐柳先生集、元刊本、宋黑口本、張志有元延祐刻本、	此編以童宗說柳文註釋，張敦頤柳文音辨，潘緯柳文音義合爲一書，並以潘書爲主而童張兩書則散附其中。
五百家註音辨柳先生文集	宋魏仲舉編、	二一	路有鈔本、四庫依宋槧本、稱與五百家注韓集板式如一、	此編與五百家昌黎集並出，前有評論詁訓諸儒姓氏，檢核亦不足五百家，書中所引，僅有集註補註音釋解義及孫氏童氏張氏韓氏諸解，不及韓集之博。
外集		二		
新編外集		一		
龍城錄		二		
附錄		八		

劉賓客文集 外集	唐劉禹錫撰、	三〇 一〇	明初刊本、題中山集、明單刊詩集六卷、汲古閣有宋刊本外集似影宋本、天祿後目有元刊外集十卷、曝書亭目、劉賓客文集八冊、內中山集三十卷外集十卷、萬歷二年黎民表編、清趙駿烈刊本四卷、路小洲有宋刻本三十卷鈔本外集十卷、黃蕘圃有宋刻殘本、	按禹錫 原爲四十卷，至宋佚其十卷，宋敏求蒐得逸詩遺文編爲外集十卷。其文縱橫博辨，自爲軌轍，詩亦精銳有餘，殆與杜牧相伯仲。
呂衡州集	唐呂温撰、	一〇	清道光丁亥秦氏刻本、與駱賓王李觀集合稱三唐人集、席刻三卷、粵雅叢書本、昭文張氏有康熙時鈔本呂叔和文集五卷、八千卷樓有顧千里鈔本、	按温集本劉禹錫所編，久已殘闕，此本乃常熟馮舒所重編。温出於陸淳梁肅二氏之門，故學頗有淵源。

張司業集	唐張籍撰、	八	席氏刊本、明萬歷中和州張尙儒與于湖集合刊本、明刊本、馮班校刊本、	按籍集初有張洎編本，再有湯中編本，今皆未見。此本爲明張尙儒所編，凡詩四百四十九首，書二首。籍以樂府鳴一時，其骨體實出於王建之上。
皇甫持正集	唐皇甫湜撰、	六	汲古閣刊本、訛謬甚多、錢遵王有手鈔本、吳騑刻持正及可之二集本、振奇堂有吳堉手鈔本少外集一卷、卽堉所輯、馮氏刊本、	按持正爲湜字，其集唐志作三卷，此本爲宋人所重編，其文與李翺同出韓愈，翺得愈之醇，而湜得愈之奇崛。
李文公集	唐李翺撰、	一八	明成化乙未刊本、汲古閣刊本、清徐養元刊本、劣、明景泰乙亥河東邢讓刊本、嘉靖二年鄖都黃景夔刻本、	翺集唐志作十八卷，此本爲毛晉所刊。翺爲韓愈姪壻，得愈所傳，故立言具有根柢，文亦安雅而不迫。

歐陽行周集	唐歐陽詹撰、	一〇	明正德愼獨齋刊本、又萬歷中刊本、昭文張氏有何義門校本、清初刻題、明刊八卷本、麟後山房刊八卷、題歐陽四門集、乾隆癸酉閩歐陽氏刊八卷本、劣、	按詹與李觀韓愈同年舉進士，皆出陸贄之門，均以文名於時，詹文有古格，愈亦推之甚至。
李元賓文編	唐李觀撰、	三	清嘉慶戊寅秦氏刊本六卷、許氏有舊鈔本六卷補遺一卷、昭文張氏有曹倦圃舊鈔唐人三家集本、粵雅堂六卷本、天順元年本、	按文編爲陸希聲所輯，外編爲趙昂所輯，觀與韓愈歐陽詹爲同年，並名於時，其文不古不今，自作一體。
外編		二		
孟東野集	唐孟郊撰、	一〇	汲古閣本、席氏刊本、明嘉靖丙辰秦禾重刊宋本、佳黃丕烈有宋刊小字本、閔氏套板本、康熙庚申韓逢麻刊本二卷、康氏刊本、汪氏有宋刊殘本、	此本爲宋敏求所編，總括遺逸，刪除重複，分十四類，共爲十卷。郊詩託興深微，而結體古奧，韓愈以下皆推之。

長江集	唐賈島撰、	一〇	汲古閣本、席氏刊本、明刊本、振綺堂有鈔本馮鈍吟評本佳、何義門評校本尤佳、昭文張氏有錢履之藏精鈔本、遵義杜蘊堂有宋刻本長江集十卷、明刊校宋本、八唐人集本、日本刊本、	晁氏讀書志稱長江集十卷，詩三百七十九首，此本共存三百七十八首，蓋猶舊本島詩幽僻，遂爲四靈先導。
昌谷集　外集	唐李賀撰、	四　一	汲古閣本、明刊仿宋本、淩濛初校刊本清李芬周世綬章世豊合解本、黃陶菴評點本、明季氏刊本、明刊無外集本、	賀集乃賀所手定，杜牧爲之序，賀之爲詩，冥心孤詣往往出蹊徑之外可意會而不可言詮。
箋註評點李長吉歌詩　外集	宋吳正子箋註、劉辰翁評點、	四　一	劉須溪評註各種、繡谷亭書錄云、元至正丁丑復古堂翻刊、依宋臨安陳氏書坊舊本明再翻有劉淮東之跋、今則攙和混亂失其眞矣、明姚佺邱象隨等注本、清乾隆二十五年王琦彙解本、嘉慶中陳本禮重注本、明刊硃批本、汲古本、胡心耘有金刻袖珍本、黃陶菴評本、唐四名家本、	李詩箋註，以正子是註爲最古，但略疏典故，然勝穿鑿附會。辰翁評語往往有所獨契，蓋蹊徑相同也。

絳守居園池記註	唐樊宗師撰、趙仁舉、元吳師道註、許謙	一	明刊大字本、明袖珍本、孫之騄合越王樓詩序作注、題樊紹述集四庫存目、	是編乃宗師官絳州刺史，卽守居構園池，自爲之記，文僻澀不可句讀，好奇者遞爲箋註，然衆說糾紛，終無定論。
王司馬集	唐王建撰、	八	席刊本十卷、汲古閣刊本八卷、清康熙中胡介祉校刊本、	按通考載建集十卷，此本爲清胡介祉所校刊，凡古體二卷，近體六卷。建與元稹白居易張籍，均以樂府名於時，元白以曲折盡情勝，建與籍則以抑揚含意勝也。
沈下賢集	唐沈亞之撰、	一二	明翻宋刻大字本、詩一卷劉多青刊入十三唐人詩集、振綺堂有舊刊本、又有鈔本、吳崧甫有黃黎洲藏舊鈔本、敏求記有宋刻二十卷、	是集凡詩賦，一卷，雜文十一卷。亞之詩在當日，自爲一格，其文章亦戛然自異。
追昔遊集	唐李紳撰、	三	汲古閣刊本、席氏刊本、天祿書目有明橅刻舊本、	是集述其早年閱歷，凡一百一首，紳與李德裕元稹號三俊，其詩春容恬雅，無雕作細碎之習。

會昌一品集 別集 外集	唐李德裕撰、	二〇 一〇 四	明嘉靖刊本作李文公集、天啟間吳興茅氏刊本有評點、明袁州刊本僅一品集十卷外集四卷、宋板十三行行二十二字明黑口本佳、	會昌一品集，皆武宗時制誥。別集，皆詩賦雜文。外集，（即窮愁志）皆遷謫以後閒居論史之文。
元氏長慶集 補遺	唐元稹撰、	六〇 六	明萬歷中馬元調刊本、嘉靖壬子東吳董氏刊宋本佳、羣書拾補內有校正元白集各若干條皆据宋本精校、宋乾道四年本、明覆宋本、	白居易稱稹著文一百卷，題曰元氏長慶集，至宋已殘闕，此本不知何人所編，凡詩二十六卷，賦一卷，雜文三十三卷，較原本已佚十之四。
白氏長慶集	唐白居易撰、	七一	明馬氏刊本、明蘭雪堂活字本、明姑蘇錢應龍刊本、明郭勛編刊本、三十六卷宋刊白氏文集、十一行、行二十一字、明刊白氏策林、即自集內輯出、日本刊本、	居易集自宋至今，惟此一本，但或題長慶集，或題白氏文集，標目行款，則有所改削。張為作主客圖，以居易為廣大教化主，其見重當時，可見一斑。

白香山詩集	清汪立名編、	四〇	明武定侯家刻本、康熙癸未汪氏刊、何義門手校本、在許氏一隅草堂刊本、	白居易長慶集，詩文各半，立名因別刊其詩為此本，香山為居易歸老之地，故題曰香山詩集。此本考證排列，頗為精密，箋註亦頗典核，無漫衍支離之病。
附錄年譜		二		
鮑溶詩集	唐鮑溶撰、	六	席氏刊本、汲古閣刊本、	溶集舊譌為鮑防，曾鞏始考正之，正集凡詩二百首，外集三十三首，此本外集與鞏本同，正集詩止一百四十五首，則較舊本頗多殘缺。張為作主客圖，以溶為博解宏拔主，則當時固絕重之也。
外集		一		
樊川文集	唐杜牧撰、	二〇	明刊仿宋本、明吳峙刊本十七卷、有文無詩、宋刻本頁二十行、明刻全本有二、以筆圈為佳、	唐藝文志牧集作二十卷，晁氏讀書志又載外集一卷，此本與之相合，惟後村詩話稱續別集三卷，此本僅有別集一卷也。牧詩風骨實出元白上，文亦縱橫奧衍，多切經世之務。
外集		一		
別集		一		

姚少監詩集	唐姚合撰、	一〇	席氏刊本、明刊本、汲古閣刊本、	此本爲宋人所重編者，早作武功縣詩三十首，爲世傳誦，皆稱之爲姚武功，其詩派亦稱武功體，刻意苦吟，冥搜物象，務求古人體貌所未到。
李義山詩集	唐李商隱撰、	三	明刊本、席氏刊本、汲古閣刊本、清嘉慶間揚州汪氏校刊本六卷、張目有馮氏護淨居士崇禎甲戌鈔、以北宋本校成之本、馮有二跋、又有以孫孝若家北宋本校毛本、	商隱集，唐宋以來，祇有此本。詩極綺麗，感時傷事，頗得風人之旨，王安石謂能學老杜而得其藩籬者，惟商隱一人。
李義山詩註 附錄	清朱鶴齡撰、	三 一	有刊本與杜集合刻、套印本、	商隱詩舊有劉克張文亮二家註，俱不傳，明釋道源始爲作註，然冗雜寡要，鶴齡刪取其什一，補取其什九，以成此註，大旨在於通所可知而闕所不知，絕不牽合附會。

李義山文集箋註	清徐樹穀箋、徐炯註、	一〇	徐氏刊本、宋有玉溪生集三卷、乃賦及雜著、	商隱所自編樊南甲乙集，久已散佚，朱鶴齡蒐集殘剩編爲五卷，炯又補輯定爲此本，復徵其典故訓詁以爲之註，樹穀因博考史籍，證驗時事以爲之箋。
溫飛卿集箋註	唐溫庭筠撰、明曾益註、清顧予咸補、	九	清康熙三十六年顧氏秀野草堂刊本、明弘治己未刊本七卷、汲古閣刊本、題金荃集、又明刊八叉集四卷、	庭筠詩與商隱齊名，曾益爲之註，謬譌頗多，予咸爲之補輯，予咸子嗣立又爲是正，考據頗詳核。
丁卯集 續集 續補 集外遺詩	唐許渾撰、	二 二 一 一	席氏刊本、汲古閣本一卷、錢遵王云丁卯集元板較宋板多詩幾大半、宋本藏吳門黃氏、明弘治刊本、八唐人集本、	按渾別墅在丁卯橋，故題爲丁卯集，詩凡五百篇，與晁氏讀書志合，惟卷數倍之，似非宋人刊本，惟較毛晉汲古閣刊本詩僅三百餘篇者較爲完備。
文泉子集	唐劉蛻撰、	一	崇禎間刊本、韓有四川刊本、別下齋叢書本、陳鴻緒云天啟甲子吳馡刊六卷、與所刊可之集、均精校、刻亦不苟、閔氏刊本、	原本十卷，已散佚，此本乃崇禎韓錫所編。蛻自序謂覃以九流之旨曰文，配以不竭之源曰泉，故命曰文泉。

梨岳集 附集	唐李頻撰、	一 一	明永樂中河南師祐刊本、正統中廣州彭森刊本、席氏刊本、振綺堂有舊鈔本、道光丁酉徐璈刊本、宋嘉熙三年金華王埜刊本、元元貞及後至元間裔孫邦才刻本、八千卷樓有明影元鈔本、又有淡生堂鈔本、	是編本名建州刺史集，以廟祀梨山，建州人尊稱曰梨岳集，亦因之改名。凡詩一百九十五首。頻爲姚合之壻，然其詩別自爲格，不類武功之派。附錄一卷則爲梨山廟敕書碑記類。
李羣玉集 後集	唐李羣玉撰、	三 五	席氏刊本、毛刊題李文山詩集、不佳、萬歷中刊本三卷、不佳、黃蕘圃有宋刊本與碧雲集皆睦親坊陳宅本也、張氏有影黃氏宋刻本、	按羣玉大中八年詣闕進詩表，自稱四通三百首(唐時以一通爲一卷)今本合前後集止二百八十首，又有授官以後之作，蓋非奏進之原本，而爲後來所編也。
孫可之集	唐孫樵撰、	一〇	汲古閣本、正德丁丑王諤刊本、萬歷中金陵刊本、吳馡刊本、涿州孫氏刊小字本、長洲汪氏有宋刊本、問經草堂刊巾箱本、又崇禎中合刻、不分卷、閔氏刊本、	是集凡文三十五篇。樵與王霖書，云某嘗得爲文眞訣於來無擇，無擇得之於皇甫持正，皇甫持正得之於韓吏部，故樵文無不刻意求奇。

曹祠部集	唐曹鄴撰、	二	明蔣冕刊本、席氏刊本、十三唐人集本、一卷、	鄴集唐志作三卷，此本爲蔣冕所刊，其詩多怨老嗟卑之作，蓋坎壈不遇，晚乃成名，故一生寄託，不出此意。曹唐詩亦冕所附刊，以二人皆粵西產耳。
附曹唐詩		一		
麟角集	唐王棨撰、	一	知不足齋刊本、嘉慶中閩王氏麟後山房刊本、咸豐癸丑刊本、天壤閣本、	是集皆棨場屋程試之文，凡賦四十二篇。其八代孫蘋又補採省試詩二十一篇附於後。因取顏氏家訓學如牛毛成如麟角之義，故題曰麟角集。
皮子文藪	唐皮日休撰、	一〇	明正德庚辰袁氏刊本、萬歷中新安許自昌刊本、八卷、明刻小字本、佳日本刊本、	是集爲日休所自編，自序謂發篋叢萃，繁如藪澤，因名曰文藪。凡二百篇，集中書序論辨諸作，多能原本經術。

書名	著者	卷數	版本	提要
笠澤叢書	唐陸龜蒙撰、	四	宋蜀刻本、十二行行二十一字、明李如楨校刊本、碧筠草堂仿元刊本、吳人王岐所寫、不無訛字、嘉慶間許槤仿宋刊本七卷、吳槎客精校後至元五年十一世孫悳原刊於書院、不分卷、以甲乙丙丁爲次、	此集爲龜蒙所自編，以其叢脞細碎，故名叢書，多載雜文小品閒情別致，自成一家。
補遺		一	後一卷補遺、王益祥跋雍止辛亥江都陸鍾輝後元刊本、重刊本、	
甫里集	唐陸龜蒙撰、	一九	明成化丁未刊本、萬歷乙卯許自昌刊本、萬歷癸卯刊本、宋寶祐間葉茵刊本、	龜蒙著作頗富，其載於笠澤叢書者卷帙無多，卽松陵集亦不賅備，此集爲宋葉茵所編，得逸詩一百七十一首，合二書所載共六百五十二首，編爲十九卷，而以碑傳之類，別爲附錄一卷。
附錄		一		

詠史詩	唐胡曾撰、	二	明刊大字本、黃氏有宋刊本三卷、云附陳蓋注米崇吉評十一行、行大二十二、小二十七字、與四庫本不同、後歸胡心耘家、	是編雜吟史事，各以地名爲題，凡一百五十首。通考載三卷，此本不分卷數。蓋爲後人合而編之其詩追述興亡意存勸戒不悖風人之旨。
雲臺編	唐鄭谷撰、	三	席氏刊本、嘉靖乙未嚴嵩刊本、張目有汲古閣舊鈔本、	其集乾甯初屆從登華山於雲臺觀編次，卽以爲名。谷以鷓鴣詩得名，至有鄭鷓鴣之稱，仕至都官郎中，詩家又稱爲鄭都官。
司空表聖文集	唐司空圖撰、	一〇	路有鈔本、顧千里有精校本、有明刊本、劉燕庭宋刊唐三十家集內有一鳴集、云與他刻不同、胡心耘有校宋本、八千卷樓有鈔一鳴集本、	是集卽唐志所載一鳴集，其文尙有唐代舊格，無五季猥雜之習。是偏前後八卷皆題爲雜著，五卷六卷，獨題曰碑，實則他卷亦有碑文，殊叢脞。
韓內翰別集	唐韓偓撰、	一	汲古閣刊本、又刊香奩集一卷、席氏刊本、麟後山房刊本、錢遵王云、沈括以香奩集三卷、本和凝作、貴後嫁名於偓耳、	唐志載偓集一卷，香奩集一卷，各家著錄，互有不同。是編既曰別集，疑爲後人所裒集者。其詩格雖不及前人，然慷慨激昂，迥異當時靡靡之響。

唐英歌詩	唐吳融撰、	三	汲古閣刊本、席氏刊本唐四名家集本、	按融與偓同爲翰林學士，故偓有與融同直玉堂詩。融詩音節諧雅，猶有中唐之遺風，似較偓爲勝。
元英集	唐方干撰、	八	明嘉靖中方廷璽刊本、席氏刊本十卷、汲古閣刊本張志有叢書堂舊鈔十卷、	按元英爲干私謚。干集流傳既久，佚闕頗多，此本爲嘉靖方廷璽所重刊。其詩氣格清迴，意度閒遠，無晚唐纖靡俚俗之病。
唐風集	唐杜荀鶴撰、	三	汲古閣刊本、席氏刊本、唐四名家集本、張志有馮彥淵手鈔校北宋杜荀鶴文集本三卷、又有竹深堂精鈔本唐風集三卷、	是集乃荀鶴初登第時所自編，其詩最有名者爲春宮怨一首。
徐正字詩賦	唐徐夤撰、	二	席氏刊本、康熙中徐氏刊本、麟後山房本昭文張氏有舊鈔本十卷、題唐秘書省正字先輩徐公釣磯文集內仝唐文所未載共二十一篇、振綺堂有鈔本釣磯文十卷、八千卷樓鈔十卷本、	夤集唐志不著錄，此本蓋爲後人蒐集而成，僅存賦一卷，詩一卷。其賦刻意鍛練，時有秀句，詩多體物之咏，不出五代之格。

黃御史集	唐黃滔撰、	一〇	明曹學佺刊本、崇禎黃氏刊本、均八卷、正德八年重刊宋本、麟後山房刊本宋淳熙本十卷、天壤閣本二卷、	原集久佚，此本乃宋人所重編。滔文頗贍蔚，詩亦有貞元長慶之風。附錄一卷載有滔裔孫補遺文一篇。
附錄		一		
羅昭諫集	唐羅隱撰、	八	萬歷中屠中孚校刊江東集五卷、康熙中載氏刊本、席氏刊甲乙集十卷、汲古本、同康熙中張瓚刊本、道光甲申吳鏘增補一卷、	原本散佚，僅存甲乙集四卷。此本及清張瓚所輯，以其詩雜著合爲一篇。其詩諷刺鑱刻而忠憤之氣，溢於言表。
白蓮集	後唐釋齊已撰、	一〇	汲古閣刊本、張志有舊鈔本、附風騷指格一卷、以下三種、勞子青有絳雲樓所藏柳大中鈔本、	是集爲其門人西文所編，前九卷爲近體，後一卷有古體，末有絕句四十二首，疑後人採輯附入。其詩雖沿武功一派，而風格獨遒。
禪月集	蜀釋貫休撰、	二五	汲古閣刊本、宋嘉熙四年釋可燦刊本、即毛刻所祖、張志有雁里草堂舊鈔本、金華叢書本十二卷、平津館目有篆竹堂所藏正德九年吳中布衣柳僉大中手鈔無補遺本、	是集爲其門人曇域所編，原本三十卷，佚其文集五卷，其詩頗失之粗豪而落落有氣。
補遺		一		

浣花集　補遺	蜀韋莊撰、	一〇　一	席氏刊本、汲古閣刊本、綠君亭刊本、	莊在蜀得杜甫浣花溪草堂，因以名集。此本爲莊弟藹所編，原本五卷後人析而爲十，補遺一卷，爲毛晉所增也。
廣成集	蜀杜光庭撰、	一二	有刊本、振綺堂有鈔本、八千卷樓鈔十七卷本、	原集一百卷，今所存者僅十之一。光庭駢偶之文，詞頗贍麗，而集中所存，足與正史互證者亦多，可爲稽考同異之助。

書名	著者	卷數	版本	書旨
騎省集	宋徐鉉撰、	三〇	宋天禧中尚書都官員外郎胡克順雕板、紹興中待制徐琛重刊、路有鈔本、昭文張氏有舊鈔本、題徐公文集、振綺堂有舊鈔本、題徐常侍集、內有朱筆校正、又一部題徐寓山集、盧抱經借鮑氏所藏馮已蒼校本精校、有跋見抱經堂集、孫仲容有舊鈔本、李爰得校刊本、清末刊本、八千卷樓有經鉏堂鈔本、又有篤素好齋鈔本、李氏刊附札記本、	是集爲鉉壻吳淑所編，前二十卷仕南唐時所作，後十卷入宋後作也。鉉精於小學，所校許愼說文至今猶爲六書矩矱，而文章淹雅，亦冠一時。
河東集	宋柳開撰、	一五	蘭谿柳渥川刊本、抱經竹汀皆有序、竹汀所見鈔本序後有小字一行、云胥山龔妾沈彩書、韓氏有影宋本、八千卷樓有舊鈔本二部、	是集爲其門人張景編，附錄爲其行狀。開文稍近艱澀，然宋代變偶儷爲古文，開實爲之先導。
附錄		一		

咸平集	宋田錫撰、	三〇	路有鈔本、振綺堂有鈔本、許氏有舊鈔本、八千卷樓有鈔本二部、	原本奏議二卷，文集五十卷。此本併奏議僅三十卷，蓋爲後人所重編也。其奏議爲當代所重，蘇軾比之賈誼，詩文亦無淟涊之態。
逍遙集	宋潘閬撰、	一	知不足齋刊本、	原本久佚，此從永樂大典錄出。閬才氣縱橫，詩亦落落有奇致，宋人絕重之。
寇忠愍公詩集	宋寇準撰、	三	宋知河陽軍范雍初刻、有序、宣和五年重刻、隆興元年再刻、明弘治庚申刊本、嘉靖中清湘唐侃刊本七卷附錄一卷、	是集爲范雍所編，去取謹嚴。準以風節著於時，其詩含思悽婉，骨韻特高。
乖崖集	宋張詠撰、	一二	路有鈔本、四庫依宋郭氏刊本、姑蘇黃氏有宋龔氏刊本、十行、行二十字、許氏有舊鈔舊校本、孫仲容有鈔校本、張氏有舊鈔本、光緒壬午吳氏仿宋本、八千卷樓有淡生堂鈔本、又有鳴鶴山房鈔本、莫氏刊本、	詠集宋代有兩本，此本爲郭森卿所刊，舊爲十卷，今增廣并語錄爲十二卷。其文疏通平易，其詩亦列名西崑體中。
附錄		一		

小畜集	宋王禹偁撰、	三〇	宋紹興十七年刻于黃州、影宋鈔本有嘉靖乙丑岳西道人跋、又萬歷庚戌謝肇淛跋、平陽趙氏刊本無外集、振綺堂有鈔本三十卷、平津館有影宋鈔本正集三十卷、清乾隆中刊本、八千卷樓有經鉏堂鈔本、	禹偁嘗以易自筮，得乾之小畜，故以名集。宋承五代之後，文體纖儷，禹偁始爲古雅簡淡之文，其奏疏尤極剴切。
外集		七		
南陽集	宋趙湘撰、	六	聚珍板本、清道光壬午胡氏刊本、許氏有盧校本、閩覆本、	原本久佚，此從永樂大典錄出。湘詩運意清新，而風骨不失蒼秀，其文亦掃除排偶，頗近皇甫湜孫樵。
武夷新集	宋楊億撰、	二〇	明刊本、浦城遺書本、清康熙中楊氏刊本、	億集原有一百九十四卷，南宋時僅存武夷新集及別集，今則別集亦佚去。此集凡詩五卷，雜文十五卷，詩文春容典贍，無唐末五代衰颯之氣。

書名	撰者	卷數	版本	按語
和靖詩集	宋林逋撰、	四	明正德丁丑餘姚陳氏刊本、佳、萬歷四十一年錢塘何養純刊本、清康熙戊子長洲吳調元校刊本、乾隆乙丑嶺南重刊本、知不足齋單刊本、宋元名家詩集本五卷、朱禮彰依抱經校刊本、吳門汪氏有宋刻殘本明正統陳贄刊本、鮑以文校刊本、巾箱本、	是集前有皇祐五年梅堯臣序，後附省心錄一卷，考省心錄爲李邦獻所作，故此集削之。不載逋爲宋隱士，詩澄澹高逸，如其爲人。
穆參軍集 附錄遺事	宋穆修撰、	三 一	四庫依鈔本、路有鈔本，朱修伯云有順治間刊本、振綺堂有鈔本、許氏有鈔本、朱刊穆參軍集、半頁十一行，行二十四字、樹香堂刊本、胡心耘有校宋刊本、	按修集諸家抄本或稱河南穆先生文集，或稱穆參軍集，修天資高邁，文宗韓柳，宋之古文實柳開與修爲倡。第三卷之首載亳州魏武帝帳廟記一篇，尊崇曹操，備至，此本削之不載。

晏元獻遺文	宋晏殊撰、	一	八千卷樓有勞氏鈔本、又鈔本、	集本二百四十卷，後自删爲臨川集三十二卷，二府集二十五卷，今皆不傳。此本爲清胡亦堂所輯。殊在北宋號曰能文，雖二宋之作，亦資其點定，頗爲當時所推重。
文莊集	宋夏竦撰、	三六	路有鈔本、八千卷樓鈔本、	原本久佚，此從永樂大典錄出。竦學賅博，貫通百家，文章亦詞藻贍逸，風骨高秀，廟堂典册之文，尤其所長。
春卿遺稾	宋蔣堂撰、	一	明天啟刊本、許氏有鈔本、盛氏刊本、八千卷樓鈔本、	按宋史本傳稱其有集二十卷，世無傳本。此本爲明蔣鑛所集，僅賦一篇，詩三十一篇，記一篇，不及原集十分之一。詩平正通達，無雕鏤纖瑣之習。
東觀集	宋魏野撰、	一〇	路有鈔本、彭文勤有七卷本、陽湖孫氏有影宋鈔本七卷、云十卷本乃後人重改、振綺堂有鈔本七卷、許氏有依宋校鈔本、孫仲容有鈔本、	野爲宋隱士，卒贈秘書省著作郎，其子因取贈典題曰東觀集。野在日名重於林逋，其詩沿五代舊格，未能及逋之超詣。

宋元憲集	宋宋庠撰	四〇	聚珍板本、三十六卷閩刊本、繙聚珍本、	原本久佚，此從永樂大典錄出。庠兄弟落花詩，爲時膾炙，文章亦沈博絕麗，可與尹洙歐陽修抗衡。
宋景文集 補遺 附錄	宋宋祁撰	六二 二 一	聚珍板本祇六十二卷、日本國佚存叢書本多文數百篇、閩刊本、翻聚珍本、	原本久佚，此從永樂大典錄出，凡永樂大典所未收者，編爲補遺二卷，軼事餘聞，別爲附錄一卷。祁所著詩文博奧典雅，具有唐以前格律。
文恭集 補遺	宋胡宿撰	五〇 一	聚珍板本祇四十卷、閩刊本、杭縮本、成化本、多附錄一卷、盛氏翻聚珍板本、	原文久佚，此從永樂大典錄出。宿學問賅博，當時文格未變，尚沿四六駢偶之習，故於是體尤工，可以追蹤六朝，其詩波瀾壯闊，聲律鏗訇，亦可彷彿盛唐遺響。
武溪集	宋余靖撰	二〇	明嘉靖甲午唐胄刊本、清康熙中刊本、振綺堂有鈔本、許氏有舊鈔舊校本、明刊本、	靖集原爲其子仲荀所編，久無傳本，明邱濬始從文淵閣錄出，卷數與歐陽修所撰墓誌合。靖不以詞章名，詩文亦斐然可觀。

書名	撰者	卷數	版本	提要
安陽集	宋韓琦撰、	五〇	明正德安陽張士隆刊、附家傳十卷、遺事一卷、別錄三卷、清康熙中刊本、張清恪刊本二十卷、	宋史藝文志作五十卷，此本目次相符，蓋卽原本，琦不以文章名世，而詞氣典重，敷陳剴切，詩句不事雕鏤，高雅自然。
范文正集	宋范仲淹撰、	二〇	清康熙丁亥范氏刊本、附十九卷、與忠宣集合刊、稱二范集、康熙中印者佳、明末刊本、劣、宋刊小字本、南宋刊大字本、藏崐山孔氏、元天歷戊辰刊本、藏昭文張氏、明萬歷戊申毛一鷺刊本、明康氏刊二十四卷本、明刊本、	按此集本名丹陽集，卽蘇軾所序，別集爲綦煥所輯，補編五卷爲清范能濬所搜集，仲淹之文較琦加意於修詞，亦較有儒者氣象。
別集		四		
補編		五		
河南集	宋尹洙撰、	二七	清嘉慶間長洲陳氏刊本、振綺堂有鈔本廿七卷、附錄一卷、姚若有舊鈔本、	洙集二十七卷，與宋史藝文志所載相合。洙所爲文章古峭勁潔，繼柳開穆修之後，一挽五季浮靡之習，卓然可以自傳。

孫明復小集	宋孫復撰、	一	四庫依知不足齋鈔本、振綺堂有鈔本、乾隆中泰安聶鈫刊本、趙國麟刊本、	此集原名睢陽子集凡十卷，歲久散佚，此保鈔錄而成，凡文十九篇，詩三首，十不存一。其文根柢經術，謹嚴峭潔，卓然爲儒者之言。
徂徠集	宋石介撰、	二〇	康熙丙申泰安知州石鍵得漁洋書庫本校刊、乾隆中刊本、陽湖孫氏有影宋本、較四庫本多附錄三篇及詩四首、振綺堂有鈔本、汪氏有宋本、	介嘗躬耕徂徠山下，人以徂徠先生稱之，因以名集。介之學出於孫復，文章倔強勁直，一掃雕繪綺靡之習。
蔡忠惠集	宋蔡襄撰、	三六	雍正中蔡氏刊本、附二卷、明陳一元刊本四十卷、乾隆中蔡氏刊本二十九卷、明蔡善繼刊三十六卷附別記十卷、題雙甕齋集、有宋乾道四年刊本、	襄集屢經校刊，多非舊第，此本爲蔡廷魁裒次重刊。襄本直臣，不但以書法名一世，其詩文亦光明磊落如其人，在北宋諸作者間，不失爲第二流焉。

祠部集	宋強至撰、	三六	聚珍板本、閩刊本、	原本久佚，此從永樂大典錄出，其奏牘曲折疏暢，切中事機；其詩沉鬱頓挫，氣格頗高，在北宋諸家中可自樹一幟。
鐔津集	宋釋契嵩撰、	二二	明弘治己未刊本、萬歷丁未徑山寺僧刊本二十卷、明永樂三年天台沙門刊本、支那刊本、	是編爲明僧如卺所刊，凡文十九卷，詩二卷，附他人所作序贊詩題疏一卷。嵩博通內典，嘗作原教孝論十餘篇，闡明儒釋之一貫，文筆雄偉，詩亦多秀句。
祖英集	宋釋重顯撰、	二	元刊本、八卷千樓鈔本、	此編乃重顯詩集，凡詩二百二十首。多涉禪宗，然胸懷脫灑，韻度自高，隨意所如，天然拔俗。
蘇學士集	宋蘇舜欽撰、	一六	康熙戊午徐氏刊本、附宋犖輯滄浪小志二卷、東湖叢記有姚世鈺錄何義門鈔本、海甯唐端甫有從蔣藏傳錄本、	舜欽集據歐陽修序爲十五卷，此本乃十六卷，則後人又有所續入。其文極爲歐陽修所推重，其歌行亦雄放，如其爲人。

書名	撰者	卷數	版本	提要
蘇魏公集	宋蘇頌撰、	七二	明刊本、季目有宋刊本、閩中刊本、振綺堂有鈔本、八千卷樓有精鈔本、	此編卷目，與宋志相合，蓋猶舊本。頌學問淹博，故發爲文章，亦多淸麗雄贍，卓然自成一家。
華陽集 附錄	宋王珪撰、	六〇 一〇	聚珍板本四十卷、許氏有盧校本、閩刊本、	珪集本一百卷，至明代佚去，此從永樂大典錄出，其遺聞逸事，與他人評論之語，見於他書者，別爲附錄十卷。珪文博贍環麗，自成一家，可與二宋相埒，其詩以富麗爲主，時人目之爲至寶丹。
古靈集	宋陳襄撰、	二五	路有鈔本、振綺堂有鈔本、許氏有精鈔本、四庫依宋刊本、內有使遼語錄一篇、吳氏有宋刊本、又有舊鈔本、多本傳年譜、宋徐世昌刻於閩、紹興三十一年四世從孫輝復刻於贛、	襄集爲其子紹夫所編，以所居在侯官古靈村，因以名集。李綱謂其詩平淡如韋應物，文詞高古如韓愈，論事明白激切如陸贄。

伐檀集	宋黃庶撰、	二	乾隆乙酉江西刊山谷集附後、明嘉靖刊、萬歷刊、	按庶爲庭堅之父，其集自宋以來，即附山谷集末，此則析之別著錄。其詩戛戛自造，不蹈陳因，力矯西崑體之弊，文古質簡勁，頗具韓愈規格。
傳家集	宋司馬光撰、	八〇	明刊本、康熙中蔣氏刊本、名司馬溫公集、八十二卷、乾隆六年陳宏謀校刊本、附年譜、又有重刊陳本、黃丕烈有宋刊本、云以校舊鈔本觸處誤字、何論新刻、此書之可稱祖本者也、許氏有嘉靖間刊集略、文三十一卷、詩七卷本、吳時亮刊八十二卷本、	光爲宋代名臣，論其文章氣象，亦包括諸家，凌跨一代，王安石推其文類西漢，語殆不誣。
清獻集	宋趙抃撰、	一〇	明成化中閻鐸刊本、嘉靖元年刊本、嘉靖壬戌楊準刊本、趙氏仿宋刊本、宋大字本、南宋刊清獻集二十卷、明刊有附錄本、	此集乃從宋嘉定中舊本重刊，詩文各五卷。其奏議多有關時政，侃侃不撓，而其詩則諧婉多姿，乃不類其爲人。

盱江集 年譜 外集	宋李覯撰、	三七 一 三	明正德乙亥孫甫刊本、雍正間李氏刊本、明初刊黑口本、明城南左贊編刊本、元黑口本、明成化本、	此集爲明左贊所重刊，因覯不喜孟子，乃删其疑孟之詞。覯文格次於歐曾，其論治體，悉可見於實用，其詩雖不名於當時，然王士禎稱其風致似義山。
金氏文集	宋金君卿撰、	二	八千卷樓有鈔本、	原本久佚，此從永樂大典錄出，僅及原本十之二。詩文皆淸醇雅飭，其陳災事貢舉諸疏，尤爲剴切。
公是集	宋劉敞撰、	五四	聚珍本、刊本三劉文集四卷、又錢塘吳充嘉別編公是集六卷均不全、閩刊本、翻聚珍本、	原集七十五卷，久佚不傳，此從永樂大典錄出。敞淹通典籍，具有心得，談經率與先儒立異，文詞古雅，朱熹謂比之蘇公有高古之趣。
彭城集	宋劉攽撰、	四〇	聚珍本、閩刊本、三劉文集內公非集僅詩四首、文二十三篇、	原本久佚，此從永樂大典錄出。攽與兄敞齊名，才鋒敏捷，詞辨雋利，朱熹於元祐諸人，自洛黨以外多所不滿，而稱攽學問博洽，詞章奥雅；其推重可知。

邕州小集	宋陶弼撰、	一	四庫依鈔本、許氏有鈔本、八千卷樓鈔本、	原集本十八卷，久佚，此集一卷，乃官邕州時所作，故以為名。黃庭堅謂其平生不治細故，獨以文章自喜，尤號為能詩，詩文書奏十有八卷云云。
都官集	宋陳舜俞撰、	一四	路有鈔本、宋慶元中曾孫杞刊本、西谿舊鈔本、八千卷樓傳鈔本、	原集久佚，此從永樂大典錄出，凡文十一卷，詩三卷。其文論時政者居多，大抵剴直敷陳，通達事體，其詩大半為謫後所作，氣格疏散，皆抒胸臆之言。
丹淵集 拾遺 年譜 附錄	宋文同撰、	四〇 二 一 二	明萬歷庚戌刊本、明末刊本、有毛晉序明刊本、	此集初為同曾孫鷟編，嗣慶元中文誠之官邛州，以同嘗三仕於邛，多遺蹟，因取其集重加釐正，增拾遺年譜附錄數卷。同未第時，即以文章受知文彥博，其詩亦為蘇軾所推重。
西溪集	宋沈遘撰、	一〇	路有鈔本、與沈适沈遼合名三沈文集、明刊本、南宋刊本、名吳興三沈集、浙局刊三沈集本、	是集十卷，為南宋初高布所刊，宋史本傳稱其嘗進本論十篇，為仁宗嘉賞，今不見集中，疑尚非完本。遺文溫厚典重，詩亦清俊流逸，不染俗韻。

鄖溪集	宋鄭獬撰、	三〇	路有鈔本、宋淳熙十三年秦焴刊本五十卷、八千卷樓鈔閣本、	原集久佚，此從永樂大典錄出。宋史本傳，稱其文章豪偉峭整，劉敞稱其文似皇甫湜。
錢塘集	宋韋驤撰、	一四	路有鈔本、昭文張氏有舊鈔本二十卷、缺前二卷、存十八卷、題曰錢塘韋先生文集、振綺堂有石倉吳氏所藏鈔本、與張同、許氏有吳尺鳧家鈔本十六卷、缺首末四卷、繡谷亭書錄云、本二十卷、乾道四年其孫能定刻跋云、已失去後二卷、故通考題十八卷也、今又失去首二卷、聞朱槧尙在人間、未識能劍合否、八千卷樓有鈔十六卷本、又刊十六卷本、	原本十六卷，今佚前二卷。驤少即以詞賦知名，極爲王安石所稱賞，其詩頗有自然之趣，雜文多安雅有法，尤工於四六。

書名	撰者	卷數	版本	提要
淨德集	宋呂陶撰、	三八	聚珍板本、閩刊本、	陶集原六十卷，久無傳本，此從永樂大典錄出，所闕無幾。陶以不入洛蜀之黨，故兩黨罕稱述之，其奏議類皆暢達剴切，詩文亦多典雅，論學二篇力攻王氏字說，不遺餘力。
馮安岳集	宋馮山撰、	一二	路有鈔本、宋嘉定乙亥周銳刊本三十卷、今僅存詩十二卷、餘已佚、八千卷樓有知不足齋鈔本、	原集本三十卷，十三卷以後悉佚不傳，所存者惟詩十二卷。詩平易條暢，純為元祐之體，盡變西崑舊調。

元豐類稿

宋曾鞏撰

五〇

明正統中趙琬刊本、成化六年楊參刊本、隆慶辛未邵廉刊本、多附錄一卷、清康熙中長洲顧氏刊本、校補佳、康熙二十一年南豐彭期重編曾文定集二十卷、劣、朱修伯云、嘉靖本一百卷、尙佳、許濆生有元刊本、天祿後目爲有刊巾箱本南豐曾子固先生集三十四卷、云與元大德丁思敬所刻元豐類稿序次多寡迥異、又宋刊南豐先生文粹十卷、不著編者名姓、又元大德刊本五十卷、明萬歷中裔孫敏行敏才重刊本、嘉靖刊本、

正集五十卷，續稿外集，亡於元明之間。正集一爲明楊參所刻，譌漏至夥，此本爲清顧崧齡所刊，並以何焯所點勘者釐訂其脫誤，較諸明刊，差爲完善。

龍學文集

宋祖無擇撰

一六

路有鈔本、振綺堂有鈔本、許氏亦有鈔本、宋本題洛陽九老祖龍學集、張氏有影宋舊鈔本、八千卷樓鈔本、孫仲容有鈔本、

此集亦名焕斗集，爲無擇曾孫行所編，凡十卷，附名臣賢士詩文二卷，家集四卷。無擇受經於孫復，學文於穆修，所作皆峭厲勁折，足與尹洙相上下。

宛陵集 附錄	宋梅堯臣撰、	六〇 一	明正統己未宣城太守袁旭刊本、淸康熙丁卯梅氏刊本、康熙壬午震澤徐氏刊本、道光庚寅宣城令梁中孚刊本、繡谷亭有元刊本、明姜奇芳刊本、宋牧仲刊本、佳近刊本、	原本尙有外集十卷，今已散佚，別憎附錄一卷。其詩旨趣古淡，外槁而內腴。
忠肅集	宋劉摯撰，	二〇	聚珍本、閩刊本、	原本久佚，此從永樂大典錄出，共得文二百八十五首，詩四百四十三首。摯爲朔黨之魁，端勁自持，集中奏議，是非辨別至嚴，雜文亦曲折明暢。
無爲集	宋楊傑撰、	一五	路有鈔本，天祿後目有宋刊本、張金吾有汲古閣舊鈔本、八千卷樓有鈔本三部、	是集爲趙士粲所編，凡賦二卷，詩五卷，文八卷。其詩雖興象未深，而頗有規格，大致爲元祐體，文才地稍弱，邊幅微狹。

王魏公集	宋王安禮撰、	八	韓有舊鈔本、八千卷樓鈔本、	按安禮封魏公，故題魏公集。原本久佚，此從永樂大典錄出。集中內外制草，頗典重可觀，敍事之文亦有法度。
范太史集	宋范祖禹撰、	五五	路有鈔本、振綺堂有鈔本、明刊小字本、五十五卷、	祖禹集有二本，一爲明程敏政摘抄，分十八卷，此本乃原帙也。集中論奏居多，宋史謂其開陳治道，平易明白，當時以賈誼陸贄比之。
文潞公集	宋文彥博撰、	四〇	明嘉靖五年呂枏重刊本、明刊本、	是編卷數，與書錄解題合，惟佚補遺一卷。彥博不以詩名，而風格秀逸，其文章議論通達，卓然經濟之言。
擊壤集	宋邵雍撰、	二〇	明畢亨刊本、隆慶刊本、爲陽羨萬士和分類改編、非其原次、汲古閣刊道藏八種本、又有支那本、清康熙中吳門後裔滄來校刊十七卷、存寸堂目有宋板十八卷、天祿目有元板伊川擊壤集、明刊本、	雍邃於易數，詩源出於白居易，晚年絕意世事，不復以文字爲長，意所欲言，自抒胸臆，脫然於詩法之外。

鄱陽集	宋彭汝礪撰、	一二	路有鈔本、振綺堂有鈔本、許氏有鈔本、胡心耘有惠定宇藏書鈔本、八千卷樓鈔本、	原集久佚，後人掇拾殘剩，復爲此編，故編次錯互，其詩頗諧婉可誦。
曲阜集	宋曾肇撰、	四	曝書亭目有鈔本二卷、振綺堂有鈔本二卷、附錄一卷、題曾文昭公集、明刊本曾文昭公集、康熙中裔孫儼刊本、	原本散佚，此本乃其裔孫儼所蒐集，前三卷爲詩文，後一卷爲附錄。肇與兄布鞏俱有名，其立身賢於布而文章稍遜於鞏。
周元公集	宋周敦頤撰、	九	明嘉靖中王念曾刊本、六卷、天啟癸亥黃克儉刊本、十卷、清康熙中裔孫沈珂重編刊本、乾隆中江西董榕重輯二十三卷、存寸堂目有宋板十二卷、明濂溪書院刊本三卷、	敦頤之學，以主靜爲宗，平生精粹盡於太極圖說通書之中，詞章非所留意，故當時未有文集，南宋始有掇拾遺文及附錄，稱濂溪文集者，此本編入太極圖說通書，遂成九卷。

南陽集 附錄	宋韓維撰、	三〇 一	路有鈔本、振綺堂有鈔本、繡谷亭書錄云中多缺文、吳中有宋槧本、缺軼略同八千卷樓有鈔本、	維嘗封南陽郡公，故以名集。書錄解題作二十卷此本多十卷，疑係陳氏譌記。刊版久佚，藏書家轉相繕錄，譌脫頗多，此本稍加考定，其原闕字句，無可校補者則仍其舊。
節孝集 附錄	宋徐積撰、	三〇 一	明嘉靖中劉祐刊本、清康熙丙子刊本三十三卷、繡谷亭書錄云紹興戊辰刊于山陽、景定甲子重刊、元皇慶中刊增畫像、明嘉靖中刊、又增祠堂記、余所見元刻多漶漫、不及景定摹本、朱乾道己丑嘉禾刊本三十卷、教授許及之以語錄一卷附之、湻祐庚戌淮南東路判官王央亨刊本所附語錄一卷、	積立身堅苦卓絕，事母以純孝稱，其文奇譎恣肆，雅俗兼陳，蘇軾謂其文怪而放如玉川子。積尚有節孝語錄，別本孤行。

書名	著者	卷數	版本	說明
文忠集	宋歐陽修撰、	一五三	明天順壬午刊本、弘治壬子刊本、正德壬申刊本、嘉靖丁酉刊本、嘉靖庚申何遷刊本、天順辛巳海虞程宗刊于吉安本、明代朝鮮刻居士集五十卷、清康熙中同里曾弘校刊本、乾隆間裔孫世和重刊本、嘉慶二十四年裔孫衡重校刊本、天一閣目有宋刊本六十四卷、天祿後目有元刊本、天祿目有居士集九十九卷、附錄一卷、吉州公使庫刊北宋本、又有元板周益公所編全集、云此書字法規仿鸝、波深得其妙、定屬元時所重刻者、祠堂本、明刊本、	修自定詩文集，惟居士集五十卷，此外諸集，概係後人掇拾成編，而諸集又有各處刊本，去取不一，文句互異，此集爲周必大所編，參互考訂，較爲精善。
附錄		五		
歐陽文粹	宋陳亮編、	二〇	明嘉靖丁未刊本、明刊本、郭雲鵬刊本、八千卷樓有宋刊本、殘	是編凡文一百三十篇，去取頗審，其篇章字句同異，可與原集互資參考。

書名	撰者	卷數	版本	提要
樂全集 附錄	宋張方平撰、	四〇 一	路有鈔本、許氏有鈔本、莫郘亭有鳴野草堂舊鈔本、八千卷樓有鈔本二部、	方平自號樂全居士，因以名集，蓋取莊子樂全之謂得語。方平天資卓絕，記誦淹博，故文疏暢明快，蘇軾比之孔融諸葛亮。別有玉川集二十卷，已佚。
范忠宣文集 奏議 遺文 附錄 補編	宋范純仁撰、	二〇 二 一 一 一	元天歷刊二范集本、已有歲寒堂字、明萬曆戊申毛一鷺刊二范集本、明十六世孫惟一校刊本、清康熙中二十世孫時崇合刊二范集、稱歲寒堂本、按歲寒堂乃范氏家塾之名、故前後刻者均用之、	是集凡詩五卷，文十二卷，奏議二卷，自爲殿中侍御史迄再入相時前後所奏封事，遺文爲其弟純禮純粹之文，附錄爲諸賢論誦補遺載純仁尺牘一首，附以制詞題跋。
嘉祐集 附錄	宋蘇洵撰、	一六 二	明嘉靖壬辰刊本十五卷、明凌濛初刊朱墨本十三卷、清康熙中蔡士英刊本十六卷、附二卷、康熙中吳郡邵仁泓輯刊本二十卷、附錄二卷、宋紹興本十五卷、唐端甫藏、道光中眉州刻三蘇集本二十卷、明覆宋本、	詢集在宋凡四本，曾鞏作洵墓誌稱二十卷，晁氏陳氏書錄作十五卷，徐氏傳是樓槧本作十五卷，邵仁泓翻雕本十六卷，曾鞏所誌與晁陳所錄今不可見，此本以徐本爲主，以邵本互相參訂，正其譌脫。

臨川集	宋王安石撰、	一〇〇	明嘉靖丙午刊本、萬歷刊本、張目有宋刊本、天祿後目有宋刊本一百卷二部、孫仲容有何義門朱批手校宋本、明宗文堂刊、明王荊岑刊、元危素刊吳澄序本、宋紹興十年重刊本、宋刊元印本、	安石集在宋無定本，或稱一百卷或稱二百二十卷，或又稱後集八十卷，今所傳者惟此一百卷之本。按安石詩文非所自定，係出於門弟子之排比，當時已議其舛錯而遺篇逸句，未經搜集者亦夥。
王荊公詩註	宋李壁撰、	五〇	清乾隆辛酉張宗松刊本、天祿後目有元大德辛丑刊本前有詹太和所撰王荊公年譜及劉歸孫序王常題識者張氏重刻所無有宋刊大字本、江西局刊本、	是編所錄安石詩，較本集多七十二首。璧去安石稍遠，軼事稱述不多，然徵引故實，頗爲詳洽。
廣陵集 拾遺	宋王令撰、外孫吳說編	三〇 一	路有鈔本、振綺堂有鈔本、許氏有鈔本二十卷、拾遺一卷附錄一卷、昭文張氏有舊鈔本四十二卷、後歸孫仲容家、八千卷樓有鈔本、	其詩才氣奔軼，大抵出入於韓愈盧同李賀孟郊之間其文如性說諸篇亦自成一家之言。

東坡全集	宋蘇軾撰、	一一五	明茅氏刊本、陳明卿刊本、又明刊本七十五卷、明刊湖板、蘇板、嘉興板、成化四年江西重刊宋本、嘉靖十三年江西重刊本、清蔡士英刊本、王宗稷刊本、道光中眉州本、陳振孫稱東坡集有杭本、蜀本、張某所刊本、吉州本、軾曾孫嶠刊建安本、麻沙書坊大全集本、又宋大字本、小字本、巾箱本、天祿目元仿宋巾箱本、直可亂眞、	軾集風行海內、傳刻甚夥，其體例大要有二，一爲分集編訂，一爲分類合編，大抵以東坡七集爲最古，以大全集分類排纂爲易於檢尋，此本即從大全集而校刊者也。
東坡詩集註	舊本題王十朋撰、	三二	明茅維刊本、注有刪、朱從延刊合王施二家本、拜經樓有何義門評本、平津館目拜經樓目均有元刊本、貴筑黃彭年有宋刊本、文蔚堂刊本、	舊本題王十朋撰，疑係依託。其分類頗多顚舛，爲邵長蘅所揩擊，然援用詳明，展卷瞭如者亦居大半，頗足資讀蘇詩者之參考。

施註蘇詩	宋施元之撰	四二	清康熙己卯宋氏刊本、古香齋小字本、孔氏刊本、宋牧仲所得宋刻殘本後歸葉潤臣其板式與東雅堂韓集相似、	元之所註，在宋代稱善本，傳本頗稀，清康熙時宋犖得殘本，屬邵長蘅補其缺卷，對於原註多所刊削，長蘅又撰王註正譌一卷，訂正東坡年譜一卷，犖又輯得逸詩二卷，馮景爲之續註。
東坡年譜	清邵長蘅李必恆補馮景續註	一		
王註正譌		一		
蘇詩續補		二		
補註東坡編年詩	清查愼行撰、	五〇	隆乾辛巳其姪開原刊本、不載施注、後入頗以兩讀爲病、初白手稿在海昌蔣氏、	愼行以宋犖所刊蘇詩，邵長蘅等多所臆改，補註補遺亦潦草，乃重考訂以成是編，較犖刊精密。
欒城集	宋蘇轍撰、	五〇	明嘉靖辛丑刊本、清道光壬辰眉州刊本、宋板十一行行十八字、明蜀中活字本、拜經樓有插花山房馬氏舊鈔本、天祿目有元板欒城四集八十四卷、明王執禮校刊本、	四集皆轍所手定，與東波諸集出自他人裒輯者不同，此本爲明代重刊，尚少譌闕。
欒城後集		二四		
欒城第三集		一〇		
應詔集		一二		

書名	撰者	卷數	版本	按語
山谷內集 外集 別集 詞 簡尺 年譜	宋黃庭堅撰、	三〇 一四 二〇 一 二 三	宋刊豫章黃先生文集三十卷九行行十八字、外集同、類編增廣黃先生大全文集五十卷、昭文張氏有宋乾道刊本、明嘉靖中刊本、萬曆莆田方沆校刊本六十四卷、萬曆甲辰族孫希今重刊本六十九卷、附伐檀集二卷、乾隆間陳守誠重刊巾箱本二十四卷無注、乾隆中江西刊黃文節正集外集別集本、江西局刊本、明刊本、	按葉夢得避暑錄話，載庭堅舊有詩千餘篇，中歲焚三之二，所存無幾，故名焦尾集，其後稍自喜以爲可傳，復名敝帚集，然庭堅所自定者皆不存，其存者一曰內集，外集繼內集而編，別集繼內外兩集而編，又內集與任氏所註本同，外集別集則與史氏所註本大異，故原本註本可互相參訂。
山谷內集註 外集註 別集註	宋任淵撰、 宋史容撰、 宋史季溫撰、	二〇 一七 二	明弘治丙辰南昌陳沛等刊本、聚珍板本、又翻刻本、任注宋刊本十一行行大二十小二十四字、明刊九行十九字、翁氏樹經堂刊本、多外集補四卷、別集補一卷、年譜十四卷、道光中黃氏擺板本、烏鎮鮑氏有元刊本、閩刊本、日本單刊內集注本、明嘉靖癸酉成都蔣芝刊內篇十四卷、續二卷本、	任註內集，史註外集，其大綱皆系於目錄，每條之下，使讀者考其歲月，知其遭際，因以推求作詩之本旨，此斷非數百年之後以意編年所能爲。

後山集	宋陳師道撰、	二四	明嘉靖刊本三十卷、明馬激刊本二十八卷、弘治十二年刊本三十卷、清雍正庚戌趙鴻烈校刊本二十四卷、張氏有何義門手校本、愛廬刻本、	是集爲師道門人彭城魏衍所編。師道與庭堅詩同學杜甫，庭堅脫穎而出，師道沈思而入，故骨格頗高，古文亦簡嚴密栗，爲北宋巨手。
後山詩註	宋任淵撰、	一二	聚珍本、閩刊本、明弘治丁巳刊楊一淸序本、雍正乙巳嘉善陳唐無註本六卷、逸詩五卷、詩餘一卷、皆唐所蒐輯、張目有宋刊本	是編體例與註黃庭堅詩同，師道聲華闃寂，寒餓孤吟，淵註排比年月，鉤稽事實，多能得作者本意，且援證古今，亦且有條理。
宛邱集	宋張耒撰、	七六	聚珍本作柯山集五十卷、鈔本題張右史集六十五卷、汲古閣目張右史文集六十卷、云世行文潛集僅十之五、右史集乃大全、明嘉靖中郝梁刊本十七卷、嘉靖甲申郝梁刻十三卷、宋人選本、振綺堂有鈔本張右史集六十卷、許氏亦有鈔本、蔣生沐有宋刊張右史集七十卷、極精、知不足齋傳鈔本八十二卷最足、	耒文集在南宋已非一本，其多寡亦復相懸，此本爲何時何人所編，無可稽考。蘇軾嘗稱其文汪洋沖濟，有一唱三嘆之音。晚歲詩務平淡效白居易樂府效張籍

淮海集	宋秦觀撰	四〇	明初閩刊本、嘉靖中張健刊本、萬曆四十六年李之藻刊本、道光十七年高郵王敬之刊本、十七卷、後集二卷、詞一卷、補遺一卷、孫仲容有嘉靖乙巳高郵守胡民表重刊張本、嘉慶刊本、又有影宋鈔淮海集四十卷本、	此集爲觀所自定，宋史作四十卷，此本卷數與之相同，後集六卷長短句三卷係嘉靖時張綖以黃瓚本及監本重爲編次者。觀詩自過嶺以後，高古嚴重，自成一家，策論神鋒儁利，多少年時所作。
後集		六		
長短句		三		
濟南集	宋李廌撰	八	路有鈔本、莫郘亭有鈔本、八千卷樓有鈔本二部、	通考載濟南集二十卷，當時又名日月巖集，南宋後散佚。此從永樂大典錄出。廌才氣橫溢，其文章條暢曲折，辨而中理，蘇軾稱其筆墨瀾翻，有飛砂走石之妙。
參寥子集	宋釋道潛撰	一二	宋板十一行、行二十四字、孝慈堂目有宋刊本、黃子羽藏書、王伯穀寫簽、崇禎中歙人汪然明刊于西湖智果寺、	道潛性傲僻寡合，詩頗少含蓄，然落落不俗，亦因於此。

寶晉英光集	宋米芾撰、	八	路有鈔本、明刊本六卷、潘訒叔刻選五卷、許氏有寶晉山林集拾遺四卷鈔本、別下齋刊本八卷、補遺一卷、有宋刊本、紹定壬辰岳珂編、刊於潤州米祠、八千卷樓有趙以甯鈔本、勞氏校本、	芾集於南宋之後業己散佚，岳珂重爲編綴，僅得十之一。此本後有張丑跋，云出吳寬家，則非岳珂原本，又有註從戲鴻堂帖增入者，則併非吳寬家本。芾以書畫名，詩文語無蹈襲，蓋其胸次既高，故吐言天拔，雖不規規繩墨，而氣韻自殊。
石門文字禪	宋釋惠洪撰、	三〇	明支那刊本、釋藏利本、	是集爲惠洪門人覺慈所編，釋氏收入大藏中，此即釋藏所刊也。惠洪天姿聰穎，遂於內學，其詩清新有致，出入於蘇黃之間。
青山集 續集	宋郭祥正撰、	三〇 七	振綺堂有鈔本三十卷、道光九年刊本三十卷、又續集五卷、嘉興刊本、	祥正此集，首尾完具，爲罕覯之秘笈。續集七卷，莫審誰所編次，其詩才氣縱橫，吐言天拔，在熙甯元祐之間，能自成一家。

畫墁集	宋張舜民撰、	八	知不足齋刊本、	原本久佚，此從永樂大典錄出。舜民慷慨喜論事，坐是沈滯。其文豪縱有理致，詩亦筆意豪健，頗近蘇軾。
陶山集	宋陸佃撰、	一四	聚珍板本十六卷、翻聚珍本、閩刊本、	原本久逸，此從永樂大典錄出。佃受學於王安石，論新法與安石左。集中若元豐大裘議諸篇，大抵宗王黜鄭。其詩具有唐音，尤工七言近體。
倚松老人集	宋饒節撰、	二	四庫依鈔本、許氏有舊鈔本二卷、釋超俊跋、宋牧堂有宋刊本二卷、常熟陳氏有舊鈔本、有宋慶元已未黃汝嘉重刊一條、	節嘗為曾布客，後與布書論新法不合，乃祝髮為浮屠。原集十四卷，今僅存二卷。大半為僧後所作，陸游稱北宋詩僧以節為第一。
長興集	宋沈括撰、	一九	明刊本、原四十一卷、缺一至十二卷、三十二一卷、三十三至四十一共九卷、共缺二十二卷、今所傳三沈集、明人翻刻宋括蒼本也、提要以此不全之本即高布所刻、誤矣、三沈合集本、浙局刊三沈集本、	原本殘缺，僅有文而無詩。括博聞強記，所作筆談，於天文算數音律醫卜之術，皆有所論列，文章宏贍淹雅，具有典則，四六表啟，尤凝重不佻。

西塘集 附錄	宋鄭俠撰、	九 一	明萬曆己丑刊本、公善堂刊九卷本、	原集本二十卷，明葉向高刪爲奏疏雜文八卷，詩一卷，附本傳諡議祠記等爲一卷。王士禎稱其文似安石，古詩在白居易孟郊間。
雲巢編	宋沈遼撰、	一〇	明刊本、浙局刊三沈集本、八千卷樓有鈔三沈合集本、	原本二十卷，今存十卷。遼文章豪放奇麗，無俗塵氣，詩亦生峭，與江西宗派爲近。
景迂生集	宋晁說之撰、	二〇	明刊本、清道光十年晁氏裔孫刊本、振綺堂有鈔本、題嵩山集、	此集爲其孫子建所編，別本或題曰嵩山集。說之著書數十種，均散佚，此集蓋掇拾於兵燹之餘，其中辨證經史，多極精當。
雞肋集	宋晁補之撰、	七〇	明崇禎乙亥吳郡顧氏刊本、又明刊本、許氏有吳尺鳧校明刊本、莫郘亭有張氏藏舊鈔本、題濟北晁先生雞助集、宋紹興七年從弟謙之刊於建陽、明詩瘦閣刊本、	此集爲其弟謙之所編。補之古文波瀾放闊，與蘇氏父子相馳驟，諸體詩皆風骨高騫，可與張秦並駕。

樂圃餘稾 附錄	宋朱長文撰、	一〇 一	清康熙壬辰裔孫岳壽刊本、振綺堂有鈔本多補遺一卷、孫仲容有周書倉鈔本、李素伯手校、亦有補遺、八千卷樓有舊鈔本、又有烏絲闌鈔本、	原集一百卷，以所居名樂圃，因以名集，南渡後，燬於兵，其從孫思求，搜集遺文，名之曰餘稾。長文之學，主博考，文章多平易近人。
龍雲集	宋劉弇撰、	三二	明弘治乙丑刊本、裔孫有恆重刊本、	書錄解題，謂龍雲爲弇所居之鄉因以名集。文章氣體宏盤，詞致敷腴，詩雖才地稍弱，要亦峭拔不俗。
雲溪居士集	宋華鎮撰、	三〇	路有鈔本、莫郘亭有鈔本、八千卷樓有鈔本、	原本久佚，此從永樂大典錄出。其學以王安石爲宗，其文才氣豐蔚，詞條暢達。
演山集	宋黃裳撰、	六〇	路有鈔本、曝書亭目有鈔宋六十四卷、振綺堂有鈔本六十卷、宋乾道初季子炌刊本、莫郘亭有鈔本、八千卷樓有鈔本、	書錄題解作六十卷，此本與之相符，蓋猶宋詩原本。詩文俱骨力堅勁，不爲委靡之音。

姑溪居士前集 後集	宋李之儀撰、	五〇 二〇	路有鈔本、振綺堂有鈔本、許氏有鈔本、宋乾道三年當塗守吳芾命郡士戴鞏校刻、八千卷樓有鈔本、又鈔配本、莫郘亭有舊鈔本、	按之儀自南遷後，自號姑溪居士，因以名集。文章與張耒秦觀相上下，尺牘最工，詩軒豁磊落，實無郊島鉤棘艱苦之狀。
潏水集	宋李復撰、	一六	路有鈔本、潏水集本四十卷、宋乾道間嘗刻於饒郡、即朱子所謂信州本也、莫郘亭有鈔本、八千卷樓傳鈔閣本、	原本久佚，此從永樂大典錄出。其文醇正通達，奏議多指陳利弊。於易象算術五行律呂之學，亦能剖晰精微。
學易集	宋劉跂撰、	八	聚珍板本、閩刊本、翻聚珍本、許氏有盧校本、	學易爲跂堂名，因以名集。原本久佚，此從永樂大典錄出，跂所作古文，類簡勁有法度，詩則多似陳師道，體雖時露生拗，要自落落無凡語。
道鄉集	宋鄒浩撰、	四〇	明正德刊本、萬歷中重刊本、清道光辛丑刊本、振綺堂有宋刊本、明嘉靖壬辰刊、	此本爲其子柄栩同編，凡詩十四卷，文二十六卷。王士楨居易錄稱其詩似白居易，律詩似劉夢得，且耽於禪理，故詩文多宗門語。

游廌山集	宋游酢撰、	四	清乾隆丙寅游氏刊本、同治丁卯游智開重編刊于和州本、較清整、刊六卷本、	酢集爲後人掇拾成編，不但非其原本，且亦非完書，集中文僅七篇，詩僅十三篇，其餘爲經解語錄。
西臺集	宋畢仲游撰、	二〇	聚珍板本、閩刊本、武英殿刊本、八千卷樓鈔本、	原集久佚，此從永樂大典錄出。仲游少時受知於蘇軾，爲學具有根柢，軾嘗稱其學貫經史，才通世務，文章精麗，議論有餘，信非溢美。
樂靜集	宋李昭玘撰、	三〇	路有鈔本、莫郘亭有鈔本、八千卷樓有鈔本、	昭玘以黨籍廢棄，清淨無營，故其文光明灑落，無掩仰不吐之態。
北湖集	宋吳則禮撰、	五	莫郘亭有鈔本、八千卷樓有鈔本、又有鈔校本、	原本久佚，此從永樂大典錄出。詩格峭拔，力求推陳出新，雜文數首，法度嚴密，具有典型。

溪堂集	宋謝逸撰、	一〇	路有鈔本、許氏有鈔本、莫邵亭有鈔本、八千卷樓鈔本二部、	原本久逸，此從永樂大典錄出。呂本中作江西詩派圖凡二十五人，逸與弟邁並與其列，逸時稍近寒瘦，然風格雋拔，時露清新，固渢渢雅音也。
竹友集	宋謝薖撰、	一〇	路有鈔本、一名謝幼槃集、振綺堂有鈔本十卷、亦題謝幼槃集、小萬卷樓本題謝幼槃集十卷、張志有舊鈔本、岀昌言跋淳熙二年十二月內又有陽夏趙煜重刊一條、	薖集世所傳本僅四卷，此爲明謝肇淛自文淵閣鈔出，凡詩七卷文三卷。薖與兄逸俱列江西詩派圖中，王士禎居易錄稱其詩清逸可喜，然於涪翁沈雄豪健之氣，去之尚遠。
日涉園集	宋李彭撰、	一〇	莫邵亭有鈔本、八千卷樓有鈔本、	原本久逸，此從永樂大典錄出。彭詩具有軌度，無南宋人麤獷之態，在江西派中與謝逸洪朋諸人，足相頡頏。
灌園集	宋呂南公撰、	二〇	路有鈔本、莫邵亭有依閣鈔本、八千卷樓鈔本、	原本久佚，此從永樂大典錄出。南公不爲場屋之文，以力進秦漢爲幟，故其所作，不汩於流俗。

慶湖遺老集	宋賀鑄撰、	九	清康熙中刊本、許氏有鈔本、多補遺一卷、孫仲容有舊鈔本、八千卷樓有鈔本、又有舊鈔本、鈔配本、	鑄有前後集二十四卷，後集已佚，惟前集僅存，即此九卷本也，以小詞得名，其詩亦工緻修潔，時有集逸氣，極爲陸游所推重。
摛文堂集	宋慕容彥逢撰、	一五	莫邵亭有鈔本、八千卷樓有鈔本、	原本久佚，此從永樂大典錄出，文章雅麗，制詞典厚，具有前輩典型。
附錄		一		
襄陵集	宋許翰撰、	一二	清康熙中刊本、莫邵亭有鈔本、	原本久佚，此從永樂大典錄出。翰所著有論語解春秋傳諸書，文章頗具根抵，集中論配享劄子一通，稱楊雄與孟子異世同功；請以配食孔子廟廷，位次孟子，殆亦別具見解者也。
東堂集	宋毛滂撰、	一〇	清康熙中刊本、知不足齋刊本、莫邵亭有鈔本、八千卷樓有鈔本、	原本久佚，此從永樂大典錄出。詩有風發泉湧之致，豪放不羈，文亦大氣盤薄，汪洋恣肆，在北宋之末，足以自成一家。

浮沚集	宋周行已撰、	八	聚珍板本九卷、許氏有盧校本、閩刊本、翻聚珍板本、	原本久佚，此從永樂大典錄出。行已之學，出於伊川程氏，爲永嘉學派之宗，文章明白淳實，詩亦嫻雅有法度。
劉給事集	宋劉安上撰、	五	四庫依鈔本、振綺堂有鈔本、孫仲容有盧抱經藏舊鈔本、湖北局本、八千卷樓鈔二劉合集本、	安上詩格意俱在中晚唐間，頗饒風致，文亦修潔無麤獷拉雜之習。
劉左史集	宋劉安禮撰、	四	四庫依鈔本、振綺堂有鈔本、許氏有徐熹手鈔本並跋、孫仲容有影鈔吳梅庵本、迴勝閣本二集、已付刊、莫郘亭有舊鈔本、有黃黎洲藏印、湖北局本、八千卷樓鈔二劉合集本、	安禮文明白質實，經義諸篇，爲當時程試之作，卽八比之權輿。
竹隱畸士集	宋趙鼎臣撰、	二〇	路有鈔本、莫郘亭有鈔本、八千卷樓有鈔本二部、	原本久佚，此從永樂大典錄出。劉克莊稱其詩材氣飄逸，記問精博，警句巧對，殆天造地設，推挹可謂備至。

唐子西集	宋唐庚撰、	二四	明嘉靖三年金獻民刊本七卷、清雍正乙巳歸安汪氏刊本、作眉山集、昭文張氏有鈔本三十卷、振綺堂有鈔本二十四卷、又一部二十卷、孫仲容有鈔本二十卷、八千卷樓有舊鈔本二十卷、	原本二十二卷，汪亮采重刊，以三國雜事二卷附入，故爲二十四卷。其文長於議論，所著名治存舊正友議賞諸論，皆精確，詩亦刻意鍛鍊，而不失氣格。
洪龜父集	宋洪朋撰、	二	莫郘亭有鈔本、八千卷樓依閣鈔本、又鈔三洪合集本、	原本久佚，此從永樂大典錄出。朋爲庭堅之甥，授受有源，呂本中作江西詩派圖，朋亦與其列。
跨鼇集	宋李新撰、	三〇	路有鈔本、莫郘亭有鈔本、八千卷樓有鈔本、	原本久佚，此從永樂大典錄出。新詩氣格開朗，無南渡後啁哳之音，其文以排體入散體，別出一格。
忠愍集	宋李若水撰、	三	乾坤正氣集本、有南宋時蜀中刊本、莫郘亭有鈔本、八千卷樓有鈔本、	原本久逸，此從永樂大典錄出。其詩具有風度，而不失氣格，文亦光明磊落，肖其爲人。

書名	撰者	卷數	版本	提要
忠肅集	宋傅察撰、	三	四庫依鈔本、振綺堂有鈔本、乾坤正氣集本、傅以禮刊本、八千卷樓有吳石倉鈔本、又味書堂鈔本、	察集爲其孫伯壽編，首載周必大序，稱其文務體要詞約而理盡，詩尤溫純該貫，宋史亦稱其文溫麗有體裁。
宗忠簡集	宋宗澤撰、	八	明萬曆刊本二卷、崇禎中熊人霖刊本、舊刊本、金華叢書本、明刊六卷本、嘉靖刊六卷本、振綺堂有明刊四卷五卷二本、清康熙中王廷曾刊本、乾隆中刊本、乾坤正氣集本、	是集自一卷至六卷，皆劄子狀疏詩文雜體，七卷八卷爲遺事附錄，皆後人紀澤事實及誥敕銘記之類。
龜山集	宋楊時撰、	四二	宋刊本三十五卷、明弘治壬戌李熙刊本十六卷、後常州東林書院刊本三十六卷、宜興刊本三十五卷、萬歷辛卯林熙春刊本四十二卷、清順治庚寅裔孫令聞重刊本、康熙丁亥楊氏祠堂刊本、	是集凡書奏表劄講義經解史論啟記序跋各一卷，語錄四卷，答問二卷，辯二卷，書七卷，雜著一卷，哀辭祭文一卷，狀述一卷，誌銘八卷，詩五卷。

梁谿集 附錄	宋李綱撰、	一八〇 六	張月霄鈔本、路小洲有鈔本、並全書、黃蕘圃藏宋刊殘本三十八卷、半頁九行、行二十字、明左光先李嗣立選刊於閩中本四十八卷、清康熙己酉李榮芳重刊、明邵武知刊奏議六十八卷、明安氏華氏印本、	是集凡賦四卷，詩二十八卷，雜文一百三十八卷，靖康傳信錄三卷，建炎進退志四卷，建炎時政記三卷。綱文章雄深雅健，非株守章句者所能，徒以集中喜談佛理，故儒家不肯稱之。
初寮集	宋王安中撰、	八	莫郘亭有鈔本、八千卷樓有鈔本、	原本久佚，此從永樂大典錄出。詩文豐潤凝重，四六諸作尤爲雅麗。
橫塘集	宋許景衡撰、	二〇	路小洲有鈔本、孫仲容有鈔本、莫郘亭有鈔本、永嘉叢書刊本、	原本久佚，此從永樂大典錄出。景衡文章坦白光明，奏議尤懇切感人，其詩吐言清拔，不露抗厲之氣。

西渡集	宋洪炎撰、	二	佳趣堂目有宋板一卷、張月霄有舊鈔本一卷、與焦氏經籍志合、宋牧仲鈔自陸其清家漁洋有跋、路小洲有鈔本八千卷樓鈔三洪合集本、小萬卷樓一卷本、。	按炎爲南昌四洪之一，其詩法得之山谷，故所作頗與之相似。
補遺		一		
老圃集	宋洪芻撰、	二	莫郘亭有鈔本、八千卷樓鈔三洪合集本、玉雨堂叢書本、	原本久佚，此從永樂大典錄出。其學有師承，深得豫章之格，詩才在南昌四洪之中，尤爲儁異。
丹陽集	宋葛勝仲撰、	二四	路小洲有鈔本、莫郘亭有鈔本、	原本久佚，此從永樂大典錄出。勝仲嫻於典制，精於史事，湛於佛理，卽以文章論之，在南北宋間亦褎然一作者。
毘陵集	宋張守撰、	一五	聚珍板本十六卷、閩翻刊本、許氏有盧校本、盛氏刊本、	原本久佚、此從永樂大典錄出。其文章具有體幹，所論國事邊事諸疏，頗具碩畫。

浮溪集	宋汪藻撰、	三六	有明刊本、罕見、聚珍板本、許氏有盧校本、閩刊本、	原本久佚，此從永樂大典錄出。藻學問博贍，著作得體，足以感動人心，實爲詞令之極則，其詩則得於徐俯，亦具有淵源。
浮溪文粹	不著編輯人名氏、	一五	明正德元年馬金刊本、有附錄一卷、明刊抄配本、嘉靖間王氏刊本、萬歷刊本、許氏有明刊本、題羅願選、盧抱經校過明刊本、	是編選輯汪藻詩文八十五篇，採掇精華，頗具鑒裁。
莊簡集	宋李光撰、	一八	八千卷樓明鈔十八卷本、莫郘亭有鈔本、	原本久佚，此從永樂大典錄出。其詩婉麗多姿，託興深長，與胡銓往還簡札，皆醇實和平，無幽憂牢落之意。
忠正德文集	宋趙鼎撰、	一〇	清道光十一年吳傑刊本、	按宋高宗手書忠正德文四字賜鼎，因以名集，凡奏議七十六篇，駢體十四篇，古今體詩二百七十四首，詩餘二十五首，筆錄七篇。

東牕集	宋張擴撰、	一六	莫郘亭有鈔本、	原本久佚，此從永樂大典錄出，擴詞采清麗，斐然可觀，大抵可與汪藻聯驅。
忠惠集 附錄	宋翟汝文撰。	一〇 一	孫仲容有抄本、莫郘亭有鈔本、八千卷樓傳鈔閣本、	原本久佚，此從永樂大典錄出。汝文好古淹博，深通篆籀，嘗從蘇軾黃庭堅曾鞏游，故文章尚有熙甯元祐遺風。
松隱文集	宋曹勛撰、	三九	四庫依鈔本、正統五年刊本四十卷、許氏有精鈔本四十卷、第十四卷缺、八千卷樓有鈔四十卷本、	是書原本四十卷今佚一卷，集中詩文多敍述時事，可以參證史事，其文頗贍雅，詩格多類小詞。

石林居士建康集	宋葉夢得撰、	八	絳雲樓有總集百卷火後此書遂絕、振綺堂有鈔本、許氏有曹倦圃鈔本、昭文張氏有舊鈔本、孫仲容有蕭山汪氏舊鈔校本、八千卷樓有舊鈔本、又吳枚庵鈔校本、咸豐丙辰葉雲鵬刊本、附兩鎭建康紀年略一卷、	按夢得總集一百卷，審是集八卷，今皆散佚，惟此集僅存。其文章頗高雅，猶存北宋遺風，南渡後，與陳與義可以肩隨。
簡齋集	宋陳與義撰、	一六	聚珍板本、許氏有盧校本、阮氏有宋刊增廣箋注簡齋集三十卷無住詞一卷、胡穉箋、昭文張氏亦有宋刊本同阮、四庫未見、朱逃之有此似卽張氏所藏、孫仲容有昭文張氏鈔本十五卷、八千卷樓有鈔十五卷鈔十六卷二本、閩翻聚珍本、	是集第一卷爲賦及雜文九篇，第十六卷爲詩餘十八首，中十四卷，皆古今體詩。其詩宗豫章，特天分絕高，工於變化，故能自闢蹊徑。

書名	撰者	卷數	版本	提要
北山小集	宋程俱撰	四〇	四庫依鈔本、昭文張氏有影宋鈔本、許氏有鈔本、黃丕烈有宋刊本、紙背皆乾道六年簿籍有烏程歸安等縣印記、十行行二十字、此本後歸藝芸書舍、八千卷樓鈔有附錄本、	是集凡詩十一卷，賦及雜文二十九卷，集中制誥諸作典雅閎奧，詩則取逕韋柳，蕭散古澹，頗有自得之趣。
檆溪居士集	宋劉才邵撰、	一二	莫郘亭有鈔本、	原本久佚，此從永樂大典錄出。其詩源出蘇氏，故詞氣頗爲縱橫，雜文亦多馴雅，制誥尤有體裁。
筠溪集	宋李彌遜撰、	二四	振綺堂有鈔本、莫郘亭有鈔本、	按筠溪爲彌遜歸連江時所居，因以名集，別本或作竹溪集，係傳寫之誤。是集前有樓鑰序，稱其歸隱西山十六年，不復有仕宦意，詠詩自娛，筆力愈偉，朱熹跋其宿觀妙堂詩後，亦傾倒甚至。

華陽集	宋張綱撰、	四〇	昭文張氏有舊鈔本、宋紹熙元年綱之孫釜權知池州刊置郡學本、洪邁序題紹熙二年、	是集凡文三十三卷，詩五卷，詞一卷，後附行狀一卷。其詩文典雅麗則，講筵所進故事，因事納忠，亦多剴切。
忠穆集	宋呂頤浩撰、	八	莫郘亭有鈔本、	原本久佚，此從永樂大典錄出。集中有上時政一書，作於靖康初年，預決金兵之必來，諄諄以遷避爲說，本傳未及此事，足以補史之缺。
紫微集	宋張嵲撰、	三六	莫郘亭有鈔本、	原本久佚，此從永樂大典錄出。嵲曾受學於陳與義，故劉克莊後村詩話，謂其詩句法與與義相似，而於五言古詩尤極賞其語意高簡，意味深遠。
苕溪集	宋劉一止撰、	五五	四庫依曝書亭鈔本、振綺堂有鈔本、張氏亦有目錄三卷、八千卷樓有舊鈔本二種、	是編原名非有齋類藁，題曰苕溪集。不知何人所改。韓元吉所作行狀，稱其文雖演迤宏博，而關鍵嚴密，又稱其詩寓意高遠，自成一家。

東牟集	宋王洋撰、	一四	莫有鈔本、	原本久佚，此從永樂大典錄出。凡詩七百首，雜文三百五十餘首，其詩極意鏤刻，往往兀奡自喜，頗不爲邊幅所拘，文章以温雅見長，制詞尤有典則。
相山集	宋王之道撰、	三〇	莫有鈔本、	原本久佚，此從永樂大典錄出。之道嘗自號相山居士，其集即以爲名。集中論事之文，率剴切明暢，韻語雖非所長，而抒寫性情，具有眞朴之致。
三餘集	宋黃彥平撰、	四	莫郘亭有依閣鈔本、	是集別本作黃次岑，黃次山，黃季岑，或傳寫譌異，或偶以字行，其名三餘者，蓋取三國董遇三餘讀書之意，宋史作玉餘，亦字形相似而誤也。
大隱集	宋李正民撰、	一〇	八千卷樓有鈔本、舊鈔本、	原本久佚，此從永樂大典錄出。凡文六卷，詩四卷，中多中書制誥之作，温潤流麗，頗近浮溪，其詩亦妍秀可誦，不失爲雅音。

龜溪集	宋沈與求撰、	一二	明刊本、宋紹熙中其孫說刊本、又有淳熙四年泉州刊本、昭文張氏有舊鈔本、八千卷樓有鈔本、	是集爲其孫說所刊，前有李彥穎，張叔椿二序。史稱與求歷御史三院，前後幾四百奏，今所存者僅十之三四，類多深中時弊，其制誥亦多得立言體。
栟櫚集	宋鄧肅撰、	一六	明正德己卯刊本二十五卷、路小洲鈔本二十五卷、張月霄舊鈔本二十五卷、嘉慶十九年鄧廷楨重刊仿宋二十五卷本、較四庫本完善、附鄧旭林屋詩集四卷、八千卷樓有鈔二十五卷本、	是集原有三十卷，今本僅詩一卷，詞一卷，文十四卷。
默成文集	宋潘良貴撰、	八	康熙甲申潘氏刊本六卷、附錄一卷、虞山陳氏有舊鈔本、	是集原本十五卷，久佚不傳，此本僅掇拾散亡，凡文一十首，詞一首，詩二十七首，餘則附錄本傳年譜誥敕等類。

鄱陽集	宋洪皓撰、	四	莫郘亭有精鈔本、八千卷樓有傳鈔閣本、涇洪氏刊本、三瑞堂刊本、	原本久佚，此從永樂大典錄出。按皓有松漠紀聞已著錄，此編爲其詩集，皆爲其奉使時途次所經及羈處冷山以及歸國後所作。
澹齋集	宋李流謙撰，	一八	莫郘亭有鈔本、千頃堂書目載澹齋集八十一卷、	原本久佚，此從永樂大典錄出。其詩文邊幅稍狹，然筆力峭勁，不屑屑以雕琢爲工，視破碎纖弱之習較爲勝之。
韋齋集	宋朱松撰、	一二	宋淳熙中刊本、元至正中刊本、明弘治刊本、清康熙中朱昌辰刊本、八千卷樓有影元鈔本二種、	是集前有傅自得序，稱其詩高遠而幽潔，其文溫婉而典裁，至表奏書疏，又皆中理而切事情。後附玉瀾集，乃其弟槔所作，槔詩頗爲萎弱，似不及松之氣格高逸也。
附玉瀾集	宋朱槔撰、	一		
陵陽集	宋韓駒撰、	四	振綺堂有鈔本、許氏有鈔本、莫郘亭有鈔本、	駒學原出眉山，而其詩磨淬翦裁，頗涉豫章之格，故呂本中列駒於江西宗派圖中。

灊山集	宋朱翌撰、	三	知不足齋刊本、	原本久佚，此從永樂大典錄出。其詩五七言古體，皆極跌宕縱橫，近體亦偉麗伉健，喜以成語屬對，率妥帖自然。
雲溪集	宋郭印撰、	一二	莫郘亭有鈔本、	原本久佚，此從永樂大典錄出。其詩才地稍弱，未能自出機杼，然清詞雋語，頗有眉山風韻。
盧溪集	宋王庭珪撰、	五〇	宋淳熙十四年刊於吉州東岡劉宅梅溪書院、明嘉靖中吉州重刊本、明刊本、八千卷樓有雍正間鈔本、	是集凡古近體詩二十五卷，雜文二十五卷，其脫稾不全者亦附於卷末。劉澄評其文在盧陵，可繼歐陽修，楊萬里亦謂其詩出自少陵昌黎，大要主於雄剛渾大，語雖溢量，要得其近似。
屏山集	宋劉子翬撰、	二〇	元至元庚辰刻於崇安、明弘治十七年建寧重刊、明刊黑口本、清乾隆中刊本、福建李氏刊本、秋柯草堂刊本、	是集談理之文，辨析明快，曲折盡意，論事之文，洞悉時勢，亦無迂闊之見，古詩風格高秀，不襲陳因，近體則派近江西，亦復波峭。

北海集　附錄	宋綦崇禮撰、	四六　三	莫郘亭有鈔本、八千卷樓有鈔本、	原本久佚，此從永樂大典錄出。凡詩文三十六卷其中制誥表啟最多後十卷爲兵籌類，皆援據兵法，系以論斷。
鴻慶居士集	宋孫覿撰、	四二	路有鈔本孫尙書大全集七十二卷、張金吾有七十卷本、題南蘭孫尙書大全文集王文恪鈔藏之本、葉石君以鴻慶集校隨類補遺篇於當卷末識語署順治九年五月鈔、八千卷樓有鈔本、	按覿以奉祠提舉鴻慶宮故以名集。詩文頗工，尤長於四六，周必大爲作集序，稱其名章雋句，晚而愈精，故在當時可與汪藻洪邁等聲價相埒。
內簡尺牘編註	宋孫覿撰、	一〇	明成化辛丑孫仁廣西刊本、嘉靖丁巳雲間顧名儒重刊於建陽、萬歷庚辰姚江葉逢春淮陽刊本、黃丕烈有宋刊本十六卷、十二行、行大二十字、小二十五字、淸乾隆十二年錫山蔡焯等刊本、	是編爲其門人李祖堯所編，幷爲之註，其文與鴻慶集多異同，註中所引覿文亦或集中所不載，蓋集爲他手所編，此則據其墨蹟也。

崧菴集	宋李處權撰、	六	莫郘亭有鈔本、八千卷樓有鈔本、	原本久佚，此從永樂大典錄出。處權精研聲律，標新領異，大抵五言清脫瀏亮，可追張耒，七言伉爽，亦略似陳與義。
藏海居士集	宋吳可撰、	二	八千卷樓依閣鈔本、又有清吟閣鈔本、	原本久佚，此從永樂大典錄出。其詩遺詞清警，品在謝逸謝薖兄弟之間。
豫章文集	宋羅從彥撰、	一七	元至正三年許源堂刊本、元刊小字本、明成化間馮氏刊本十八卷、嘉靖甲寅刊本、隆慶五年羅文明刊本、清康熙中刊本、併爲十卷、與許魯齋集合刻、	是集爲曹道振所編，以宋儒稱從彥爲豫章先生，因以名集。第一卷雖列經解之目，而其文久佚，有錄無書，實止十六卷。
和靖集	宋尹焞撰、	八	明嘉靖庚寅刊本、隆慶間刊本、十卷、清康熙中重刊本、隆慶己巳蘇州刊文集三卷、附集一卷、	是集凡奏劄三卷，詩文三卷，壁帖一卷，係焞手書格言黏壁，門人錄之成帙，師說一卷，則其門人王時敏所記。

王著作集	宋王蘋撰、	八	宋寶祐中曾孫思文刊本、明弘治中十一世孫觀編刊本、許氏有鈔本、吳尺鳧跋、八千卷樓有鈔本二種、舊鈔本一種、	是集原本四卷久佚，此本明宏治時王觀所編，一卷爲傳道支派圖，二卷爲劄子雜文十餘篇，三卷以下皆附錄，所謂指大於臂者也。
郴江百詠	宋阮閱撰、	一	四庫依鈔本、韓氏有舊鈔本、八千卷樓依閣鈔本、	是集爲閱知郴州時所作，此本佚其八首，僅存九十二首，題下之註亦併佚去，其詩多入論宗，而敍述風土亦足資考證。
雙溪集	宋蘇籀撰、	一五	路有鈔本、振綺堂有舊鈔本、附欒城遺言一卷、明刊本、粵雅堂本、	按籀有欒城遺言已著錄。此編爲其詩文集，以詞華而論，頗雄駿疎暢，猶有眉山矩矱。
少陽集	宋陳東撰、	一〇	元大德中刊本、明正德十一年刊本八卷名盡忠錄、清康熙中刊本、乾坤正氣集本、道光中刊本、八千卷樓傳鈔閣本、	東以諸生，憤切時事，摘發權姦：登高一呼，從之者十餘萬人，其文章魔力之大，按可以想見。當時因黨獄關係，無編輯其文者，元大德中始有刊本，編次頗嫌錯雜，此本乃清康熙時所續刊，題曰少陽集，前五卷爲其遺文，後五卷皆附錄。

歐陽修撰集	宋歐陽澈撰、	七	宋嘉定甲申會稽胡衍刊本、明永樂丙申十世孫齊重刊本、永樂丁亥刊本、名飄然集八卷、萬曆甲寅二十世孫鋮刊本、許氏有明鈔本、乾坤正氣集本、八千卷樓有影鈔萬曆本、又抄飄然集本、	按澈與陳東伏闕上書俱論死罪，後高宗悔之，追贈修撰，當時吳沆編其詩三卷，爲飄然集，後胡衍又增刊所上三書，釐爲六卷，明十世孫齊以書三卷詩文事蹟四卷合爲一編，卽此本也。
東溪集 附錄	宋高登撰、	二 一	四庫依鈔本、明林希元等閩中刊本、清咸豐二年裔孫均儒刊本、乾坤正氣集本、張金吾有舊鈔本、正誼堂本、八千卷樓有抄本、又抄六卷本、	其集書錄題解作二十卷，宋史藝文志作三十卷，皆已散佚，此本乃明林希元所編，僅分上下二卷，書疏論議辨說等作共二十篇，詩三十一首，贊五首，箴銘二十六首，詞十二首，啟二首，末有附錄一卷，則朱熹褒錄奏狀祠堂記兩篇及言行錄十條。
岳武穆遺文	宋岳飛撰、	一	明嘉靖中刊本五卷、明楊德周費道用同刊本六卷、遺事一卷、清乾隆中黃邦甯校刊岳忠武王集八卷、附二卷、藝海珠塵本、乾坤正氣集本、	按岳武穆集原有十卷，今己不傳，此本爲明徐階所編，凡上書一篇，劄十六篇，奏二篇，狀二篇，表一篇，檄一篇，跋一篇，盟文一篇，題識三篇，詩四篇，詞二篇。

茶山集	宋曾幾撰、	八	聚珍板本、三䍐本、閩刊本、	原本久佚，此從永樂大典錄出。幾詩源出黃庭堅，而語多自造，不甚隸事，爲小異。
雪溪集	宋王銍撰、	五	拜經樓吳氏有舊鈔本、張金吾有舊抄本、有徐氏家藏及沈荣圃晦藥軒諸印、道古樓有雪溪集八卷精抄本、	是集原本八卷，今佚三卷。其詩格大致近溫李，在南宋初年爲別調。
蘆川歸來集	宋張元幹撰、	一〇	路有抄本十二卷、附錄一卷、振綺堂有抄本、宋嘉定已卯其孫欽臣刊本、近時刊本、	是集原本殘缺，此從永樂大典補完。元幹詩格頗遒，雜文多禪家疏文道家青詞，其題跋諸篇則具有蘇黃遺意。
附錄		一		
東萊詩集	宋呂本中撰、	二〇	四庫依抄本、振綺堂有抄本二部、明刊本、張金吾有精刊本、乾道元年沈公雅編東萊詩集二十卷、鐫板於吳郡、陽湖呂氏刊本、全集本、文選樓有抄本、藏浙江圖書館、	是編爲本中詩集，其詩得法於黃庭堅，故吐言天拔，卓爾成家。本中並作江西宗派圖，列陳師道等二十五人，而己居其末。

澹菴文集	宋胡銓撰、	六	乾隆廿二年裔孫澐等刊胡忠簡集三十二卷、又補遺三卷、附錄三卷、道光己酉裔孫文恩刊本、俱較四庫本完善、張氏志有胡忠簡先生文選精鈔本、宋慶元中池州刊本、	宋史本傳，稱銓集百卷，藝文志又作七十卷，今已不傳，今所存者僅文五卷詩一卷。集中言論多本春秋義例。
五峯集	宋胡宏撰、	五	莫郘亭有抄本、	是集凡詩一卷，書一卷，雜文一卷，皇天大記論一卷易外傳論語指南釋疑孟爲一卷。其易外傳皆以史證經，論語指南乃取黃祖舜沈大廉二家之說折衷之，釋疑孟則辨司馬光疑孟之誤。
斐然集	宋胡寅撰、	三〇	宋端平元年馮邦佐刊本、嘉定三年鄭肇之刊本、四庫依宋板鈔、莫郘亭有抄本、	是集卷數，與宋史本傳所載者相同，尚稱完帙。寅篤信程氏之學，頗重氣節。集中所載內外諸制，尚能秉正不阿。

鄧紳伯集	宋鄧深撰、	二	八千卷樓有抄本、及壺隱居抄本、	原本久佚，此從永樂大典錄出。深雖不以文章著名，而所作猶有北宋矩矱。
北山集	宋鄭剛中撰、	三〇	康熙乙亥曹定遠刊本、張氏志有抄本、金華叢書本、	是集初集中集皆剛中所自編，後集爲其子良嗣所編。方回跋稱其詩峭健，文簡古，殆不甚失眞焉。
浮山集	宋仲并撰、	一〇	莫郘亭有鈔本、八千卷樓有鈔本、	舊本久佚，此從永樂大典錄出。其文高簡有法度，四六能以散行爲排偶，詩亦淸雋拔俗，
橫浦集	宋張九成撰、	二〇	明萬歷刊本、附刻心傳日新二編、近有武原張氏印本、	是集爲其門人郎旵所編，凡賦詩四卷，雜文十六卷。九成少師揚時，嗣學於僧宗杲，故其學全入於禪，極爲朱熹所掊擊。
湖山集	宋吳芾撰、	一〇	八千卷樓有抄本殘、	原本久佚，此從永樂大典錄出，其詩才甚富，往往瀾翻泉湧，出奇無窮，晚年諸作，更趨平淡。

文定集	宋汪應辰撰、	二四	聚珍板閩刊本、明嘉靖閒夏俊刊本即程敏政選刊汪文定十四卷本、入存目、	其集五十卷，世久無傳，明程敏政於文淵閣得舊本，乃摘抄其要，編爲廷試策一卷，奏議二卷，內制一卷，雜文八卷，頗多挂漏，此本以程本與永樂大典互相比較，除其重複，增所未備，勒爲二十四卷，精華略具於是。
緡雲文集	宋馮時行撰、	四	明嘉靖癸巳李璽刊本、振綺堂有精鈔本、許氏有鈔本十五卷、附錄一卷、八千卷樓有鈔本、	按時行嘗居緡雲山授徒，因以爲號。宋志載其文集五十五卷，歲久散佚，明李璽始訪得舊抄殘本，編爲四卷，此本即從璽刊傳寫者也。
嵩山居士集	宋晁公遡撰、	五四	路有鈔本、宋乾道四年刊本、莫郘亭有鈔本、	按公遡爲公武之弟，其文章勁氣直達，頗有嶔崎歷落之致，其詩體格稍卑，然揮灑自如，亦尙能不受羈束。

默堂集	宋陳淵撰、	二二	路有鈔本、振綺堂有明人精鈔本、莫郘亭有舊鈔本、八千卷樓有鈔本、	是集爲其門人沈度所編，凡文十二卷詩十卷。淵力崇洛學，故對王安石頗多詆毀，其詩不甚雕琢，然時露眞趣，異乎宋儒之以詩談理者。
知稼翁集	宋黃公度撰、	二	明天啟乙丑刊本、振綺堂有刊本、韓有影宋本舊鈔十二卷、孫仲容有明刊十二卷本、又有鈔本十二卷、有王蓮涇鈔本、	原本十二卷，此其殘闕之本，其詩文皆平易淺顯，在南宋之初，未能凌躒諸家，然詞氣恬靜而軒爽，無一切澒涊齷齪之態。
唯室集 附錄	宋陳長方撰、	四 一		原本久佚，此從永樂大典錄出。長方之學，以程氏爲宗，集中論古多刻核，大抵以理繩人，而不甚計其事勢。
漢濱集	宋王之望撰、	一六	路有鈔本、莫郘亭有鈔本、	原本久佚，此從永樂大典錄出，詩文皆疏暢明達，猶有北宋遺矩，諸劄子亦多足以考見時事，可與正史互相參證。

歸愚集	宋葛立方撰、	一〇	四庫依知不足齋鈔本、振綺堂有鈔本、張氏志有舊鈔本宋刻殘本存五至十二凡九卷、吳尺鳧鈔本有宋刊本、江南人家有之、	原集二十卷，此本係掇拾重編者，故集中間有誤收北宋人之作。立方有韻語陽秋，論時惟取風旨，故其詩頗流麗清婉。
香溪集	宋范浚撰、	二二	有近時刊本、有元刊本、元至順中裔孫元璹刊本、明蘭溪令唐韶重刊本、金華叢書本、孫仲容有季葦滄藏舊鈔本、	是集為其門人高栴所編。集中進策五卷多究心世務之作，其論詩戒穿鑿，似為鄭樵而言，說易鄙象數家，似斥陳搏之學。
鄭忠肅奏議遺集	宋鄭興裔撰、	二	明刊本、八千卷樓有鈔本、	是集所錄多奏疏表狀，其記序辨跋諸雜著則間附數篇。集中如蠲緡錢禁改鈔論折帛錢諸奏所列紹興間一切弊政，皆宋史貨食志及文獻通考所未載，足補史志之闕。
雲莊集	宋曾協撰、	五	八千卷樓有鈔本、	原本久佚，此從永樂大典錄出，雜文頗雅飭，其詩格則源出蘇軾陳與義。

竹軒雜著	宋林季仲撰、	六	孫仲容有鈔本、八千卷樓有鈔本、永嘉叢書本、	原集十五卷，世久失傳，此從永樂大典錄出，凡詩一卷，文四卷。集中劄子多力持正論，深切時弊，在當時頗負清議之名，其詩邊幅稍狹，然筆力挺拔，其清雋亦多可喜。
拙齋文集	宋林之奇撰、	二〇	路有鈔本、季目有宋刊本二十八卷、振綺堂有鈔本、八千卷樓有影宋鈔本、	是集凡道山記問二卷，詩一卷，雜文十七卷。之奇之學得於呂本中，呂氏喜談佛理，故之奇持論，亦在儒釋之間，其詩具有高韻，雜文皆明白暢達，不事鉤棘。
于湖集	宋張孝祥撰、	四〇	明萬歷刊本八卷、韓有四庫舊鈔本、許氏有鈔本四十卷、八千卷樓有傳鈔閣本、	集中詩文，大抵規摹蘇軾，雖時露竭蹶之狀，然縱橫兀傲，亦自不凡。
太倉稊米集	宋周紫芝撰、	七〇	明初刊本、胡氏小重山館有舊鈔本、繡谷亭書錄云、此從絳雲樓宋本鈔出、張金吾有鈔本、格蘭外有浣香居鈔本五字、八千卷樓有舊鈔本、	是集凡樂府詩二十七卷，文四十三卷。其詩在南宋之初特為傑出，無豫章生硬之弊，亦無江湖末派酸餡之習，可與石湖劍南相伯仲。

書名	撰者	卷數	版本	提要
夾漈遺稿	宋鄭樵撰、	三	函海本、藝海珠塵本、單刊本、八千卷樓有舊鈔本、	是集凡詩五十六首文七篇，蓋亦掇拾之本，其詩不甚修飾而蕭散無俗韻其文洸漾恣肆，多類唐李覯孫樵劉蛻在宋人爲別調。
鄮峯眞隱漫錄	宋史浩撰、	五〇	清乾隆丙申史氏裔孫重刊史忠定王集五十卷八千卷樓有鈔本、	是集爲其門人周鑄所編，凡詩五卷，雜文三十九卷，詞曲四卷，末二卷爲童丱須知，分三十章所言皆修身齊家之道，而諧以韻語。
燕堂詩稿	宋趙公豫撰、	一	四庫依鈔本、莫郘亭有鈔本、八千卷樓有依閣鈔本、	原集十六卷，此本爲蔣靉所刪定，公豫優於文，詩則非其所長，而直寫胸臆，要自落落不凡。
海陵集 外集	宋周麟之撰、	二三 一	路有鈔本、莫郘亭有鈔本、八千卷樓有鈔本、	是集制誥一類居其太半，吐屬雅贍，猶有北宋館閣餘風，外集一卷則使金往來所作，頗多附會誇誕之詞。

竹洲集 附棣華雜著	宋吳儆撰、	二〇 一	明弘治刊小字本、又稱吳文肅公集、萬歷甲辰刊本、又明刊十卷本、	其詩文皆意境劖削，於陳師道爲近，雖深厚不逮而模範略同。
高峯文集	宋廖剛撰、	一二	總目云、無刊本、振綺堂有鈔本四卷、許氏有鈔本四卷、八千卷樓有林佶人刊本、	是集久無刊本，傳寫多誤，脫字或至數行，無從補校。集中奏議，指陳利弊，頗多可採，答陳幾叟書論知制誥之失，亦頗切當。
鄂州小集 附錄	宋羅願撰、	六 二	明洪武二年趙汸刊本、弘治十一年羅文達刊本，正統刊本、天啟丙辰羅朗刊本、清康熙丁亥黃以祚刊本、康熙癸巳歙程氏七略書堂刊本、粵雅堂本、程聖跋重刊本、	是集原爲劉清所編，此本叢雜少緒，似非原帙。願學問賅博，文章高雅，附錄二卷，爲其兄頌姪似臣之文。
艾軒集 附錄	宋林光朝撰、	九 一	宋淳祐十年刻於鄱陽、明正德辛巳莆田重刊本，振綺堂有鈔本、八千卷樓有舊鈔本、	原集二十卷，此本乃明鄭岳所刪定。其文刻意鍛鍊，劉克莊稱其文高者逼檀弓穀梁，平處猶與韓並驅，推挹雖過，要與俗格迴殊。

書名	撰者	卷數	版本	備考
晦菴集	宋朱熹撰、	一〇〇	天祿後目有宋刊晦菴先生文集、前集十卷後集十八卷刊印最工、曾藏汲古閣有宋本甲字印、明嘉靖壬辰刊本、明刊大字本、閩小字本即康熙戊辰蔡方炳刊本、雍正八年朱玉類編本入存目、咸豐中徐樹銘刊中楷字本、蕭敬孚藏宋大字本、又有一殘宋本十行行十八字、廿七以下缺、同治刊一百四卷本、日本刊續集十一卷別集十卷本、適園張氏有宋本、	晦菴集一百卷，見書錄題解，相傳爲其子在編，別集七卷，余師魯編，續集爲誰所編，無從考據，然三集皆爲舊本。
續集		五		
別集		七		
梁溪遺稿	宋尤袤撰、	一	原集五十卷、宋尤藻刊於新安、後燬於兵火、清康熙中尤氏刊本二卷、八千卷樓有抄本、又勞氏抄本、盛氏刊本、	按尤楊范陸稱南宋四家，今三家之集皆有完本，尤集獨散佚，此本爲清康熙時尤侗所搜輯，百分僅存其一。

文忠集	宋周必大撰、	二〇〇	四庫依知不足齋鈔本、江西刊本大全集二百五十卷、連附錄二十九種、宋開禧刊本、上海郁氏有宋刊周文忠大全集、黃蕘圃有殘宋本六十九卷、蔣生沐有精校足本、振綺堂有鈔本周省齋文集一百五卷、附錄五卷、年譜二卷、末頁題康熙壬辰校畢、乃竹垞從子襲遠也、	是集即宋史所稱平園集，爲其子綸所編，凡分二十七集，生平所著之書，亦皆編入，蓋仿必大編歐陽修集凡例也。
雪山集	宋王質撰、	一六	聚珍板本、閩刊本、	原本久佚，此從永樂大典錄出。王阮作是集序，稱其論古如讀酈道元水經注，名山支川，貫串周市，無有間斷，蓋學博而才贍也。
方舟集	宋李石撰、	二四	莫邵亭有鈔本、	原本久佚，此從永樂大典錄出。石少從蘇符游，故文以閎肆見長，諸體詩縱橫跌宕，亦與眉山門徑爲近。其所著易十例略互體例象緐，左氏卦例詩如例左氏君子例聖語例詩補遺諸篇，仍別爲六卷附之於後。

書名	撰者	卷數	版本	提要
網山集	宋林亦之撰、	八	四庫依縣書亭鈔本、振綺堂有鈔本八卷題網川集末有吳焯手跋、許氏有舊精鈔本嘉靖安政堂本、八千卷樓有鈔本及舊鈔本、	是集首有劉克莊序，推挹甚至，凡詩三卷，輓詩一卷，文六卷，而祭文祝文聘書青詞墓疏之類，居其大半，殊不類克莊之所稱，其編次頗爲猥雜，疑原集散佚，後人掇拾糟粕爲之重編也。
東萊集	宋呂祖謙撰、	四〇	明刊本、許氏有鈔本、吳焯跋孝慈堂目有宋板正集十五別集十六外集三麗澤論說十、附錄三、共四十七卷、宋刊大字本、持靜室有元刊東萊呂太史文集十五卷、外集五卷、又東萊遺集二十卷、陳思賸刊、八千卷樓有鈔本、	是集爲其弟祖儉姪喬年同編，凡文集十五卷，又以家範之類爲別集十六卷，程文之類爲外集五卷，年譜遺事爲附錄三卷，末附以拾遺一卷。

止齋文集	宋陳傅良撰、	五一	許氏有宋嘉定壬申徐鳳刊本、又明弘治刊本、正德中林繁長刊本、清乾隆中刊本、道光甲午陳用光刊本、明刊五十二卷本、永嘉叢書本、	是集爲其門人曹叔遠所編，集中多經世之文，不專於坐談心性，且少作皆削棄不存，去取亦爲精審。
附錄		一		
格齋四六	宋王子俊撰、	一	振綺堂有鈔本、許氏有鈔本題三松集、八千卷樓有傳鈔閣本、及鈔四家四六本、	按子俊有三松類稿，今已散佚，此卽其類稿之一種。其文頗典雅流麗，朱彝尊謂其由中而發，漸近自然，無組織之迹，品題可謂至當。
梅溪集	宋王十朋撰、	五四	明正統五年劉謙刊黑口本、天順六年刊本、正德刊本、元刊本、清雍正六年唐氏刊本、宋紹熙二年其子聞詩聞禮鋟木於江陵、歸藏於家廷試策一卷、奏議四卷、前集二十卷、後集二十九卷、又正統刊後集二十九卷本、	是集爲其子聞詩聞禮所同編。汪應辰序稱其文專尙理致，不爲浮虛靡麗之詞，劉洪序稱其詩渾厚質直，懇切條暢，皆非溢美。

書名	撰者	卷數	版本	提要
香山集	宋喻良能撰、	一六	莫郘亭有鈔本、八千卷樓有鈔本、	原本久佚，此從永樂大典錄出。僅有詩而無文。集中多與楊萬里酬唱之作，其詩格亦約略與之相似。
宮教集	宋崔敦禮撰、	一二	莫郘亭有鈔本、八千卷樓有鈔本、	原本久佚，此從永樂大典錄出。其詩文篇帙尚富，大抵格律平正，詞氣暢達，雖不能領新標異，而周規折矩，尺寸不踰。
蒙隱集	宋陳棣撰、	二	八千卷樓有傳鈔閣本、舊鈔本、	原本久佚，此從永樂大典錄出。其詩邊幅稍狹，比興稍淺，然平易近情，不失風旨。
倪石陵書	宋倪朴撰、	一	愼德堂活字五種本、明嘉靖毛鳳韶刊本、八千卷樓有鈔本、	按朴嘗擬上高宗萬言書陳復仇之義，是編以是書爲主，故不名集而名書。外附書札八篇，書唐史諸傳七篇，觀音院鐘刻辨一篇。

樂軒集	宋陳藻撰、	八	八千卷樓有鈔本、	是集爲其門人林希逸所編，其詩稍涉麤率，而眞樸之處實能自抒性情、其文亦主於鍛鍊字句，不爲奔放閎肆之作，與艾軒集體格相近。
定菴類稿	宋衞博撰、	四	莫郘亭有依閣鈔本、八千卷樓有鈔本、	原本久佚，此從永樂大典錄出。其中表劄箋啟序記書疏代人作者十之九，大都工穩流麗，有汪藻孫覿之餘風。
澹軒集	宋李呂撰、	八	八千卷樓有鈔本、	原本久佚，此從永樂大典錄出。釐爲詩三卷，詩餘一卷，雜文四卷。其詩文多近樸直，少波瀾迴復之趣，然明白坦易，往往有關於勸戒。
攻媿集	宋樓鑰撰、	一一二	聚珍板本、許洪生有宋刊本百廿卷、查氏亦有宋刊本、張金吾有舊鈔本一百二十卷、閩翻聚珍本、	原本爲一百二十卷，此本將其中青詞朱表之類，概爲刪除，重編爲一百十二卷。鑰學問賅博，文章淹雅，其題跋諸編，尤多資於考證。

尊白堂集	宋虞儔撰、	六	韓有舊鈔本、八千卷樓有鈔本、	按儔慕白居易之爲人，以尊白名堂，所作韻語，類皆明白顯暢，不事藻飾，其眞樸之處，頗近居易，而粗率流易亦頗近之。蓋心摹手追，與之俱化也。
東塘集	宋袁說友撰、	二〇	莫有鈔本、八千卷樓有抄配本、	其文曲折暢達，究悉物情，具有歐蘇之體，其詩五言近體謹嚴而微傷局促，七言近體警快而稍嫌率易，至於五七言五體，則格調清新，意境開拓，置之石湖劍南集中，淄澠未易辨別。
義豐集	宋王阮撰、	一	四庫依鈔本、宋板十行行十八字、韓有舊鈔本、八千卷樓有鈔本、	是集文佚詩存，阮詩師法張孝祥，兼倣黃庭堅，故劉克莊跋謂其佳處逼韓駒曾幾。
涉齋集	宋許及之撰、	一八	孫仲容有鈔本、莫有鈔本、八千卷樓有鈔本、	其詩宗法王安石，雖下筆稍易，未能青出於藍，而氣體高亮，要自琅琅盈耳。

蠹齋鉛刀編	宋周孚撰、	三二	振綺堂有鈔本、宋淳熙已亥鄭延解百綸刊本、莫邵亭有鈔本、八千卷樓有鈔本及舊鈔本、	其詩宗法黃庭堅陳師道，而能自出機軸，其文章不事雕績，而波瀾意度往往近於自然。其非詩辨妄二卷列四十二事，力破鄭樵之說。
乾道稿 淳熙稿 章泉稿	宋趙蕃撰、	一 二〇 五	聚珍板本、閩覆刊本、	原本久佚，此從永樂大典錄出。依舊本標題釐爲乾道稿一卷，淳熙稿二十卷，章泉稿五卷。其詩派出江西而學其高秀，不學其生硬，頗爲善變。
雙溪集	宋王炎撰、	二七	明萬歷丙申刊本、清康熙中王氏刊本十二卷、	按炎著作總名雙溪類稿，今已散佚，此集乃其中之一種。炎詩歌高雅，文章援引考證，尤有根柢。

書名	撰者	卷數	版本	提要
止堂集	宋彭龜年撰、	二〇	聚珍板本、閩刊本、	原本久佚，此從永樂大典錄出。凡文二百二十三首，詩二百二十首。其中奏疏劄子五十五篇，敷陳明確，多關於國家大計。
緣督集	宋曾丰撰、	二〇	路有鈔本、明嘉靖中刊十二卷、萬歷癸未刊本十二卷、入存目、振綺堂有明鈔本四册三十卷、缺二十七以下四卷、較四庫本多十餘卷、八千卷樓有抄本、	原集四十卷，明嘉靖中詹事講臆爲刪汰，舊本遂佚。此本從永樂大典錄出，較刊本多至數倍。集中如六經論之類，義蘊閎深，詩文雖間有好奇之癖，要皆有物之言。
象山集 外集 附語集	宋陸九淵撰、	二八 四 四	明正德辛巳撫州刊本、嘉靖辛酉刊本、清康熙中陸氏重刊本、又明周希旦刊本六卷、年譜附錄一卷、天祿目元板象山先生集二十八卷、外集五卷、清雍正中青田書院刊本、明刊語錄本、	是集前十七卷爲書，十八卷爲表奏，十九卷爲記，二十卷爲序贈，二十一卷至二十四卷爲雜著，二十五卷爲詩，二十六卷爲祭文，二十七卷二十八卷爲墓記墓碣墓表，外集四卷皆程試之文，語錄四卷本於集外別行，此編亦並附於集末。

書名	撰者	卷數	版本	提要
慈湖遺書	宋楊簡撰、	一八	明刊本、又嘉靖乙酉刊本十八卷、	是集自一卷至六卷爲雜文及詩，七卷十六卷爲家記，皆雜錄論經史治道之說，十七卷紀先訓，十八卷乃錢時行狀及眞德秀跋，又偏雜文一卷及孔子閒居解一卷於後，謂之續集。金谿之學以簡爲大宗，所爲文章大抵敷暢其師說，其講學純入於佛。
續集		二		
絜齋集	宋袁燮撰、	二四	聚珍板本、閩刊本、杭縮本、甬江袁氏刊本、	原本久佚，此從永樂大典錄出。燮亦傳金谿之學，似較楊簡爲篤實，其文章大抵淳樸質直，不事雕繪，而眞氣流溢，頗近自然。
舒文靖集	宋舒璘撰、	二	韓有舊鈔本、清雍正間袁氏刊本、孫氏刊有附錄本、八千卷樓有抄本、又閣退本、	按璘與楊簡袁燮沈煥俱稱象山之高弟，璘雖爲講學家，然集中亦涉有經世之文，如與陳倉劄子論常平義倉茶鹽保長之法，頗切時弊。

雲莊集	宋劉爚撰、	一二	明刊本、四庫依澹生堂鈔本、天順中十世孫桓刊本、明刊附外編十卷本、	按爚受業於朱子，故集中有乞開僞學之禁疏。宋史載其奏便民五事論貢舉五弊疏，集中不載，則所闕佚不少矣。
定齋集	宋蔡戡撰、	二〇	路有鈔本、宋紹定三年其子廙刊本、明正德間十世孫穩刊本、有年譜及附錄八卷、八千卷樓有鈔本、	原本久佚，此從永樂大典錄出。集中所上奏劄，條列明確，類皆侃直忠亮，爲經世爲之言。
九華集	宋員興宗撰、	二五	路有鈔本、宋寶慶三年其孫燊祖刊五十卷、莫郘亭有鈔本、	原本久佚，此從永樂大典錄出，釐爲詩六卷，雜文十五卷，又論語解老子解略西陲筆略，併紹興采石大戰始末各一卷。附錄一卷，則爲祭文。其文力摹韓柳，不無鍾鍊過甚之弊，然骨力峭勁，要無冗長蕪蔓之習。
附錄		一		
野處類稿	宋洪邁撰、	二	張金吾有舊鈔本、八千卷樓有鈔本、錢竹汀疑此稿非文敏所著見養新錄、	邁以文章名一世，然其文集久已散佚，此本爲其詩集。集前有邁自序，稱甲戌之春，家居臥病，作詩若干首，以自當緩憂之一物，遂取曩時所存而未棄者，錄爲二卷云云。

盤洲集	宋洪适撰、	八〇	路有鈔本、振綺堂有鈔本、許氏有鈔本、涇洪氏刊本、天祿目有汲古閣影宋鈔本、吳門黃氏有影宋鈔本、張金吾有惠紅豆藏書、八千卷樓有鈔本、	是集爲毛晉汲古閣影鈔宋槧本，猶爲完帙。适以詞科起家，工於儷語，所作隸釋隸續，於史傳舛異考核特精。
應齋雜著	宋趙善括撰、	六	莫郘亭有鈔本、八千卷樓有鈔本、	原本久佚，此從永樂大典錄出。宋儒奏議，動至萬言，而善括所上諸劄簡明切要，其詩詞格意豪俊，與辛棄疾相近。
芸菴類稿	宋李洪撰、	六	八千卷樓有鈔本、	原本久佚，此從永樂大典錄出。其詩雖骨幹未堅，而神思清超，時露警秀，七言近體，尤風華可誦。
浪語集	宋薛季宣撰、	三五	路有鈔本、八千卷樓有澹生堂鈔本、四庫依鈔本、宋寶慶四年其姪孫旦撫州刊本、金陵局本、永嘉叢書本、	按季宣少師事袁漑，傳河南程氏之學，晚與朱晦菴等多所商榷，然朱子喜談心性，季宣則六經諸史天官地理兵農樂律鄉遂司馬之法，以至於隱書小說名物象數之細，靡不搜採研貫，故持論明晰，考古詳核，其七言詩亦極踔厲縱橫之致。

石湖詩集	宋范成大撰、	三四	清康熙戊辰顧氏秀野草堂刊本三十卷、乾隆中刊本、	是集不分體，亦不分立名目，惟編年爲次。其詩才不及楊萬里，而無萬里之粗豪，氣象廣博，不及陸游，而亦無游之窠臼。大抵規取蘇黃，變以婉峭，自爲一家。
誠齋集 附錄	宋楊萬里撰、	一三二 一	宋嘉定中刊本、清乾隆乙卯吉安刊本八十五卷不足、張金吾有朱竹垞藏舊抄本一百二十二卷、八千卷樓有鈔本二部、	是集爲其子長儒所編，一官一集，仿南齊王儉之例。其詩才思健拔，包孕宏富，惟沿江西末派，稍傷粗厲頹唐。
劍南詩稿	宋陸游撰、	八五	汲古閣本、宋嘉定十三年其子虡刊八十五卷本、黃蕘圃藏淳熙十四年刊殘本半頁十行行二十字、	是集爲其子虡所編，游留蜀十年，樂其風土，故題其平生所爲詩卷曰劍南詩稿。游詩法傳自曾幾，然清新刻露，而以圓潤出之，實能自闢一宗，不襲前人舊格。
渭南文集 逸稿	宋陸游撰、	五〇 二	明華氏活字本、汲古閣本、正德中汪氏刊渭南文集五十二卷、內有詩不全、黃蕘圃有宋刊渭南文集五十卷、	是集爲游所自定，游晚封渭南伯，故以名集。其文邊幅少狹，不及詩才之壯闊，而亦不失典型。逸稿二卷，則爲毛晉所編。

放翁詩選前集 後集 附別集	宋羅椅選、 宋劉辰翁撰、	一〇 八 一	元大德辛丑其孫愨刊本、明弘治中冉孝隆刊本、明刊十卷本、	是編前集爲羅椅所選，有圈點而無評，後集爲劉辰翁所選，間有評語，別集乃摭瀛奎律髓所錄游詩，以補二人所遺。
金陵百詠	宋曾極撰、	一	四庫依鈔本、道光間朱緒曾刊本、	是集皆詠建康故蹟之作，七言絕句，凡一百詩，詞旨悲壯，有磊落不羈之氣。
頤菴居士集	宋劉應時撰、	二	明刊本、知不足齋刊本、朱逃之有紅豆主人點校本、張金吾有舊鈔本、鮑刊缺一首、	是集前有陸游楊萬里序，各摘其佳句，以相推挹。其詩格律稍薄，去游與萬里尙遠，而視宋末江湖諸派，則居然雅首。
水心集	宋葉適撰、	二九	正統十三年黎諒刊本、方婺如選水心文鈔十卷、清乾隆乙亥溫州刊本、永嘉叢書本、張目有別集十六卷、瑞安孫氏有眞意軒舊鈔本刊於金陵、	原本不傳，此本乃明黎諒所編。適文章雄贍，才氣奔逸，碑版之作，尤簡質厚重。

南湖集	宋張鎡撰、	一〇	知不足齋本、	原本久佚，此從永樂大典錄出。其詩清新獨造，於蕭散之中時見雋永之趣。
南澗甲乙稿	宋韓元吉撰、	二二	聚珍板本、閩翻聚珍本、	原本久佚，此從永錄大典錄出。凡詩七卷，詞一卷，文十四卷。元吉久歷官階，晚年歸隱於南澗，因自號南澗翁，併以名集。
自鳴集	宋章甫撰、	六	八千卷樓有鈔本、	原本久佚，此從永樂大典錄出。其詩格律，雖稍近江湖一派，而骨力蒼秀，亦具有研鍛之功。末附雜說三篇，以禪家機鋒而論道德仁義之旨。
客亭類稿	宋楊冠卿撰、	一五	四庫依知不足齋藏刊本，(歸瑞安孫氏) 八千卷樓有鈔本、	原本殘闕，此從永樂大典補完。冠卿詩情清雋，四六尤流麗渾成。

石屏集	宋戴復古撰、	六	路有鈔本、明潘氏刊宋元名家詩集六卷、弘治中其裔孫鏞刊本十卷、板在南監、台州宋氏刊本、台州叢書本、抄本、羣賢小集內有石屏續集四卷、	其詩刻意精研，而自有清遠之致，姚鏞跋稱其天然不費斧鑿處，大似高三十五輩，方回跋其詩，亦稱其淸健輕快，自成一家。
蓮峯集	宋史堯弼撰、	一〇	路有鈔本、宋有其孫師道重刊本、莫邵亭有鈔本、八千卷樓有鈔本、	原本久佚，此從永樂大典錄出。其詩縱橫排宕，擺脫恆蹊，其論策諸篇博辨潤翻，亦有不可羈勒之氣。
江湖長翁文集	宋陳造撰、	四〇	明萬歷戊午刊本、崇禎李之藻與秦觀集合刊本、	按造以爲無補於世，置江湖乃宜，遂號江湖長翁，集中記序各體，鍾字鍊詞，稍傷眞氣，然皆謹嚴有法，說易一卷，多以史證經，與楊萬里易說李光讀易詳說相類。

燭湖集 附編	宋孫應時撰、	二〇 二	清嘉慶中刊本、	原本久佚，此從永樂大典錄出。惟經史說殘闕特甚，僅存一篇，其餘約十得八九。附錄二卷，一為其父介其兄應符應求詩一則，誌傳之屬也。
昌谷集	宋曹彥約撰、	二二	路有鈔本、莫郘亭有鈔本、八千卷樓有鈔本、	按昌谷為彥約所居巷名，因以名集。原本久佚，此從永樂大典錄出。集中奏劄，大都通達政體，惟儷詞韻語，稍傷質樸。
省齋集	宋廖行之撰、	一〇		原本久佚，此從永樂大典錄出。其文章大抵屏除藻繪，務以質樸為宗，故不免近於樸僿，至四六之作，則較他文為流麗。
南軒集	宋張栻撰、	四四	路有元刊本、宋淳熙甲辰刊本、明繆補之刊本、清康熙中錫山華氏刊本甚精、道光中蜀中刊本、	是集為朱熹所編，去取頗為精審。集中與朱子書，凡七十有三首，駁詰之語，一一具錄。

勉齋集	宋黃幹撰、	四〇	路有鈔本、振綺堂有鈔本、又有刊本、許氏有明人舊鈔本、汲古閣舊藏其裔孫若金手鈔本、清康熙中福建刊本、	是集講義經說三卷雜文三十六卷，詩一卷。其文大致質直無所彫飾，而詞意淳實，不失爲布帛菽粟之言。
北溪大全書 外集	宋陳淳撰、	五〇 一	路有元刊本、明弘治刊本、萬曆十三年刊本、宋淳祐戊辰薛季良刊本、元至正乙亥刊本、清乾隆中刊本、許氏有鈔本、外集五卷、	是集爲其子榘所編。其詩其文皆如語錄，然自南宋諸儒開此一派，文章亦遂有此一體。
山房集	宋南周撰、	九	八千卷樓有鈔本、	原本久佚，此從永樂大典錄出。南長於四六，以俊逸流麗見稱，制誥諸篇，尤得訓詞之體。
橘山四六	宋李廷忠撰、明孫雲翼箋註、	二〇	明萬曆中丹陽孫雲翼刊本、	是集向無刊版，自明孫雲翼箋釋後，始授梓行世。集中啟劄爲多，大抵候問酬謝之作，其文格稍卑，又傷繁冗，然組織工穩，其佳處要不可掩。

後樂集	宋衛涇撰、	二〇	路有鈔本、宋刊本七十卷、其子樵所編、紹定壬辰刊于泉州別本十卷入存目、八千卷樓有鈔本、	原本久佚，此從永樂大典錄出。所作大都和平溫雅，具有體裁，歸有光震川集，亦稱其文章議論，有裨當世。
竹齋詩集 附錄	宋裘萬頃撰、	三 一	清康熙己丑刊本、宋元名家集本六卷、乾隆中裘日修重刊本、八千卷樓有舊鈔本、	其詩雖風骨未高，而清婉有餘，品在劍南集之下，後村集之上。附錄一卷，係誥敕誌銘之類。
華亭百詠	宋許尙撰、	一	四庫依鈔本、	是編取華亭古蹟，每一事爲一絕句，題下各爲之註，大抵係感慨今昔之作，數首以後，語意不免重複。
梅山續稿	宋姜特立撰、	一七	四庫依休甯汪森家鈔本、振綺堂有鈔本、八千卷樓有鈔有附錄本、	正集已佚，所存惟此。其詩格意志超曠，往往自然流露，不事雕琢，極爲韓元吉陸游等所推重。

信天巢遺稿	宋高翥等撰、	一	清康熙中高士奇刊鈔、羣賢小集本有二卷八千卷樓有鈔本二部、	原本久佚，此乃其裔孫士奇所重編，共得詩一百八十九首後附林湖遺稿爲其姪鵬飛之詩，江村遺稿爲其父選叔遒等之詩，疎寮小集乃高似孫詩也。
附林湖遺稿		一		
江村遺稿		一		
疎寮小集		一		
性善堂稿	宋度正撰、	一五	路有鈔本、莫邵亭有鈔本、	原本久佚，此從永樂大典錄出。正雖爲講學之家，不僅爲性命空談，頗多經世之文，詩品雖不甚高而詞意暢達，頗與朱子格律相近。
漫堂文集	宋劉宰撰、	三六	宋嘉熙四年衡山趙葵刊本、漫堂劉先生集二十二卷、天祿書目有宋刊本二十二卷、明正德中王臬刊本、	是集爲王遂編，其文章淳古質直；不事藻飾，而自然暢達，其漫塘一賦，尤爲世所傳誦。
克齋集	宋陳文蔚撰、	一七	明初刊本、清乾隆中刊本、八千卷樓有鈔本、	其詩不入格，文則持論皆醇正。所記朱子語錄，己見池錄第四者亦編入集中。

芳蘭軒集	宋徐照撰、	一	羣賢小集本、合此下三種作四靈集、明潘氏刊宋元名家詩集本四卷、汲古閣目有殘宋本、瑞安孫氏有影宋永嘉四靈詩合刻、何義門跋云從殘宋本鈔出卽毛本也、	按照字靈暉，永嘉人與徐璣翁卷趙師秀，號曰永嘉四靈。照居其首。其詩源出武功，取境太狹，然清瘦不俗，故亦能自成邱壑。
二薇亭詩	宋徐璣撰、	一	羣賢小集本、潘氏刊本四卷、	按璣字靈淵，爲永嘉四靈之二。其才分與徐照相近，故詩與照如出一手。
西巖集	宋翁卷撰、	一	羣賢小集本、潘氏刊本四卷、	按卷號靈舒，爲永嘉四靈之三。葉適序其詩，稱其自吐性情，靡所依傍，劉克莊後村集，亦有贈卷詩云：非止擅唐風，尤於選體工，有時千載事，祇在一聯中，其推挹可以想見。
清苑齋集	宋趙師秀撰、	一	羣賢小集本、潘氏刊本四卷、	按師秀號靈秀，爲永嘉四靈之四，其詩亦學晚唐，大抵多得於武功一派，專以鍊句鍊字爲工，而兼主於野逸清瘦，以矯江西之失。

瓜廬詩	宋薛師石撰、	一	許氏有汲古閣仿宋精鈔本、羣賢小集本、八千卷樓有影宋鈔本、	其詩大致與四靈相類，而襟度夷曠，不似四靈之雕鏤。
洛水集	宋程珌撰、	三〇	明嘉靖刊本二十七卷、崇禎戊辰程氏重刊本三十卷、崇禎己巳裔孫至遠刊本、明刊有附錄本、	原本六十卷，今佚其半。詩詞皆不甚工，奏議則利害得失指畫井然。
龍川文集	宋陳亮撰、	三〇	明閩中史朝富刊本、崇禎癸酉台州刊本、明刊本、明龍川書院刊本、清同治八年永康應氏刊本、金華叢書本、粵東活字本、	是集所載，大抵議論之文爲多，其才辨縱橫，不可控勒，殆有開拓萬古之心胸，推倒一時之豪傑之概。
龍洲集	宋劉過撰、	一四	清乾隆中刊本、羣賢小集本、詩一卷、函海本十卷、宋端平元年弟澥刊本、張金吾有舊鈔本、附錄僅一卷、明刊瑞安孫氏有鈔本、八千卷樓舊鈔十二卷本、	按過亦陳亮之流，其詩文多粗率，不甚協於雅音，特以跌宕縱橫，才氣坌溢，要非齷齪者所及。
附錄		二		

鶴山集	宋魏了翁撰、	一〇九	明嘉靖辛亥吳鳳王葵邛州官舍刊本、明錫山安氏活字本、黃丕烈有宋本一百十卷中缺十二卷、又有宋淳祐中刊本、	了翁著作甚富，本各自爲集，此本乃後人裒合諸本共次爲一編，其三十五卷下題渠陽集，三十七卷下題朝京集，九十卷下題自菴類稿，猶仍其舊名也。
西山文集	宋眞德秀撰、	五五	宋板十行行十八字、明閩刊本五十一卷、浦城遺書本、四庫依明萬歷中金學曾本、又萬歷刊本、清康熙中刊本、又明嘉靖中黃鞏等校刊於閩尾有缺文非足本也、	按德秀生朱子之鄉，雖力崇朱子之緒論，然間雜釋老二家之言。
方泉集	宋周文璞撰、	四	羣賢小集本三卷、許氏有鈔本三卷、八千卷樓有鈔本三卷、	其詩長篇多病頹唐，古體短章近體小詩，可肩隨於白石澗泉諸集。
東山詩選	宋葛紹體撰、	二	八千卷樓有鈔本、	原本久佚，此從永樂大典錄出。按紹體嘗師事永嘉，故其詩頗近四靈。

白石詩集 附詩說	宋姜夔撰、	二二	羣賢小集本、清康熙中刊本、乾隆二十四年摩烏山房刊本、知不齋單刊本、道光中姜氏祠堂本、許氏刊本、洪氏刊本、粵東刊本、	是書自序，主於擺落一切，冥心獨造，故其詩運思精密，風格高秀。詩說二十七條，大抵皆造微之論。
野谷詩稿	宋趙汝鐩撰、	六	羣賢小集本、振綺堂有鈔本、許氏有鈔本、八千卷樓有晉江黄氏鈔本、又有抄本、	汝鐩爲四靈一派，其詩工於五言近體。
平齋文集	宋洪咨夔撰、	三二	路有鈔本、振綺堂有鈔本、又有吳石倉增輯一卷、涇洪氏刊本、晦木齋刊本、莫郘亭有鈔本、	是集經筵進講及制誥之文居多，詩歌雜著十之三。
蒙齋集	宋袁甫撰、	一八	聚珍板本二十卷、許氏有盧校本、閩刊本、	原本久佚，此從永樂大典錄出。集中劄子之類所存尚多，猶可窺見其骨鯁之概，其他詩文亦多切近事理，不爲雕繪之詞。

康範詩集　附錄	宋汪晫撰、	一　三	舊本合汪夢斗北遊集、名曰西園遺稿、八千卷樓有鈔本、	是集凡詩詞七十首，附錄三卷，一爲進曾子子思子表及褒贈指揮，一爲行狀銘誄之類，一爲酬唱題贈之作。
清獻集	宋杜範撰、	二〇	明嘉靖二十六年刊本、陸心源有明刊本、振綺堂有鈔本、許氏有鈔本、清同治庚午吳縣孫氏刊本抄本、	是集凡詩四卷，文四卷，奏稿十卷，書札一卷，附行狀之屬爲一卷。其中奏稿大都耿直敢言，詩文亦略具體格。
鶴林集	宋吳泳撰、	四〇	莫郘亭有鈔本、八千卷樓有鈔本、張氏適園有舊鈔本、	原本久佚，此從永樂大典錄出。集中章疏表奏，明辨駿發，頗有眉山蘇氏之風。
東澗集	宋許應龍撰、	一四	莫郘亭有鈔本、八千卷樓有鈔本、	原本久佚，此從永樂大典錄出。集中制誥一類最多，大抵典贍嚴重，其他詩文舂容和雅，無冗碎之習。

方是閒居士小稿	宋劉學箕撰、	二	四庫依影元至正辛丑刊抄本、宋嘉定中刊本元至正辛丑從元孫張重刊本、張金吾有舊抄本、振綺堂有抄本、八千卷樓有舊抄本、	是集上卷爲詩，下卷爲雜文及詞。劉淮序其集，以其詩擬白居易，以其詞擬辛棄疾。
翠微南征錄	宋華岳撰、	一一	路有鈔本、有刊本作十卷、振綺堂有抄本十一卷、孫仲容有蕭山汪氏舊抄校本、張金吾有汲古閣抄本、	按翠微爲岳之別號，南征者，岳以韓侂冑蘇師旦流竄建寧，集皆是時所作。第一卷即劾侂冑疏，後十卷皆其詩也。
浣川集	宋戴栩撰、	一〇	路有鈔本、孫仲容有鈔本、莫郘亭有鈔本、八千卷樓有抄本、	原本久佚，此從永樂大典錄出。栩爲葉適弟子，其文詰肖其師，其詩則體近四靈，頗有雕琢之功。

漁墅類稿	宋陳元晉撰、	一八		原本久佚，此從永樂大典錄出。集中劄啟，多指陳時弊之作，書札多憤世疾俗之言。
滄洲塵缶編	宋程公許撰、	一四	路有鈔本、莫郘亭有鈔本、八千卷樓有抄本、又有依閣鈔本、許辛楣有元至大刊本十六卷半頁十行行二十三字、	原本久佚，此從永樂大典錄出。詩文皆不甚鍛鍊，大抵直抒胸臆，暢所欲言。
安晚堂詩集	宋鄭清之撰、	七	四庫依鈔本、振綺堂有鈔本七卷補一卷吳允嘉所輯、八千卷樓有影宋鈔本、又鈔六卷本、	是集僅存原目十之一，皆爲各體詩，大都直抒性情，於白居易爲近，而間參以禪語。
四六標準	宋李劉撰、明孫雲翼箋註、	四〇	天祿後目有元刊無注本、稱梅亭先生四六標準、明刊本、明萬歷丁酉新安黃氏刊本、清乾隆四十二年陳氏刊本、振綺堂有舊鈔本、不箸撰人名氏、	是集爲其門人羅逢吉所編，凡分七十一目，共一千九十六首，大抵以流麗穩貼爲宗，隸事亦頗親切。雲翼箋註則甚蕪雜。

篔窗集	宋陳耆卿撰、	一〇	路有鈔本孫仲容有抄本、莫郘亭有鈔本、八千卷樓有鈔本、葉氏活字板本、	原本久佚，此從永樂大典錄出。耆卿爲葉適弟子，其文馳驟縱橫而終歸法度，亦與適同。
友林乙稿	宋史彌寧撰、	一	宋板八行行十六字、仿宋刊本、振綺堂有鈔本、張金吾有舊鈔本、八千卷樓有影宋鈔本、	其詩命意遣詞，務取鮮新，往往傷於纖仄，然一花一草，時亦點綴映媚。
雲泉詩集	宋釋永頤撰、	一	羣賢小集本、武林往哲遺箸本、刊本、	其詩才地稍弱，醞釀未深，而氣韻終不俗。
方壺存稿	宋汪莘撰、	八	宋咸淳元年刊於新安、明萬歷二年續校刊本九卷、清雍正中刊本四卷、振綺堂有鈔本、許氏有鈔本九卷、	是集凡雜文一卷，賦及詩共六卷，詩餘一卷，其文皆排宕有奇氣，詩與盧仝蹊徑相似，詞則稍涉麤豪。

鐵菴集	宋方大琮撰、	三七	路有鈔本二十六卷、明正德中刊本四十五卷、張金吾有舊鈔三十六卷、	其文格稍涉平衍，集中奏疏，多疏通暢達，切中時弊。
壺山四六	不著撰人名氏、	一	四庫依鈔本、明刊本、振綺堂有鈔本、四家四六本、八千卷樓有依閣鈔本、	按南宋中葉，號壺山者凡四人，以集中有除福建漕司一文考之，似當爲方大琮作，蓋大琮曾任閩漕也。
默齋遺稿	宋游九言撰、	二	四庫依鈔本、振綺堂有鈔本、刊本、八千卷樓有小山堂鈔本、	是集凡詩一卷，文一卷，其詩格不甚高，而時有晚唐秀致，不涉於生硬杈枒。
履齋遺集	宋吳潛撰、	四	有刊本與吳莊敏退菴集二卷合稱袞繡堂遺集、羣賢小集本、八千卷樓有鈔本、	原集久佚，此本爲明末梅鼎祚所編，凡詩一卷，雜文二卷，詩頗平衍，詞則激昂悽動，兼而有之。

臞軒集	宋王邁撰、	一六	路有鈔本、莫郘亭有鈔本，八千卷樓有鈔本、又臞軒四六二卷、入存目、	原本久佚，此從永樂大典錄出。其奏疏多危言正論，詩文亦皆俊偉光明。
東野農歌集	宋戴昺撰、	五	四庫依鈔本、宋元名家詩集本、八千卷樓有鈔本、	按昺爲戴復古之從孫，是集或附刊石屏集末。昺詩格雖不甚高，而皆清婉可誦，頗具石屏家法。
敝帚稿略	宋包恢撰、	八	四庫從永樂大典錄出、八千卷樓有鈔本、	原本久佚，此從永樂大典錄出，其文章大都疏通暢達，沛然有餘，奏劄諸篇亦剴切詳明，得敷奏之體。
清正存稿	宋徐鹿卿撰、	六	明萬歷甲寅刊本、題徐清正公集、四庫依小山堂鈔本、	集中奏劄，大抵眞摯懇切，深中當時積弊。
附錄		一		

寒松閣集	宋詹初撰、	三	明嘉靖戊午刊本、	是集宋志及諸家書目皆不著錄，至明嘉靖時，始爲刊行，其出最晚，眞僞殆不可知。綜其所學，大抵介於朱陸之間，似明代調停之說。
滄浪集	宋嚴羽撰、	二	明正德中淮陽胡汝器利本、宋元名家集本六卷、正德丁丑李堅刊三卷、胡心耘有元刊滄浪集三卷、明刊四卷本、八千卷樓有精鈔本、適園叢書本三卷、題作滄浪先生吟卷多詩三首、	羽論詩以悟妙爲上乘，故其詩純任性靈，掃除美刺，清音獨遠，切響遂稀。
冷然齋集	宋蘇泂撰、	八	張金吾本、亦依閣本抄而附補遺附錄、八千卷樓有星鳳閣抄本、	原本久佚，此從永樂大典錄出。其詩鑱刻淬鍊，自出清新，在江湖詩派之中可謂卓然特出。

可齋雜稿 續稿 續稿後	宋李曾伯撰、	三四 八 一二	張金吾抄本、宋寶祐甲寅刊本、咸淳庚午刊巾箱本、影宋本、	是集奏疏表狀之文爲多，大抵深明時務，究悉物情，詩詞才氣縱橫，多不入格。
後村集	宋劉克莊撰	五〇	四庫依鈔本、清康熙五十九年姚培謙刊本十六卷、附二卷、拜經樓有舊抄本五十卷、天一閣有後村集足本一百九十六卷、張金吾本、即依之影寫者、	其詩品稍近頹唐，然清新可喜，文體雅潔，較詩爲勝。
澗泉集	宋韓淲撰、	二〇	莫郘亭有鈔本、路小淵有鈔本、	原本久佚，此從永樂大典錄出。淲制行清潔，一意以吟咏爲事，意境終爲不凡，在當時與趙蕃齊名，並稱曰二泉，蓋淲號澗泉，蕃號章泉也。

矩山存稿	宋徐經孫撰、	五	四庫依鈔本、明萬歷刊本、題徐文惠公集、八千卷樓鈔有附錄本、	其文章直抒胸臆，不復以研鍊爲長，然理明辭達，亦殊有汪洋浩瀚之致，詩筆俚淺，實非所長。
雪窗集 附錄	宋孫夢觀撰、	二 一	明嘉靖中裔孫應奎刊本、振綺堂有鈔本一卷、八千卷樓有鈔本、	是集上卷爲奏議，下卷爲故事、即徵引古書於前，附議論於後，更番進御，因事納規，蓋爲當時一種體制也。
庸齋集	宋趙汝騰撰、	六		原本久佚，此從永樂大典錄出。其學宗朱子，爲當時講學之家。宋史本傳，稱其守正不撓，極論姦諛興利之臣，殘損國脈，今兩劄俱在集中，可以見其風節。
文溪存稿	宋李昴英撰、	二〇	明成化刊本、嘉靖中刊本、題李文溪集、清乾隆癸酉刊、振綺堂有鈔本、康熙戊申刊本、元至元中李春叟刊本、明刊本、粵十三家集本、	是集爲元至元間其門人李春叟所輯，其文質實簡勁，詩間用俚語，不離宋格，而骨力遒健，亦非靡靡之音。

書名	撰者	卷數	版本	提要
彝齋文編	宋趙孟堅撰、	四	路有鈔本、八千卷樓有知不足齋抄本、又抄本、莫郘亭有抄本、	孟堅襟度清高，其文章隨意吐屬，獨無俗韻，其蹤跡大抵似米芾。
張氏拙軒集	宋張侃撰、	六		原本久佚，此從永樂大典錄出。其詩意境閒澹，無奇闢之語，亦無噍殺之音。
靈巖集	宋唐士恥撰、	一〇	明刊本、八千卷樓有鈔本、	原本久佚，此從永樂大典錄出。集中表檄箴銘贊頌諸體，盡爲擬作，大抵典麗溫雅，具有體裁。
玉楮集	宋岳珂撰、	八	路有鈔本、四庫依安邱張氏鈔本、明岳元聲刊本、明刊玉楮本八卷、振綺堂有石倉吳氏抄本、於刊本外採他書增補、張金吾有舊抄本、後有肅之記云、計百另七版、	是集題曰玉楮者，蓋取列子刻玉爲楮葉三年而成之意。其詩少蘊藉，而磊落軒爽，尙不失氣格。

楳埜集	宋徐元杰撰、	一二	宋景定二年其子直諒刊本、乾坤正氣集本、八千卷樓有鈔本、	原本久佚，此從永樂大典錄出。集中奏議，皆有剛直之氣，惟過泥古義，稍涉拘迂，詩亦朴僿、蓋沿文章正宗之派也。
恥堂存稿	宋高斯得撰、	八	聚珍板本、閩覆聚珍本、	原本久佚，此從永樂大典錄出。集中奏疏，於宋末廢弛欺蔽之象，痛切敷陳，忠憤之詞，溢於言表。其詩間傷率易，而感懷書事，亦多白氏諷諭之遺。
秋崖集	宋方岳撰、	四〇	明嘉靖乙酉刊本八十三卷、文四十三卷、宋寶祐五年刊本、繡谷亭書錄云、宋時開化建陽臨安俱有刻本、又竹溪書院本、耐軒本、後並散失、活字本、	其集有二本，詳略互見，此本刪除重複，合為一編。其文以駢體為工，可與劉克莊相為伯仲。

書名	撰者	卷數	版本	評語
芸隱橫舟稿	宋施樞撰、	一	羣賢小集本、八千卷樓有影宋鈔本、	其詩不出江湖派，而大致尙爲淸婉，未致於冗沓瑣碎。
芸隱勸遊稿		一		
蒙川遺稿	宋劉黼撰、	四	四庫依鈔本、振綺堂有鈔本、題劉黻撰、乾坤正氣集本、永嘉叢書本、孫氏刊本、刊本、	其詩格律未純，然淳古淡泊，多規仿陳子昂體。
菊山淸雋集	宋鄭震撰、	一	知不足齋本、	是集爲元仇遠所選錄，不愧淸雋之目。題畫詩、錦錢集及雜文皆其子思肖撰，思肖詩惟意所云，多如禪偈。
附題畫詩	宋鄭思肖撰、	一		
錦錢集		一		
雜文		一		
雪磯叢稿	宋樂雷發撰、	五	羣賢小集本、	其詩風骨頗遒，調亦瀏亮，實勝於江湖一派。

北磵集	宋釋居簡撰、	一〇	四庫依知不足齋鈔本、振綺堂有鈔本九卷、有宋刊本、八千卷樓有抄本、	是集詩文兼有，大抵不掇拾宗門語錄，格意特爲淸拔。
西塍集	宋宋伯仁撰、	一	羣賢小集本、雪巖吟草、明潘氏刊宋元名家集三卷、題宋器之集、	其詩思淸而才弱，有流麗之處，亦有淺易之處。
梅屋集	宋許棐撰、	五	百川學海本一卷、羣賢小集本、嵇生沐有汲古閣影宋鈔本、連詩餘一卷、	是集首爲梅屋詩稿，次融春小綴，次爲第三稿，次爲第四稿，末一卷爲雜著。其詩沾染江湖末派，大抵以趙紫芝等爲矩矱。
孝詩	宋林同撰、	一	學海類編本、羣賢小集本、查初白有依千頃堂鈔本、手錄本、八千卷樓有舊抄本、及抄本二部、	是編取古來孝子，分類題咏，各爲五言絕句。

字溪集	宋陽枋撰、	一二	四庫依永樂大典本、八千卷樓有鈔本、	原本久佚，此從永樂大典錄出。集中書簡大都講學之語，頗近篤實，不涉玄虛。
附錄		一		
勿齋集	宋楊至質撰、	二	振綺堂有鈔本、此道士之作皆駢文、八千卷樓有鈔本、	是集皆四六書啟，其文邊幅稍狹，而吐屬雅潔，猶有樊南甲乙集之遺。
巽齋文集	宋歐陽守道撰、	二七	路有鈔本、莫郘亭有鈔本、	是編分爲甲乙丙丁戊五集。守道講學多由心得，故文章亦皆醇實。
雪坡文集	宋姚勉撰、	五〇	路有鈔本、莫郘亭有鈔本、八千卷樓有仿宋鈔本、	是集凡奏對殿策七卷，講義二卷，賦一卷，詩十一卷，雜文二十九卷，其文淹雅可觀，其詩法得之樂雷發，少變而抗厲。

文山集	宋文天祥撰、	二一	明鍾氏刊本十八卷、明嘉靖三十九年刊本二十卷、清康熙十二年吉水曾弘重刊本二十卷、甚劣、雍正三年文氏刊本、嘉靖庚申張元裕重編本十六卷、崇禎刊本不全、道光乙巳裔孫文桂刊已燬、	是集凡詩文十七卷，指南錄一卷，後錄二卷，紀年錄一卷，天祥著作皆極雄瞻，如長江大河，浩瀚無際，集中對策及上理宗諸書，持論剴直，尤不愧肝膽如鐵石之目。
文信公集杜詩	宋文天祥撰、	四	文氏刊本一名文山詩史、明鄒氏刊本、宋三大臣彙志本、明成化刊本、	是編凡五言絕句二百篇，皆集杜句爲之，每篇之首悉有標目次第，題下則敍次時事。
疊山集	宋謝枋得撰、	五	明景泰刊本十六卷、嘉靖刊本二卷、萬歷中刊六卷本、清康熙中譚瑄刊本五卷、道光己酉江西刊本、附詩說、乾坤正氣集本、明刊有附錄本、(即江西本)	原集六十卷，歲久散佚。此本爲清康熙時譚瑄所重訂，其文章博大昌明，具有法度，原本有蔡氏宗譜一首及青詞十餘篇，以其爲僞托，皆刊削不載。

本堂集	宋陳著撰	九四	路有鈔本、四庫依鈔本、莫邵亭有鈔本、八千卷樓有鈔有附錄本、刊本、	是集凡詩三十四卷，詞五卷，雜文五十五卷。其詩多沿擊壤集派，文亦頗雜語錄之體。
汶陽端平詩雋	宋周弼撰	四	四庫依影宋鈔本、羣賢小集本、振綺堂有仿宋鈔本、八千卷樓有鈔本、	按弼有端平集十二卷，李龏選錄其尤爲茲編，故名端平詩雋。
鬳齋續集	宋林希逸撰	三〇	路有鈔本、宋咸淳庚午刊本、又前集六十卷已佚、莫邵亭有鈔本、八千卷樓有舊鈔本、	是集一曰竹溪十一稿，其詩多作禪語，其文在南宋末年，尚不失軌度。
魯齋集	宋王柏撰	二〇	明正統八年、其六世孫迪刊本十二卷、崇禎壬申刊魯齋遺集十二卷、振綺堂有鈔本十二卷、題王文憲公集、馮氏刊本、金華叢書本、	其詩文皆刻意收斂，務使比附於理，而強就繩尺，時露有心牽綴之迹。

潛山集	宋釋文珦撰、	一二		原本久佚，此從永樂大典錄出。集中多山林閒適之作，兼有白氏諷諭之體。
須溪集	宋劉辰翁撰、	一〇	明嘉靖中初刻、天啟中重刻、原集百卷、有刊本不全名須溪記鈔八卷入四庫存目、八千卷樓有鈔本、	原本久佚，此從永樂大典錄出。其詩文大抵意取標新，多傷纖詭，然宋季文體冗濫，辰翁能力灘陳因，要能毅然自立。
須溪四景詩	宋劉辰翁撰、	四	有刊本、八千卷樓有抄本、	是編皆五言長律，各以四時寫景之句命題，即宋人所謂省題詩也。
葦航漫遊稿	宋胡仲弓撰、	四	原本殘缺、四庫從永樂大典校補、莫郘亭依閣抄本、八千卷樓有抄本、	其詩蓋沿江湖末派，故多衰颯之首。

蘭皐集	宋吳錫疇撰、	三	四庫依知不足齋鈔本、振綺堂有鈔本、孝慈堂目有刊本、八千卷樓有舊鈔二卷本、又有小山堂抄二卷本、	其詩刻意清新，不免偶涉纖巧，然比諸宋季潦倒率易之作，尙能別開生面。
雲泉詩	宋薛嵎撰、	一	羣賢小集本、振綺堂有鈔本、八千卷樓有鈔本、	其詩出入四靈之間，不免局於門戶。
嘉禾百詠	宋張堯同撰、	一	學海類編本、	是編皆以五言絕句咏嘉興山川古蹟。每首之後皆有附考。
柳塘外集	宋釋道璨撰、	四	清康熙甲寅釋大雷刊本、拜經樓吳氏有舊鈔本二卷、振綺堂有鈔本二卷、雍正刊本、八千卷樓有醉經樓抄本又有舊鈔本二卷、	道璨詩才稍弱，而善用其短，小詩頗楚楚可觀。

碧梧玩芳集	宋馬廷鸞撰、	二四	路有鈔本、莫郘亭有鈔本、八千卷樓有鈔配本、	按廷鸞有碧梧精舍，又自號玩芳病叟，因以名集。其詩文皆雅贍秀潤，而駢體之文更爲工緻。
四明文獻集	宋王應麟撰、	五	路有鈔本、清道光九年淩儀葉熊輯刊本、許氏有鈔本、多補遺一卷、續補遺一卷、刊本、	是集爲四明文獻之一種，通一百七十餘篇，制誥居十之七，大都典雅溫麗，有承平館閣之遺。
覆瓿集	宋趙必瑑撰、	六	四庫依鈔本、振綺堂有鈔本五卷、又名曉秋集、粵十三家集四卷本、	是集凡詩二卷，詞一卷，雜文二卷，附錄一卷。諸體之內當以詩爲專門，雖風俗不高，而頗饒韻調。
閬風集	宋舒岳祥撰、	一二	八千卷樓有鈔本、	原本久佚，此從永樂大典錄出。詩文皆稱心而出，不自雕鐫，自有不衫不履之致。

北游集	宋汪夢斗撰、	一		是集乃其紀行之作，故以北遊爲名。
秋堂集	宋柴望撰、	三	許氏有鈔本一冊、不分卷、八千卷樓有鈔本、	其詩格稍近晚唐，未爲高邁，而黍離麥秀，頗爲悽切。
蛟峯文集	宋方逢辰撰、	八	明天順刊本、嘉靖刊本、振綺堂有鈔本七卷、附山房集一卷、又有景泰中刊本卷數同、清初刊八卷本、	是集前七卷，爲逢辰詩文，大抵案牘簡扎之文爲多，末一卷爲其弟逢振所作。
外集		四	光緒中刊本不足、	外集四卷。乃逢辰歷官誥敕及酬贈詩文之類。
秋聲集	宋衞宗武撰、	六	路有鈔本、莫郘亭有鈔本、八千卷樓有鈔本、	原本久佚，此從永樂大典錄出。其詩根柢雖不甚深，然氣韻沖澹，有蕭散自如之致。

牟氏陵陽集	宋牟巘撰、	二四	路有鈔本、振綺堂有鈔本、曝書亭舊鈔本、張金吾有鈔本、八千卷樓有依閣鈔本、又舊鈔本、	是集凡詩六卷，雜文十八卷。其詩有東坡山谷遺韻，雜文亦典實詳雅。
湖山類稿	宋汪元量撰、	五	知不足齋刊本、八千卷樓有小山堂繡谷亭合鈔本八千卷樓刊紅印本、	其詩多哀思悽切之作，而記臨安破後事蹟最詳，故李鶴田跋稱爲宋亡之詩史。
水雲集		一		
晞髮集	宋謝翱撰、	一〇	明宏治刊本、隆慶刊本、浦城遺書本、知不足齋本、俱不全、萬歷中歙張氏重刊本、清康熙中平湖陸大業刊本全、歙程煦刊本、	其詩文皆奇氣兀傲，一掃宋季之庸音。天地閒集一卷，爲翱所錄宋遺老詩，西臺慟哭記、冬青引二篇皆明張丁所註，故亦附於集末。
晞髮遺集		二		
遺集補		一		
附天地閒集		一		
西臺慟哭記註		一		
冬青引註		一		

潛齋文集 附鐵牛翁遺稿	宋何夢桂撰、	一一 一	明成化刊本、又明刊本、清康熙中刊本、	其詩格在長慶集擊壤集之間，殊不擅長文。頗援引證佐，有博辨自喜之意。末附鐵牛翁詩，乃其族孫景福作，語頗奇偉，氣格在夢桂上。
梅巖文集	宋胡次焱撰、	一〇	明嘉靖刊本、明刊本、八千卷樓有鈔本、	其詩文在宋元作者中，尚未能自闢門徑，然比諸江湖諸人，亦無多讓。
四如集	宋黃仲元撰、	五	明嘉靖刊本、振綺堂有鈔本、莫郘亭有元刊六卷本、至治癸亥曹惠跋、惜已缺末二卷、八千卷樓有鈔本、	仲元爲篤實之講學家，其文不事馳騁，而有端厚樸直之氣。
林霽山集	宋林景熙撰、	五	明天順刊本、嘉靖辛卯馮彬刊本十卷、嘉靖戊子遼藩刊本、清康熙癸酉汪士鋐刊本、知不足齋本、	是集凡詩三卷，附以元章祖程註，尚爲舊本，文集二卷，係後人掇拾而成。其詩文風骨高秀，爲宋末之錚錚。

勿軒集	宋熊禾撰、	八	明天順癸未刊本、成化二年刊本、正誼堂全書本不全、振綺堂有鈔本、許氏有明刊本、張金吾有淡生堂鈔本、八千卷樓有明鈔有附錄本、	是集凡易學圖傳二卷，春秋通義一卷，四書標題一卷，詩文三卷，補遺一卷，爲明天順中舊刊，猶爲完帙。
古梅吟稿	宋吳龍翰撰、	六	振綺堂有鈔本、許氏有鈔本、八千卷樓有鈔本、	其詩法得於劉克莊，故刻意清新，亦與克莊相似。
佩韋齋文集	宋俞德鄰撰、	一六	路有鈔本、拜經樓吳氏有鈔本、與輯聞四卷合裝、振綺堂有鈔本二十卷、許氏有精鈔本二十卷、吳尺鳧二跋、莫郘亭有鈔本、八千卷樓有鈔本、又舊鈔本、	其詩恬澹夷猶，自然深遠，文亦簡潔有清氣。

廬山集	宋董嗣杲撰、	五	八千卷樓有鈔本、	原本久佚，此從永樂大典錄出。其詩亦沿江湖派，然吐屬新穎，無鄙俚瑣碎之態。
英溪集		一		
西湖百詠	宋董嗣杲撰、	二	明天順刊本、嘉靖丁酉周藩刊本、掌故叢編本、	是編每題爲七言律詩一篇，題下分註始末甚悉，大都爲宋末軼聞，末附明陳贄和韻，亦足肩隨。
則堂集	宋家鉉翁撰、	六	路有鈔本、莫郘亭有鈔本、八千卷樓有鈔本、	原本久佚，此從永樂大典錄出。其學源出陸九淵，故以三教歸一立論，詩文皆詞意眞朴，文不掩質。
富山遺稿	宋方夔撰、	一〇	有刊本、八千卷樓鈔本、	按夔爲何夢桂弟子，其詩過其師遠甚，大抵情致纏緜，機趣活潑，五言氣勢蒼莽，尤勝於七言。

眞山民集	宋眞山民撰、	一	明潘氏刊宋元名家詩集本四卷、浦城遺書本日本文化九年翻刊、元大德本八千卷樓依閣鈔本、	其詩格出於晚唐，長短互見，要爲宋末之翹楚。
百正集	宋連文鳳撰、	三	知不足齋本、	原本久佚，此從永樂大典錄出。其詩皆流麗清切，自抒性靈，在宋末諸人之上。
月洞吟	宋王鎡撰、	一	明嘉靖刊本、刊二卷本、	其詩七言絕句，多近小詞，五言律詩，往往有九僧遺韻。
伯牙琴	宋鄧牧撰、	一	知不足齋本、許氏有嘉靖中董子行手鈔本刊本、	按牧爲宋遺老，是編以古初荒遠之論，世外曠放之談，自釋其侘傺，大旨咎宋之君臣湖山歌舞，紀綱叢脞，以至於亡，而始終不欲顯言也。

存雅堂遺稿	宋方鳳撰、	五〇	清順治甲午到本十三卷、愼德堂活字本、	其詩文皆嶔奇磊落，不爲凡近之語，然意象方圓自有法度。
吾汶稿	宋王炎午撰、	一〇	路有鈔本、明正德刊本、萬歷刊本、振綺堂有鈔本、許氏有鈔本、八千卷樓有鈔本、丁禹生有舊鈔本、	按炎午爲宋遺民，入元後，終身不出，因所居有汶源里名其稿曰吾汶，以示不仕異代之義。其集晚出，後人多所竄入，故不免珠礫淆混。
在軒集	宋黃公紹撰、	一	振綺堂有鈔本、八千卷樓有鈔本、	按公紹嘗取胡安國心要在腔子裏語，名所居曰在軒，因以名集。此本係掇拾散佚，僅有詞二十八首，文三十九篇，大半爲佛氏疏榜之語。
紫巖詩選	宋于石撰、	三	有刊本、八千卷樓有鈔本、又鈔有附錄本、	是編凡詩二百首，感時傷心之作，多哀厲之音，惟失之太盡，游覽閒適之作，有清迴之致，惟失之稍薄，然在江湖派中，固鳥中之鳳凰也。

九華詩集	宋陳巖撰、	一	四庫依知不足齋鈔本、振綺堂有鈔本、八千卷樓有鈔本、	是編凡七言絕句二百十首，皆詠九華山川古蹟物產，其詩多意境蕭灑，有高人逸士風格。
寧極齋稿	宋陳深撰、	一	四庫依鈔本、振綺堂有鈔本、孫仲容有鈔本、八千卷樓有鈔本、	按植為深子，父子之詩，皆舂容閒雅，不失古風，核其體裁，殆如出自一手。
附慎獨叟遺稿	宋陳植撰、	一		
仁山集	宋金履祥撰、	六	明正德戊辰刊本、萬歷己亥重刊本三卷、清雍正乙巳金洪勳刊本、精振綺堂有仿宋鈔本四卷、金華叢書本、率祖堂五卷本、	其詩皆擊壤集派，頗不入格，其文持論頗有根柢，與空談性命者不同。
自堂存稿	宋陳杰撰、	四	八千卷樓有閣退本、	原本久佚，此從永樂大典錄出。其詩源出江西，而丰姿峭拔，出入於劍南石湖之間。
心泉學詩稿	蒲壽宬撰、	六	四庫從永樂大典本、	是集從永樂大典錄出。其詩恬澹閒遠，在宋元之際，猶不失為雅音。

書名	著者	卷數	版本	本書旨
拙軒集	金王寂撰、	六	聚珍板本、許氏有盧校本、杭縮本、閩覆本、	原本久佚，此從永樂大典錄出。寂詩境清刻鑱露，有戛戛獨造之風，古文亦博大疏暢，不愧爲一作者。
滏水集	金趙秉文撰、	二〇	路有鈔本、振綺堂有鈔本、許氏有鈔本、東湖叢記有曹倦圃鈔本、胡心耘有何義門校鈔本、	原大三十卷，前二十卷爲內集，後十卷爲外集，今所存者爲內集二十卷。秉文才高學博，於儒釋老三家學理，均有著作，惜散佚不全，未能窺其全豹耳。
滹南遺老集	金王若虛撰、	四五	路有鈔本、振綺堂有鈔本、許氏有鈔本、元至元中王時舉刻於盧陵興賢書院、大德三年又刊換脫漏差錯字四百餘、又令本紀年屠維作噩已酉者、乃以先生手書四帙付刊、	是集辨證經史諸書者凡三十三卷，文辨四卷，詩源三卷，詩文五卷。若虛學具根柢，在金元之間實無出其右者，其文主直達，不尚劖削鍛鍊。

莊靖集	金李俊民撰、	一〇	路有鈔本、振綺堂有鈔本、明正德刊本、	是集凡詩七卷，文三卷，其詩多侘傺幽憂，寄懷深遠，文格沖淡和平，且有高致。
遺山集	金元好問撰、	四〇	明弘治刊本、清康熙庚寅華氏刊本、汲古閣刊詩集二十卷、又乾隆戊戌南昌萬氏刊詩集、施國祁詩注八卷、翁方綱撰有年譜、道光丁未京師刊本、	是集凡詩十四卷，文二十六卷，好問才雄學贍，其詩興象深邃，風格遒上，古文繩尺嚴密，衆體悉備，金元兩代談藝者奉爲大宗。
附錄		一		
湛然居士集	元耶律楚材撰、	一四	路有鈔本、振綺堂有精鈔本、繡谷亭載十四卷本、云又有九卷本、乃初刊、昭文張氏舊鈔本、袁氏刊本、漸西村舍本刊本、八千卷樓有龍池山房鈔本、又鈔校本、	是集中詩多文少，十三十四兩卷以書序碑記與詩雜編，頗無倫次，其詩多參禪理，不甚修詞。

藏春集	元劉秉忠撰、	六	明天順中馬偉刊本、多附錄一卷、元至元丁亥刊行本、八千卷樓有鈔本、又有鈔四卷本二部、	原集十卷，雜文四卷已佚，去僅存詩六卷。秉忠詩蕭散閒澹，加小詩中鳴鳩喚住西山雨，桑葉如雲麥始花之類，頗露風致。
淮陽集 附錄詩餘	元張洪範撰、	一 一	明正德中周鉞刊本、原題淮陽張獻武王詩集、板在南監、八千卷樓鈔本、	洪範嘗從學於郝經，頗留心儒術，其詩皆五七言近體，雖沿南宋末派，然爽朗可誦。
陵川集 附錄	元郝經撰、	三九 一	元延祐五年江西行省刊、明正德己卯沁水李氏刊本、清乾隆戊午鳳臺王氏刊本、乾坤正氣集本、	經學問具有根抵，於經術尤深，文雅健雄深，詩神思深秀，與其師元好問可以雁行。
歸田類稿	元張養浩撰、	二四	明季刊本、清乾隆五十五年周氏刊本、振綺堂有鈔本二十八卷、附錄一卷、韓小亭有曝書亭鈔本二十八卷、較周氏所刻完善、昭文張氏有元刊足本二十八卷、俱題張文忠公集、東湖叢記有元刊本二十八卷、	原本殘闕，此本從永樂大典校補。集中陳時致諸疏，風采凜然，敍述時事諸詩，亦藹然仁人之言也。

白雲集	元釋英撰、	三	四庫依知不足齋鈔本、韓有元刊本、八千卷樓刊紅印本、	英詩才分稍弱，猶有宋末江湖之派，惟淡於世情，神思自清，蓋亦倚松老人饒節之流也。
稼村類稿	元王義山撰、	三〇	明正德刊本、萬歷癸未刊本十卷、八千卷樓鈔本、	是集爲其子惟肖所編，以義山退老東湖之上，扁讀書之室曰稼村，因以爲名。義山詩文皆沿宋季單弱之習，絕少警策，然說經時有考據，表啟亦組織自然，頗與劉克莊後村集蹊逕相近。
桐江續集	元方回撰、	三七	路有元刊本、阮氏有桐江集八卷鈔本、四庫未收，乃未入元以前之文、劉燕亭有正續集足本、振綺堂有鈔本四冊、不分卷、許目同、	回有續古今考，另著錄，此集皆其元時罷官後所作，觀其集中諸文學問議論頗尊崇朱熹，其詩專主江西格力蒼堅，在江湖諸集之上。
野趣有聲畫	元楊公遠撰、	二	路有鈔本、振綺堂目有刊本、莫邵亭有鈔本、八千卷樓有鈔本、	原本一卷，後一卷乃續編。公遠詩不出宋末江湖之格，蓋一時風尚使然，然一邱一壑亦有佳致。

月屋漫稿	元黃庚撰、	一	路有鈔本、明成化刊本四卷、作月屋樵吟、張目有舊鈔本四卷、知不足齋寫本有泰定丁卯自序、八千卷樓鈔本、	庚詩沿江湖末派，體格不高，王士禎居易錄謂其庸下無足取，然觸處延賞，時逢警句，猶具晚唐之一體。
剡源文集	元戴表元撰、	三〇	明初刊本二十八卷、萬曆辛巳刊本劣、嘉靖祭酒戴洵刊本、宜稼堂叢書本、嘉靖周儀刊本、清道光庚子郁松年刊本佳、	表元少從王應麟舒岳祥游，學問淵源，具有授受，顧嗣立稱其學博而肆，其文清深雅潔，化腐朽爲神奇，閒事摹畫而隅角不露，可謂推挹備至。
剩語	元艾性夫撰、	二	莫邵亭依閣鈔本、八千卷樓鈔本、	原本久佚，此從永樂大典錄出。性夫詩氣韻清拔，以妍雅爲宗，五七言古體，筆力排盪，尤爲擅長。

養蒙集	元張伯淳撰、	一〇	元至正六年刊於家塾、明宣德七年重刊、路有鈔本、許氏有鈔本、四庫依厲大鴻鈔自繡谷吳氏、又有校正之本、莫郘亭有鈔本、八千卷樓有鈔本、	其集刊板久佚，輾轉傳鈔，殘闕頗甚，此本凡文六卷，詩三卷，詞一卷，雖頗有校正脫簡，終弗能補其文多謹嚴峭健，詩則鄙拙殊甚。
牆東類稿	元陸文圭撰、	二〇	陸氏裔孫刊本、江陰葉氏刊本、	原本久佚，此從永樂大典錄出。元圭學問淹通，故稱心而談，罔弗曲折暢達。
青山集	元趙文撰、	八	路有鈔本、莫郘亭有鈔本、八千卷樓鈔本、	原本久佚，此從永樂大典錄出。詩文皆自抒胸臆，絕無粉飾，且時有哀江南賦之餘音。
桂隱文集 詩集	元劉詵撰、	四 四	明嘉靖刊本、路有鈔本、明刊詩集本、莫郘亭鈔本、八千卷樓鈔本、	此集為其門人羅如篪所編，此本為明劉志孔所刊，凡文四卷，詩四卷。詵論文主於自出機軸，不以摹擬字句為古，其詩五言近體，風骨亦遒。

水雲村稿	元劉壎撰、	一五	清道光二十八年山東刊本二十卷、江西刊本、八千卷樓鈔本、	壎才力雄放，尤長於四六。集中所載諸劄啟，大抵皆在宋世所作隸事鑄詞，具有精采。
巴西文集	元鄧文原撰、	一	路有鈔本、振綺堂有舊鈔本二部、張金吾有明初刊本八千卷樓舊鈔本、	此集係出後人摘選，僅錄其碑誌記序等文七十餘篇，顧嗣立元詩選中所錄諸詩，亦無一首，蓋非完帙。文原學有本源，所作皆溫醇典雅，大德延祐之際，爲元代文章之極盛，實文原有以倡導之。
屛巖小稿	元張觀光撰、	一	八千卷樓有鈔本、	全集格意清淺，頗窘於邊幅，然吐屬婉秀，無鉤章棘句之態。
玉斗山人集	元王奕撰、	三	明嘉靖壬寅陳中州刊本、振綺堂有鈔本、八千卷樓有鈔本、	此集本名東行斐稿，明嘉靖壬寅陳中州爲刊版，佚其詩四首而別附以遺文二篇，始改題今名。其詩稍失之粗，然磊落有氣，勝宋季江湖一派。

谷響集	元釋善住撰、	三	振綺堂有元刊本二册、不分卷、孫仲容有舊鈔本、八千卷樓有鈔本、	善住詩以清雋雕琢爲事，頗近四靈江湖之派，然造語新秀，絕無蔬筍之氣，佳處亦未易及。
竹素山房詩集	元吾邱衍撰、	三	四庫依鈔本、振綺堂有鈔本、許氏有嘉靖中董子行手鈔本、刊本、武林往哲遺箸本、八千卷樓依閣鈔本、	衍詩頗效李賀體，不能脫元人窠臼，然胸次既高，神韻自別，往往於町畦之外，逸致橫生。
紫山大全集	元胡祗遹撰、	二六	路有鈔本、莫氏有鈔本、	原本久佚，此從永樂大典錄出。祗遹學出宋儒，務求篤實，詩文無所摹仿，惟求理明詞達。
松鄉文集	元任士林撰、	一〇	路有鈔本、明永樂三年刊本、泰昌元年重刊本、振綺堂有刊本、又有鈔本、莫氏有鈔本、丁氏有舊鈔本、又鈔本、刊本、	士林刻意學韓愈，而其力不足，故句格往往拗澀，乃類乎劉蛻孫樵。

松雪齋集	元趙孟頫撰、	一〇	許氏有元至元中沈伯玉刊本、清康熙中曹培廉刊本、天祿後目有元刊本、末附董其昌墨跡跋、繡谷亭書錄云至元後巳卯花溪沈璜刊本最佳、萬歷杭本不及其半、然亦有沈本所無者、元刊黑口本明刊二卷本、不全、入存目、城書室刊本、德清堂刊本、	孟頫改節仕元，故不諧於物議，然論其才藝，則風流文采冠絕當時，不但書翰爲元代第一，即其文章亦揖讓於虞楊范揭之間，不甚出其後也。
外集		一		
續集		一		
吳文正集	元吳澄撰、	一〇〇	正統元年五世孫爟刊本、前有蒙古字誥命、明宣德乙卯刊本、清乾隆丙子萬氏刊本、季目有元刊本、有蒙古字序、	是集一名支言集。揭傒斯撰澄碑文，稱北有許衡，南有吳澄，然衡之文明白質樸，達意而止，澄則詞華典雅，頗能與文士爭短長也。
金淵集	元仇遠撰、	六	聚珍板本、閩刊本、杭刊本、	原本久佚，此從永樂大典錄出。遠在宋末與白珽齊名，號曰仇白。遠詩格高雅，往往頡頏古人，無宋末麤獷之習。

山村遺集	元仇遠撰、	一	清乾隆中項氏輯本、刊行頗精、刊本、刊本、武林往哲遺著本、八千卷樓有鈔本二部、	遠所作金淵集，僅爲官溧陽時所作之詩。此本係項夢昶掇拾諸書編爲一集，以存遠之佚作。
湛淵集	元白珽撰、	一	知不足齋刊本三卷、武林往哲遺著本、刊本、	原本八卷，已散佚，此本爲沈菘町所重輯，珽與仇遠同以詩名，戴表元稱其詩甚似渡江陳去非，劉辰翁稱其不爲雕刻苛碎，有雲山韶濩之音。
牧潛集	元釋圓至撰、	七	汲古閣刊本、韓有元刊本、武林往哲遺著本、八千卷樓鈔本、又依閣鈔本、	圓至通禪理，又刻意爲古文，筆力嶄然，多有可觀，詩亦楚楚有清致。
小亭集	元楊宏道撰、	六	路有鈔本、莫郘亭有鈔本、八千卷樓丁氏有鈔本、又依閣鈔本、	原本久佚，此從永樂大典錄出。宏道詩風格高華，頗有唐調，雖不及元好問之雄渾蒼堅，固不可謂非北方之巨擘也。

還山遺稿	元楊奐撰、	二	明嘉靖初刊本、丁氏有鈔本、又鈔附錄一卷本、	原集散佚，此本乃明宋廷佐所輯。奐詩文皆光明俊偉，非南宋江湖諸人氣含蔬筍者可及。
附　錄		一		
魯齋遺書	元許衡撰、	八	明正德刊本七卷、正德戊寅刊本十卷、中州名賢文表內刊六卷、萬曆刊本十一卷、附錄三卷、清乾隆五十五年懷慶刊本十四卷、許氏有鈔本六卷、附心法三卷、天祿後目有元刊本六卷、與明輯本大不相同、蓋元詩已有成書、而明人蒐輯時、未見元本也、嘉靖乙酉蕭鳴鳳刊本、	此集爲應良所重編，舊本名魯齋全書，因散佚不全，故更名遺書，衡平生議論宗旨，僅賴此編，以存其文章明白醇正，詩亦具有風格。
附　錄		二		

靜修集

元劉因撰

三〇

明永樂刊本、弘治刊本、萬歷刊本十卷、又明刊本二十七卷、容城三賢集本、昭文張氏有精校鈔本二十二卷、反多於三十卷之本、瞿氏有元刊本二十八卷、丁亥集六卷、遺六卷遺詩六卷拾遺七卷續集三卷外附錄二卷、房山賈彝編、繡谷亭書錄云永樂二十一年重刊元本、成化己亥蜀府再刻已改編卷帙、至弘治乙丑所刊、又加編次、全非舊文矣、元板劉靜修先生文集二十二卷、刊印精雅、豐順丁禹生藏、

詩集五卷，爲因所自定。餘皆門人故友所掇拾。其文遒健排奡，詩風格高邁，而比興深微，闖然入作者之室。

青崖集

元魏初撰

五

路有鈔本、莫氏有鈔本、丁氏有鈔本、

原本久佚，此從永樂大典錄出。初受學於元好問，具有淵源，故格律堅蒼，文亦簡括有法度。

養吾齋集	元劉將孫撰、	三二	路有鈔本、莫氏有鈔本、	原本久佚，此從永樂大典錄出。將孫爲辰翁子，詩文務標新雋，頗習父風，吳澄爲作集序，謂其浩瀚演迤，自成爲尙友（尙友將孫字）之文，如蘇洵之有蘇軾。
存悔齋稿 補遺	元龔璛撰、	一 一	四庫依鈔本、振綺堂有鈔本、係汲古閣所藏、張金吾有汲古閣藏舊鈔本、丁氏有鈔本、	按璛善屬文，刻意學書，其詩格伉爽，頗能自出淸新，在元人諸集中，猶爲獨開生面。
雙溪醉隱集	元耶律鑄撰、	八	路有鈔本、藏書志六卷本、莫有鈔本、丁有鈔配本、又依閣鈔本、	原本久佚，此從永樂大典錄出。鑄早從征伐，足蹟涉歷多西北極遠之區，故所述塞外地理典故，頗爲詳洽。
東菴集	元滕安上撰、	四	八千卷樓丁氏有鈔本、	原本久佚，此從永樂大典錄出。安上詩格，以朴勁爲主，不免稍失之麤獷，而筆力遒健，七言古詩，尤有開闔排之宕致。

白雲集	元許謙撰、	四	明成化丙戌刊本、正德戊寅刊本、清雍正中刊本、金華叢書本、丁氏有明鈔本、又精鈔本、率祖堂本、	按謙初從金履祥游，故文章醇古，頗與履祥相類，其詩理趣之中，頗含興象，五言古體，又諸雅首。
畏齋集	元程端禮撰、	六	路有鈔本、莫氏有鈔本、丁氏有鈔本二部、又依閣鈔本、	原本久佚，此從永樂大典錄出。端禮學宗朱子，論文亦以晦菴一集，律天下萬世，實非通論，然所作尙爲淳實。
默菴集	元安熙撰、	五	韓有鈔本、莫氏有鈔本、丁氏有鈔本三部、	熙之學宗法劉因，詩時作理語，頗有格調，雜文稍傷平沓，然皆篤實力學之言也。
雲峯集	元胡炳文撰、	一〇	明弘治刊本、正德丁卯重刊本、正德戊辰重刊本、清道光中後裔積誠刊本、丁氏有舊鈔合配本、又鈔本、	炳文之學一以朱子爲宗，對於歷代詩人，極詞醜詆，持論殊爲偏僻，然其雜文平正醇雅，詩入擊壤集派，豐韻雅致，蓋其天姿實最近於詞章也。

秋澗集	元王惲撰、	一〇〇	四庫依曹倦圃藏刊本、明嘉興重刊本、季目有元刊本、後歸古鹽張氏、韓小亭有舊鈔本、中州名賢文表刊六卷、振綺堂有仿元鈔本、弘治河南刊本、明刊本、丁氏有宋賓王影元鈔本、	惲文源出元好問，故其波瀾意度具有矩矱，詩篇筆力堅渾，亦能嗣響其師。其所著承華事略，中堂事紀，烏臺補筆，玉堂嘉話四種，皆編集中，亦有資考證。
牧菴文集	元姚燧撰、	三六	聚珍板本、中州名賢文表刊八卷、閩刊本、	原本久佚，此從永樂大典錄出，燧受學於許衡，而文章則過其師，張養浩序其集，稱其才驅氣駕，縱橫闔合，有元一代可與之旗鼓相當者，惟虞集一人。
雪樓集	元程鉅夫撰、	三〇	明洪武刊本、丁氏有觀稼樓鈔本、	鉅夫文章春容大雅，有北宋館閣餘風，詩亦落落俊偉，且有氣格，不減元祐諸人。

曹文貞詩集 後錄	元曹伯啟撰	一〇 一	孝慈堂目有元刊本、作漢泉漫稿、明南監曹文貞公集十卷、續集三卷其子後亨刊本、浚儀胡益本、作漢泉曹文貞詩集、丁氏有舊鈔本、又鈔本、	是集亦名漢泉漫稿，伯啟詩不染江湖末派，亦不沿豫章徐波春容嫺雅，頗類元祐舊格。
芳谷集	元徐明善撰	二	八千卷樓有鈔本二部、	此集有文無詩，前後亦無序跋，凡文一百二十篇，其文頗談性理，而平正篤實，大致猶雅潔。
觀光稿 交州稿 玉堂稿 附錄	元陳孚撰	一 一 一 一	明洪武壬午刊本、天順庚辰刊本、丁氏鈔陳剛中集本、	是編凡分三集，皆孚先後所作。觀光交州二稿皆紀道路所經山川古蹟，玉堂稿摹繪土風，最所留意，核其所作多諧雅春容，而七言古體尤爲超邁。

陳秋巖詩集	元陳宜甫撰、	二	丁氏有閣退本、	原本久佚，此從永樂大典錄出。其詩大抵源出元白，雖運意遣詞少深刻奇警之致，然平正通達，語無格礙。
蘭軒集	元王旭撰、	一六	路有鈔本、莫氏有鈔本、丁氏有鈔本二部、	原本久佚，此從永樂大典錄出。集中序記諸作和平通達，持論醇正，其詩隨意抒寫，不事雕琢，而氣格迢邁，時見性靈。
玉井樵唱	元尹廷高撰、	三	四庫依知不足齋鈔本、振綺堂有鈔本、孫仲容有舊鈔本丁氏有鈔本、又鈔一卷本、	是集首有廷高自記，載其父竹坡詩一聯，蓋即戴復古石屏集以其父遺詩冠首之意。其詩氣格不高，而神思清雋，尚不染俗氣。
清容居士集	元袁桷撰、	五〇	郁氏宜稼堂叢書本、明甯波府刊本、上海郁氏藏元板清容居士集五十卷極精善、張金吾有舊鈔本、丁氏有宜稼堂鈔本、	桷少從戴表元王應麟舒岳祥諸人遊，學問淵源具有所自，故其文章博碩偉麗，詩格俊邁高華，能自成家。

此山集	元周權撰、	四	有刊本、路有鈔本十卷、許氏有鈔本十卷、孫仲容有明舊鈔本四卷、張金吾有舊鈔、丁氏有舊鈔本、	是集爲陳旅所選定，別擇特精，歐陽元序稱其無險勁之詞，而有深長之味，無輕靡之習，而有舂容之風，品題亦頗當云。
申齋集	元劉岳申撰、	一五	有鈔本出葉文莊家、孫仲容有鈔本、莫氏有鈔本、丁氏有鈔本、	岳申文宗法韓蘇，故其氣骨遒上，無南宋卑冗之習，集中碑誌居多，可資考證史事。
霞外詩集	元馬臻撰、	一〇	汲古閣刊本、元人十種本、	臻爲宋室遺老，遁跡黃冠，故其詩神骨秀鶱，風力遒上，琅琅有金石之音。
西巖集	元張之翰撰、	二	路有鈔本、莫氏有鈔本、丁氏有鈔本、	原集久佚，此從永樂大典錄出，之翰生平著作甚富，晚號西巖老人，故以西巖名集，其詩清新宕逸，近似蘇黃，文亦頗具唐宋舊格。
蒲室集	元釋大訢撰、	一五	有刊本、胡心耘有蔣廷錫藏舊鈔本、丁氏有鈔本、又舊鈔本、	其詩五言古體，實足與作者抗行，餘體亦恬雅，虞集爲之序，推挹備至。

弁山小隱吟錄	元黃玠撰、	二	四庫依知不足齋鈔本、振綺堂有鈔本、許氏有鈔本、有明至正刊本、有蓮涇藏印、吳岫藏印、丁氏有鈔本、	玠詩不爲近體，視宋末江湖諸人志趣殊高，故其上者有元結遺意，次者亦近乎白居易。
續軒渠集	元洪希文撰、	一〇	明嘉靖癸巳刊本、丁氏有精鈔本、	希文之父巖虎，有軒渠集，故希文集以續名，王鳳靈序稱其能以質勝，不蔽其情，蓋其詩清遒激壯，落落自行，與元人華縟之派迥不相同。附錄一卷，即其父巖虎詩也。
附錄	元洪巖虎撰、	一		
定宇集	元陳櫟撰、	一六	清康熙中刊本、	是集凡文十五卷，詩及詩餘一卷，別集一卷，則附錄序記誌狀之類。櫟篤信朱子之學，且參禪理，集中諸文尚爲質實，詩類擊壤集派。
別集		一		

艮齋詩集	元侯克中撰、	一四	路有元刊本、丁氏有鈔本、	是集律體最多，而七言律爲尤夥，卷一卷二皆咏經史之作，卷八諧音格每首全以音通字異者相叶，乃克中自創之格，爲古來所未有，詩類擊壤派，而抒情賦景之作，亦有足資諷咏者。
知非堂稿	元何中撰、	六	許氏有鈔本、吳尺鳧二跋疑佚其文集十卷、淸同光間刊足本、丁有士禮居鈔本、又鈔本、	原集十六卷，此本僅六卷，疑後人重爲選錄，汰其繁冗，篇帙雖減，而名章雋句，一一具存。
雲林集 附錄	元貢奎撰、	六 一	明弘治庚戌刊本、淸乾隆間刊本、振綺堂有舊鈔本元人十集本、丁氏有鈔本、明刊本、	原本七集，共一百二十卷，今僅存此集。奎詩格在虞楊范揭之間，爲元人巨擘。
梅花字字香前集 後集	元郭豫亨撰、	一 一	四庫依鹽官吳氏鈔本、振綺堂有鈔本、胡氏琳琅秘室刊本、活字板本、丁氏有舊鈔本、	取宋晏殊詞唱得紅梅字字香句以名其集，兩集詠梅七律至二百首，係集句爲之，可謂另闢新境。

中菴集	元劉敏中撰、	二〇	韓小亭有元刊足本、凡閣本所佚皆完全、且面目全別、眞秘笈也、丁氏有鈔本、	原本久佚，此從永樂大典錄出。其詩文平正通達無鉤章棘句之習。
王文忠集	元王結撰、	六	孫仲容有鈔本、丁氏有鈔本、	原本久佚，此從永樂大典錄出。結詩春容和平，文亦明白暢達，問答一卷乃與吳澄往復之語，於此可略見其學問之根柢。
靜春堂集	元袁易撰、	四	知不足齋刊本、振綺堂有舊鈔本、丁氏有鈔本八卷、	是集爲其子泰所編，龔璛序以王安石擬之，厲鶚跋以黃庭堅陳師道擬之，均不相類。易詩吐言天拔，實與陳與義相近。
惟實集 外集	元劉鶚撰、	四 一	清乾隆中刊本、張目有舊鈔本八卷、附錄二卷、乾坤正氣集本、丁有鈔八卷附二卷本、	是集爲其中遂所編，初名鷲溪文獻，其稱惟實集者蓋本祖訓以詩道貴實之語。其詩體裁高秀，風骨清遒，卓然可傳。

勤齋集	元蕭𣂏撰、	八	路有鈔本、元至正四年刊本、莫有鈔本、丁有文瀾閣傳鈔本、	原本久佚，此從永樂大典錄出。𣂏於六經百氏無所不通，故其文樹義醇正，而皆有根據，詩則非其所長。
石田集	元馬祖常撰、	一五	明弘治中熊騰霄刊本、中州名賢文表刊五卷、黃氏有元板附錄一卷、許氏有淡生堂藏明刊本、孫仲容有鈔本、昭文張氏有元至元刊本、丁氏有小山堂鈔本、又鈔本、	祖常有石田山房，因以名其集。其文精贍鴻麗，一洗柔曼卑冗之習，其詩才力富健，具有不受羈靮之氣，大德延祐以後，爲元文之極盛，而主持風氣，則祖常數人爲之巨擘也。
榘菴集	元同恕撰、	一五	路有鈔本、元至正初潘維梓等刊本、莫氏有鈔本、丁氏有鈔本、又依閣鈔本、	原本久佚，此從永樂大典錄出。其平生著作，不事粉飾，而於淳厚敦朴之中，時露峻潔峭厲之氣。

書名	撰者	卷數	版本	提要
道園學古錄	元虞集撰、	五〇	明景泰刊本、嘉靖刊本、清乾隆丙申崇仁陳氏刊本汲古閣刊虞伯生詩八卷、補遺一卷、馮魯川有元至元元年刊于建陽本莫郘亭有元本、勤約堂刊本、	此集凡分四編曰在朝稿，曰應制稿，曰歸田稿，曰方外稿，其中詩稿又別名芝亭水言。有元一代作者雲興，大德延祐以還尤爲極盛，而詞壇宿志要必以集爲大宗。
道園遺稿	元虞集撰、	一五	昭文張氏有元至正巳亥刊本六卷、拜經樓有鈔本亦六卷、韓有舊鈔本、振綺堂有元刊本四冊六卷、又有鈔本六卷、邊袖石有舊鈔本六卷、丁氏有舊鈔本、汲古閣刊本、	此集爲其從孫堪所編，蓋以補學古錄之遺也。
楊仲宏集	元楊載撰、	八	明刊本、浦城遺書本、汲古閣本、	元代詩人，世推虞楊范揭，載生於詩道絫懷之後乃能風規雅贍，雍雍有元祐之遺音，四家並稱終無怍色。

范德機詩	元范梈撰、	七	路有鈔本、汲古閣刊本、明楊翬選本六卷、入存目、孫仲容有鈔本、胡心耘有元刊本、丁氏有至元刊本、又有鈔本、豫章叢書本、	梈詩豪宕清遒，足爲高調，其機抒亦多自運，未嘗規規刻畫古人。
文安集	元揭傒斯撰、	一四	路有鈔本、正德中刊本六卷、一名秋宜集、海山僊館刊本、汲古閣刊揭曼碩詩三卷、又有遺文一卷、入存目、張金吾有菉竹堂舊鈔本揭文安集十卷、又有影寫元刊本揭曼碩詩集三卷、丁氏有鈔本二部、	其文章敍事嚴整，語簡而當，其詩則清麗婉轉，別饒風韻，與其文如出二手。
翠寒集	元宋无撰、	一	汲古閣刊本、附啽囈集一卷、入存目、錢氏敏求記云此書六卷、張習所分元人十集本、丁氏有精鈔本、	七言古體純學李賀温庭筠，時有雋語，樂府短章往往欲出新意反失之纖，五言律詩，五言長律，最爲擅長，七言絕句次之，七言律詩又次之。

書名	撰者	卷數	版本	評述
檜亭集	元丁復撰、	九	路有鈔本、南監板其壻饒介刊本、莫氏有鈔本、丁氏有精鈔本、又鈔本、	集稱檜亭，蓋復所居有雙檜，因以爲名。復詩不事雕飾，而意趣超忽，自然俊逸。
伊濱集	元王沂撰、	二四	路有鈔本、莫氏有鈔本、丁氏有鈔本、	原本久逸，此從永樂大典錄出。沂歷躋館閣，多居文字之職，廟堂著作，多出其手，所作詩文，舂容和雅，具有典型。
淵穎集	元吳萊撰、	一二	明嘉靖祝氏刊本、清雍正中王氏刊詩注本、有詩無文、明洪武中刊本、係宋燧手書、清乾隆四年裔孫守儁刊本、金華叢書本、	是集爲其門人宋濂所編，萊與黃溍柳貫並受學於宋方鳳，其文嶄絕雄深，規模秦漢，其詩亦刻意鍛鍊，句奇語重。
附錄		一		

黃文獻集	元黃溍撰。	一〇	路有元刊本二十三卷、明正統補刊本二十三卷、嘉靖間刊別集二卷、許氏有明刊黃學士集四十三卷、朱修伯曰、此書須四十三卷、作金華黃先生集者佳、宋景濂手書也、明仙居張儉刪本十卷、即四庫著錄之本、不全、祠堂本、元刊全本、金華黃先生文集二十三卷、藏昭文張氏、明刊本、又有刊有補遺本、莫氏有正統本二十三卷、	此集屢經刊削，殘缺不完，溍有日損齋筆記，已著錄，其文多本經術。應繩引墨，頗中法度。
圭齋集 附錄	元歐陽元撰、	一五 一	路有元刊本二部、明洪武中刊本、成化辛卯劉釪校刊本、湖南刊本、弘治重刊本、張金吾有舊鈔本十六卷、清乾隆中刊本、丁氏有精鈔本、	是集凡詩四卷，文十一卷，附錄一卷。宋濂稱其文如雷電恍惚，雨雹交下，可怖可愕，及乎雲散雨止，長空萬里，一碧如洗，足與揭傒斯虞集黃溍等抗行。

待制集	元柳貫撰、	二〇	孫仲容有元刊本、清順治中刊本、乾隆中刊本、又活字本、明天順癸未刊本、明刊本、	貫受經於金履祥，受史於牟應龍，其文章則得於方鳳、謝翺、吳思齊、方回、龔開、仇遠、戴表元、胡長孺等，學問淵源，悉有所受，故其文章原本經術，精湛宏肆，與金華黃溍相上下。
附錄		一		
閒居叢稿	元蒲道源撰、	二六	季目有元刊本、韓有舊鈔本、明南監板題順齋蒲先生集、張金吾有鈔本、丁氏有鈔本、	道源恬於仕宦，大抵閒居之日爲多，故其子機裒集遺文，題曰閒居叢稿。凡詩賦八卷，雜文樂府十八卷。詩文俱平實顯易，不尚華藻。
所安遺集	元陳泰撰、	一	明成化刊本、丁氏有景洪武鈔本、又有星鳳閣鈔本、譚氏刊本、	泰一簿終老，吟咏自適，其集詩歌行居十之七八，大致氣格近李白，而造句則多類李賀、溫庭筠。
至正集	元許有壬撰、	八一	路小洲韓小亭均有舊鈔本、中洲名賢文表刊三卷、丁氏有鈔本、	原本一百卷，今佚去十九卷。文章雄渾閎肆，厭切事理，不爲空言，稱元代館閣鉅手。

圭塘小稿	元許有壬撰、	一三	明成化刊本、述古堂書目十八卷、	小稿爲有壬所自編，別集爲其弟有孚所編，續集爲許容所編，集中詩文與正集大略相同，亦互有出入。
別集		二	丁氏有鈔本、又舊鈔本、	
續集		一		
附錄		一		
禮部集	元吳師道撰、	二〇	路有鈔本、吳門黃氏有元刊本、振綺堂有鈔本、張金吾鈔本多附錄一卷、丁氏有鈔本、	此集凡詩九卷，文十一卷，師道受學於金履祥，於經術史學皆有根柢，其文多談義理，力排老釋，詩則風骨遒上，意境頗深。
附錄		一		
積齋集	元陳端學撰、	五	韓有舊鈔本、丁氏有鈔本、	原本久佚，此從永樂大典錄出，其文結構縝密，頗有宏深肅括之風，其詩則沿南宋之末派，不爲當時所重也。
燕石集	元宋褧撰、	一五	路有鈔本、至正八年詔江浙行省刊於學官、莫氏有鈔本、丁氏有精鈔本、	此集凡詩十卷，文五卷。其詩才地富贍，時露奇麗之致，文溫潤潔淨，亦不失體裁。

秋聲集	元黃鎮成撰、	四	明洪武刊本十卷、嘉靖間刊本、丁氏有舊鈔本二部、又有鈔八卷本、	据顧嗣立元詩選稱原本十卷，載有鄭潛序，此本僅四卷，又惟自序一篇。其詩氣味稍薄，然近體出以雅潔，古體出以淸省，格韻楚楚，頗得錢郎遺意。
雁門集 集外詩	元薩都拉撰、	三 一	明成化刊本、弘治癸亥刊本、嘉靖十五年刊本八卷、汲古閣刊本、淸康熙中刊本六卷、嘉慶丁卯刊本十四卷、張金吾有汲古閣舊藏之至正刊本八卷、元人十集本、	薩都拉字天錫，蒙古人，以世居雁門，因以名集。虞集稱天錫最長於情，故文流麗淸婉，品題頗切。
杏亭摘稿	元洪焱祖撰、	一	四庫依鈔本、丁氏有鈔本、	是集爲其子浦江尉在所編，其所居有銀杏樹大百圍，焱祖嘗以杏亭自號，因以名集。其詩雖純沿宋調，尚有石湖劍南風格。

安雅堂集	元陳旅撰、	一三	路有鈔本、振綺堂有鈔本、許有鈔本又有安雅堂詩選三卷鈔本、黃蕘圃有元刊本七卷、吳槎客有不全元刊本四卷、明刊黑口本、莫氏有舊鈔本、鈔本、丁氏有精鈔本、鈔本、	旅初從馬祖常遊，後又請益於虞集，造詣益深，其文典雅峻潔，虞集有我老將休付子斯文之語，其推挹可以想見。
傅與礪詩文集	元傅若金撰、	二〇	路有鈔本、振綺堂有明鈔本、元至正間刊詩集、張金吾有舊鈔、依明洪武甲子其弟若川重編續以文刻本、丁氏有元單刊詩集本、又有鈔本、	王士禎謂其歌行得老杜一鱗片甲，七律亦有格調，殆爲定評，文亦和平稚正，無棘吻螫舌之音。
瓢泉吟稿	元朱晞顏撰、	五	莫氏有鈔本、丁氏有鈔本、	其集久佚，此從永樂大典錄出，其詩雖邊幅稍狹，而神理自清，其雜文亦刻意研練，不失繩墨。 附註 (考元代有兩朱稀顏，一卽作鯨背吟者，一卽著此稿者也。)

筠軒集	元唐元撰、	一三	明正德戊寅刊唐氏三先生集本、	原集有五十卷，乃其子桂芳所手輯，此本爲程敏政編詩稿五卷，文稿八卷，殊非其舊觀。元邃於經術，文章亦和平溫厚。
俟菴集	元李存撰、	三〇	明永樂刊本、孫仲容有鈔本、丁氏有鈔本、	是集爲其子卓所編，凡詩十一卷，文十九卷。存受業於上饒陳立夫，曾崇象山之學，其詩文皆平正純雅，不露圭角。
滋溪文稿	元蘇天爵撰、	三〇	路有鈔本、振綺堂有鈔本、朱修伯曾見抱經校舊鈔本、張金吾有舊鈔本、元刊本半頁十行，行二十字、丁氏有鈔本、又有舊鈔本、	有詩稿七卷，未見傳本，此編乃其文稿也。天爵詞華淹雅，根柢甚厚，蔚然稱元代作者。其波瀾意度，往往出入歐蘇。
青陽集	元余闕撰、	四	明嘉靖三十三年合肥刊本六卷、附錄一卷、清道光甲申刊本六卷、又溫陵刊本五卷、正統十年張誠刊本九卷附錄二卷、明代有重刊本、乾坤正氣集本、鑑湖亭五卷本、同治皖臬刊本、	其詩以漢魏爲宗，優柔沈涵，於元人中別爲一格。

方叔淵遺稿	元方瀾撰、	一	拜經樓有鈔本、許氏有鈔本、吳焯二跋、孫仲容有鈔本、丁氏有鈔本、	其詩邊幅少窘，且不免於累句，然興象頗幽，觸處延賞亦逢佳句。
鯨背吟集	舊本題元朱晞顏撰、	一	有刊本附海道經之後、丁氏有鈔本、	是集自序：至元辛卯，泛海至燕京，舟中成七言絕句三十餘首，各以古句足之，其末章云，早知鯨背推敲險，悔不來時只跨牛，因名鯨背吟。
近光集 扈從詩	元周伯琦撰、	三 一	路有鈔本、振綺堂有明人鈔本、莫氏有舊鈔本、丁氏有淡生堂鈔本、又有舊鈔本、	近光集，多述朝廷典制，扈從詩多詳邊塞聞見，溯元季之遺聞者，此集略具梗概。
經濟文集	元李士瞻撰、	六	曾孫仲編刻本、振綺堂有鈔本、許氏有鈔本、韓小亭有四庫原鈔本、明正統刊本、	是集爲其曾孫仲所編，元史所載時政疏不在其中，然所載往來簡劄，殆居全集之半，所言皆當時朝政，元史於順帝時最爲疏略，此集足爲考證之助。

純白齋類稿 附錄	元胡助撰、	二〇 二	明正德刊本、振綺堂有鈔本、金華叢書本、莫氏有鈔本、	助詩文平易近人，無深湛奇警之思，亦無支離破碎之病。
圭峯集	元盧琦撰、	二	明萬歷中鈔本、路有鈔本、孫仲容有鈔本、莫氏有鈔本、丁氏有鈔本、	琦詩清新俊逸，足與陳旅薩都垃相埒，故集中多誤收二人之作，此本刪其誤收者，並附其文十餘篇，以存琦之眞焉。
蛻庵集	元張翥撰、	五	明洪武刊本四卷、振綺堂有鈔本、詩集五卷、蛻巖詞二卷、四庫依朱竹垞藏明初釋大杼手鈔本、張金吾有舊鈔蛻菴詩五卷、云分卷次序、與洪武刊本異、多有洪武缺載之篇、丁氏有精鈔本、又鈔本三部、	按翥詩法，受之仇遠，得其音律之奧。其詩清圓穩貼，格調頗高，近體長短句，極爲當時所推，古體亦抗爽可誦，往往有香山諷諭之遺。
五峯集	元李孝光撰、	六	明弘治甲子刊本、孫仲容有鈔本不分卷、丁氏有舊鈔五卷本、	孝光詩風骨遒上，樂府古體，皆刻意奮厲之作，近體五言，疎秀有唐調，七言頗出於江西派中，俊偉之氣，自不可遏。

野處集	元邵亨貞撰、	四	明新都汪稷校刊本、丁氏有鈔本、	亨貞所著詩詞，均散佚，惟此文集僅存，其文章大致清快，步伐井然，不同俗格。
夢觀集	元釋大圭撰、	五	有刊本、丁氏有鈔本、	其集原有二十四卷，夢法一卷，夢偈一卷，夢事一卷，詩六卷，雜文十五卷，此本僅取其詩編爲五卷。大圭詩氣格磊落，無纖穠之習，無蔬筍之氣，頗有石湖劍南之餘音。
金臺集	元納新撰、	二	汲古閣刊本、元人十集本、	納新文才秀拔，詩去元好問爲近，且氣格軒翥，無米鹽瑣屑之態。
子淵詩集	元張仲深撰、	六	丁氏依閣鈔本、	仲深古詩仲澹，頗具陶韋風格，律詩稍涉江湖末派，而佳句楚楚可誦。

午溪集	元陳鎰撰、	一〇	路有鈔本、莫氏有鈔本、	其詩才地稍弱，而吐言清脫，不失風調，卷首載劉基手柬，稱其體製皆佳。
藥房樵唱 附錄	元吳景奎撰、	三 一	四庫依知不足齋鈔本、振綺堂有鈔本三卷、丁氏有鈔本、	其詩五言古體，皆源出白居易，七言古體閒似李賀，近體亦音節宏敞，豪況自喜，宋濂爲作集序，極相推挹。
栲栳山人集	元岑安卿撰、	三	清乾隆庚子張羅山刊本、姚若有明初刊本、孫仲容有舊鈔本、嘉慶辛未刊本、十六世孫刊一卷本	所居近栲栳峯，故以自號。安卿志行孤潔，堅苦自立，故其詩亦氣骨清超，戛戛孤往。
梅花道人遺墨	元吳鎮撰、	二	四庫依鈔本、許氏有鈔本、上海刊小字本、近刊本、	鎮工於畫，此本乃其鄉人錢棻捃拾題畫之作，薈稡成編，稍失決擇，眞僞參半，然其蕭散高逸之筆，要可望而知之。

玩齋集 拾遺	元貢師泰撰、	一〇 一	明天順刊本、嘉靖中重刊本、明活字本、餘姚史元熙重刊本、海昌桃源朱氏校刊本、張金吾有宋賓王手校舊鈔本、南湖書塾翻天順沈氏刊本、	師泰少承其父家學，又從吳澄受業，故文章具有源本，詩格尤爲高雅，足以凌厲一時。
羽庭集	元劉仁本撰、	六	韓有鈔本、乾坤正氣集本、莫氏有鈔本、丁氏有鈔本、	原本久佚，此從永樂大典錄出，以類編次，釐爲詩四卷文二卷。仁本學問淹雅，工於吟詠，其文亦清雋絕俗，意境超然。
不繫舟漁集 附錄	元陳高撰、	一五 一	路有鈔本十六卷、即昭文張氏所藏、振綺堂有鈔本十六卷、朱修伯有彭文勤藏鈔本、孫仲容有鈔彭文勤藏本、丁有鈔本、	高文格頗雅潔，詩五言古體，源出陶潛，近體律詩，格從杜甫，可爲元季之錚錚者。
居竹軒集	元成廷珪撰、	四	振綺堂有刊本、明刊本、	廷珪與張翥爲忘年交，其詩音律體製，多得法於翥，劉欽稱其五言務自然，不事雕劇，七言律最爲工深，合唐人之體。

句曲外史集 補遺 集外詩	元張雨撰、	三 三 一	汲古閣刊本、不全、明嘉靖刊本、汪槐堂得張南漪熔鈔本、佳題張貞居詩集、元人十集本、八千卷樓丁氏刊本、又有鈔本、	雨工於翰墨，托跡黃冠，其詩文豪邁灑落，體格遒逸。
僑吳集	元鄭元祐撰、	一二	明弘治刊本、振綺堂有舊鈔本、張金吾有舊錄本、丁氏有舊鈔本、	元祐以流寓平江，凡四十年，故以僑吳名集。其文頗疎宕有氣，詩亦蒼堅。
詠物詩	元謝宗可撰、	一	清康熙中刊本、附明瞿佑清張邵二家、何夢華有舊鈔本、分上下卷、詩凡三百餘首、前有至正癸巳汪澤民序、丁氏有舊鈔本二卷、	此編凡一百六首，皆七言律詩，主於刻畫一物，標題纖仄，彌趨新巧，格調雖不甚高，而才思尙艷，可備詩家之一體。
鹿皮子集	元陳樵撰、	四	明刊本、此集有二本、一杜儲編、有大德丙寅麗龍序、一盧聯編、末一卷多詩三十七首、董氏刊本、金華叢書本、丁氏鈔本、	樵詩七言古體學溫庭筠，以幽艷爲宗，七言近體學陸龜蒙，而雕削太甚，五言古體勝七言，近體七言勝五言。

書名	撰人	卷數	版本	評論
林外野言	元郭翼撰、	二	四庫依知不足齋鈔本、振綺堂有鈔本、許氏有鈔本附林泉結契、後吳尺鳧三跋、丁氏有舊鈔本、又鈔本二部、	翼學問博洽，刻意於詩文，嘗從楊維楨遊，詩頗近其流派，然筆力挺勁，絕無懦響。
傲軒吟稿	元胡天游撰、	一	四庫依知不足齋鈔本、有明刊本、弘治十二年七世孫榮昌令湘刻、嘉靖十四年八世孫大器改編重刻、莫氏有舊鈔本、丁氏有舊鈔本、	天游在元季不失為一作者，其詩大都悲壯激烈，頗病粗豪，艾科作小傳，稱其視伯生子昂不輸一籌，未免譽之太過。
師山文集 遺文 附錄	元鄭玉撰、	八 五 一	明刊本、原板在藝海樓、附遺文五卷、許氏有鈔本附遺文五卷、附錄一卷、孫仲容有刊本、乾坤正氣集本、明刊附濟美錄本、丁氏有舊鈔附濟美錄本、	玉文醇正而簡潔，歐陽元所謂嚴而有法度者，殆為定評。其論文之詆韓柳歐蘇，則與程端禮胡一桂相同。

友石山人遺稿	元王翰撰、	一	明弘治刊本、孫仲容有鈔本、丁氏有周松靄鈔本、又鈔本、又鈔有附錄本、	翰詩篇什無多，而即物寓情，頗有激昂慷慨之氣。
聞過齋集	元吳海撰、	八	正誼堂刊本、明洪武戊寅刊本、邵銅重刊本、振綺堂有仿明初刊鈔本、孫仲容有鈔本、張金吾有淡生堂舊鈔本、丁氏有鈔本、	明史隱逸傳，稱海文章嚴正典雅，而一歸於理，是集爲海門人王偁所編，海嘗以聞過名其齋，偁因以名其集。
學言詩稿	元吳當撰、	六	明秦良貴刊本九卷、李穆堂重刊本六卷、	當爲吳澄之孫，能傳家學，其詩風骨遒健，並著有周禮纂言，今已佚。
北郭集 補遺	元許恕撰、	六 一	四庫依鈔本、振綺堂有鈔本、刊本、丁氏有鈔本、	恕詩意境沈鬱，而音節高朗，近體頗似陳與義，大抵多愁苦之詞。

玉笥集	元張憲撰、	一〇	路有鈔本、振綺堂有鈔本、粵雅堂叢書本、莫有鈔本、丁氏有鈔本、	憲學詩於楊維楨，維楨許其獨能古樂府，今集中樂府琴操凡五卷，頗得維楨之體，其他感時懷古諸作，亦磊落骯髒，豪氣坌涌。
青村遺稿	元金涓撰、	一	明嘉靖刊本、孫仲容有鈔本、丁氏有鈔本二部、金華叢書本、	涓著有西湖青村二集。今皆不傳，此本係掇拾散亡，故曰遺稿。其詩不出江湖舊派，摹寫山林，篇篇一律，惟托意蕭閒，尚無俗韻。
丁鶴年集	元丁鶴年撰、	一	藝海珠塵本三卷、昭文張氏有元刊本四卷、分爲四集、明正統刊本三卷、盡改元刊之舊、許氏有鈔本三卷、附其兄吉雅謨受里沙之作、琳琅祕室刊本四卷、莫氏有三卷舊鈔本、丁氏有鈔本二種、	鶴年絕意世緣，覃思吟咏，故所得頗深，尤長於五七言近體，沈鬱頓挫，逼近古人。

貞素齋集 附錄 北莊遺稿	元舒頔撰、	八 一 一	明嘉靖刊本、莫氏有鈔本、丁氏有精鈔本八卷、又鈔本、	其文章頗有法律，詩則縱橫排宕、不尚纖巧組織之習。附錄皆銘記之屬，北莊遺稿爲其弟遠遜之詩。
一山文集	元李繼本撰、	九	振綺堂有鈔本、明景泰中李伸刊本、莫氏有鈔本、丁氏有鈔本、	其詩文俊偉疏達，歌行縱橫磊落，尤爲擅長，惟稍傷粗野。
江月松風集	元錢惟善撰、	一二	拜經樓有鈔本、從惟善手稿錄出、並加補遺、振綺堂有曹倦圃鈔本、末有吳石倉跋、許目同、孫仲容有鈔本、張金吾有金栻鈔曹溶手鈔本、丁氏有舊鈔本二部、又鈔本、清風室刊本、刊本、武林往哲遺箸本、	是集在明不甚顯著，此本乃清康熙時金侃得其鈔本，始刊行於世。前有陳旅序，稱其詩妥適清倩，娓娓乎有唐人之流風。品題頗當。

龜巢集	元謝應芳撰	一七	明洪武十二年刊本、許氏有舊鈔校本二十卷、又龜巢摘稿三卷、道光丙午謝蘭生刊本二十卷、云据季滄葦鈔選本、又補遺一卷、胡心耘有王蓮涇校舊鈔本、莫氏有鈔本、丁氏有精鈔本、	是集編次殊無條理，疑係後人傳寫亂其舊第。其詩頗雅潔，文多應俗之作。
石初集 附錄	元周霆震撰	一〇 一	振綺堂有舊鈔本、漁洋山人所藏、首有手跋、許氏有鈔本、吳焯二跋、明成化九年六世孫正方刊本、莫氏有鈔本、丁氏有鈔本、	霆震自號石田子，初省其名則曰石初，因以名集。其一身閱歷元代治亂興亡，憂時傷世之詩爲多，可作爲元末之詩史。
山窗餘稿	元甘復撰	一	明成化刊本、丁氏有鈔本、	其詩法得之張翥，諸體兼備，而風懷澄澹，意境翛然，五言古體綽有韋柳遺音。
梧溪集	元王逢撰	七	知不足齋刊本、明洪武戊辰刊本、景泰七年陳敏政補刊本、莫氏有舊鈔本、凡鮑本所缺皆全、	逢少學詩於陳漢卿，得虞集之傳，故才氣宏敞而不失謹嚴。

吾吾類稿	元吳皋撰	三	其子均輯遺稿、臨江稅課司大使趙師常率郡士刊梓、丁氏依閣鈔本、	原本久佚，此從永樂大典錄出。皐工於韻語，所作大都以朴澹爲主，不涉元末佻巧纖靡之習。
樵雲獨唱	元葉容撰、	六	四庫依鈔本、明成化中袁凱刊本、張金吾有元至正庚子刊本、	容自序謂薪桂老而雲山高寒，音調古而巖谷絕響，故名曰樵雲獨唱。其詩多寫閒適，頗流於頹唐，然天機所到，殊有自得之趣。
桐山老農文集	元魯貞撰、	四	四庫依鈔本、丁氏有鈔本、	貞詩不出元末之格，且間有累句，文亦聞見頗狹，或失考證，然胸懷夷曠，頗有神韻清逸之妙。
靜思集	元郭鈺撰、	一〇	明嘉靖刊本、丁氏有鈔本、	鈺生逢亂世，詩多成於流離道路轉側兵戈之時，故哀怨之音居其大半。

九靈山房集	元戴良撰、	三〇	明戴彥瞻刊本、清乾隆壬辰戴氏刊本、康熙中傅旭元刊本、入存目、乾坤正氣集本、胡心耘藏黃蕘圃校舊本、莫有舊鈔本、知不足齋刊本、	良學詩於余闕，故風骨高秀，迥出一時，然遭逢亂世，發爲吟咏，大都磊落抑塞之音。
補編		二		
灤京雜詠	元楊允孚撰、	一	知不足齋刊本二卷、	其詩凡一百八首，其曰灤京者，以灤河逕上都城南，故元時亦有此稱，詩中所記元代上都軼事，多史所未詳，其詩下自注，亦頗賅悉。
雲陽集　陽字標注作（南）	元李祁撰、	一〇	明刊本、成化中族孫東陽校刊、清康熙中刊本四卷、丁氏有鈔本、	是集爲祁五世從孫東陽所編，猶爲完帙。祁詩冲融和平，自合節度，文章亦雅潔有法。
南湖集	元貢性之撰、	七	許有曹倦圃鈔校本二卷、吳尺鳧跋、明弘治十一年四世孫欽刊於大名、萬曆癸未六世孫靖國重刊二卷、丁氏有鈔本六卷、	性之自元亡後，即隱居不仕，其詩詞旨深婉，無所怨尤，是集首有貢欽序，稱會稽王元章善畫梅者，無貢南湖題詩，則不貴重，故集中多吟梅詩。

佩玉齋類稿	元楊翮撰、	一〇	路有鈔本、竹汀以元刊不分卷之本爲佳、振綺堂有精鈔本十三卷、許氏有鈔本一冊不分卷、元至正末刊本、莫有鈔本、丁有鈔十二卷本、又鈔本、	翮父剛中爲大德中名宿，翮承其家學，又從虞集楊維楨等游，故文章格律意度波瀾，皆謹嚴有法度。
清閟閣集	元倪瓚撰、	一二	清康熙中曹培廉刊本、原名雲林詩集六卷、天順四年蹇曦編刻、清閟閣遺稿十五卷、萬歷中八世孫珵刻、汲古閣刊本詩六卷、集外詩一卷、天順四年刊本詩六卷、萬歷刊本十五卷、世系圖一卷、許氏有王乃昭手鈔本、倪元鎭遺墨一卷、城書室刊本、盛氏刊本、	此爲清曹培廉所編，凡詩八卷，雜文二卷，外紀二卷，瓚畫居逸品，詩文亦適然寄意，而神思散朗，氣格頗高。
玉山璞稿	元顧瑛撰、	一	讀畫齋叢書本二卷、逸稿一卷、較四庫本多、許氏有毛斧季鈔本二卷、吳焯跋、汲古閣刊二卷、。元八十集本、	瑛多財，好結客，與之游者，多詞壇聞人，其詩雖未能拔於流俗，而清麗芊綿，出入於溫岐李賀間，亦復自饒高韻。

路有鈔本、董氏有鈔本、丁氏有舊鈔本、

是編凡前後集各十二卷，有李祁劉定之二序，定之稱其文奇氣硉矹，祁稱其藹然仁義之詞，凜然忠憤之氣，深切懇至，無不可入意者，二家所見殆不相同。

麟原文集　元王禮撰、　二四

來鶴亭詩　元呂誠撰、　八

補遺　一

四庫依鈔本、振綺堂有鈔本一卷、附旣白軒稿一卷、鶴亭唱和一卷、拜經樓有舊鈔本、題樂志園集、許目同、繡谷亭書錄呂敬夫詩集一卷、內分來鶴草堂稿、番禺稿旣白軒稿、草堂雜詠、竹洲歸田稿諸名、至正七年楊維楨序、詩中多紀洪武歲月、序作在先也、丁氏有錄樂志園集本、又有明鈔不分卷本、又鈔不分卷、附鶴亭唱和本、又十萬卷樓鈔二卷本、黃丕烈以秀野草堂鈔本互勘補正脫誤本、莫氏有舊鈔本、

誠嘗於園林蓄一鶴，後有鶴自來爲伍之句，因築來鶴亭，併以名其詩集，集中多謫寘嶺南之作，詩雖意境未深，然頗爲清麗。

雲松巢集	元朱希晦撰、	三	明正統中刊本、孫仲容有傳鈔校本一卷、較閣本多詩二首、丁氏有鈔本、	其詩五言氣格頗清，而邊幅少狹，意象未深，七言頗爲振拔，古體又勝於近體，溯其宗派，蓋瓣香於劍南。
環谷集	元汪克寬撰、	八	清康熙中刊本、	克寬學宗朱子，文章持論謹嚴。敷詞明達，詩僅十餘首，殆亦濂洛風雅之派。
性情集	元周巽撰、	六	路有鈔本、莫氏有鈔本、丁氏有鈔本、	原本久佚，此從永樂大典錄出。巽詩格不高，頗乏沈鬱頓挫之至，然其抒懷寫景，亦頗近自然。
花谿集	元沈夢麟撰、	三	路有鈔本、振綺堂有鈔本、莫氏有鈔本、丁氏有鈔本、	其集爲其元孫清所編，凡詩文四百二十四篇，夢麟得詩法於趙孟頫，七言律體最工，詩稱沈八句。

樗隱集	元胡行簡撰、	六	路有鈔本、莫氏有鈔本、丁氏有鈔本、	原本久佚，此從永樂大典錄出。行簡文章以冲和淡雅爲宗，雖波瀾未闊而能確守法度，不爲支離冗贅之詞。
東山存稿 附錄	元趙汸撰、	七 一	明嘉靖刊本、清康熙辛酉趙吉士刊本、許氏有明人鈔本十一卷、吳焯二跋、	汸受經於黃澤，學文於虞集，故其議論有根柢，而波瀾意度均有典型。詩詞頗近元祐體，無雕鏤繁碎之態。
東維子集 附錄	元楊維楨撰、	三〇 一	明刊本、弘治中馮允中刊文集五卷本、張金吾有元刊鐵厓文集五卷、朱昱校、丁氏有舊鈔本、又精鈔本、	是集凡文二十八卷，詩僅二卷，按維楨詩文奇逸凌跨一時，詩歌樂府出入於盧同李賀之間，奇奇怪怪，故王彝祗之爲文妖，至其文則文從字順，無所謂剪紅刻翠以爲塗飾，聱牙棘口以爲古奧者也。
鐵厓古樂府 樂府補	元楊維楨撰、	一〇 六	明初刊本十六卷、汲古閣刊本、乾隆甲午刊樓卜瀍注本、共二十六卷、萬歷中陳淵正刊古樂府、強半皆吳復編本所有、八千卷樓有元刊本、	是集爲其門人吳復所編，維楨以雄傑之才，擅名樂府，力矯元季纖靡之弊，大抵根柢於青蓮昌谷，縱橫排奡，自闢町畦，惟好纖詭，是其所短。

復古詩集	元楊維楨撰、	六	明初刊本、汲古閣刊本、明刊本、	是集爲其門人章琬所編，以其體皆時俗所不爲，故題曰復古，所載皆琴操宮詞冶春遊仙香奩之類，古樂府亦雜列其間。
麗則遺音	元楊維楨撰、	四	汲古閣刊本、丁氏有鈔本、	是編爲其門人陳禮存編，凡賦三十二首，皆其應舉時私擬程試之作。
夷白齋稿 外集	元陳基撰、	三五 一	明弘治乙卯張習刊本十二卷、張刻本詩文有出三十五卷之外者、振綺堂有鈔本、許氏有精鈔本、胡心耘收張月霄藏述古堂寫本爲汲古閣舊物、張金吾又有明初人寫本夷白齋稿三十五卷、外集一卷、乃季滄葦物、丁氏有精鈔本、	基受業黃溍之門，所作詩文皆操縱馳騁，而有雍容揖讓之度。

庸菴集	元宋禧撰、	一四	四庫依鈔本、餘姚張羅山刊本、餘姚宋氏活字板本、丁氏依閣鈔本、又有舊鈔十卷本、又邵二雲鈔本、	其詩清和婉轉，以自然爲宗，頗出入香山劍南之間，文亦詳贍明達。
可閒老人集	元張昱撰、	四	明正統元年刊本、許氏有鈔本題張光弼詩集、丁氏有小輞川鈔本、又舊鈔本、	其詩才氣縱逸，往往隨筆酬答，或不免於頹唐，然如五王行春圖歌風臺諸作，皆蒼莽雄肆，有沈鬱悲涼之概。
石門集	元梁寅撰、	七	新喻令暨用刊本、拜經樓有舊鈔本十五卷、明刊本、乾隆重刊本、丁氏有舊鈔本、	寅於易詩書春秋禮記周禮，皆有訓釋，又有策要史斷諸書，頗究心於史學，又有耄言論林蒐古集格物編諸書，兼講考證，故文章醇雅，持論多有根柢，詩格澹遠春融，規仿陶韋。
玉笥集	元鄧雅撰、	九	路有鈔本、張金吾有鈔本九卷、明洪武二十二年黎季敏刊本、丁氏有鈔本、	雅嘗從梁寅游，此集即寅所勘定，其文大致嫻雅，而詩味冲澹，頗有自然之致。

書名	著者	卷數	版本	本書旨
明太祖文集		二〇	明洪武七年樂韶鳳編本五卷、嘉靖乙丑雲南刊本、萬歷十四年刊本有分類本、有分甲乙丙丁四集本、楊起元輯本附訓行錄三卷、明硃印本、明刊本、	案明太祖文集，見於焦竑國史經籍志者，凡二部。見於千頃堂書目者凡四部。此本爲姚士觀沈鈇所校刊，卽焦志所列第一部也。

宋學士全集

明宋濂撰、

三六

明天順五年刊本正二十六卷、附錄一卷嘉靖庚戌刊本正德九年刊本七十五卷、清康熙中裔孫既庭刊本、康熙四十八年彭始博刊本三十二卷原序等一卷附錄一卷、許氏有刊本三十卷、附潛溪燕書一卷、勞巽卿有元刊潛溪集十卷、袁漱六有元刊潛溪後集、振綺堂有元刊前後集各十卷、張月宵有洪武八年刊本文粹十卷、建文辛巳刊本續文粹十卷附錄一卷、後歸莫郘亭、清嘉慶庚午吳嚴榮知金華府依原編各集萃合刊本五十三卷、爲最足本、

元末文章，以吳萊柳貫黃溍爲一朝後勁。濂初學於萊，後學於貫與溍，根柢經訓，發爲文章，醇深演迤。二百餘年之作者，殫力翻新，終莫能先，洵有明一代之冠冕也。

宋景濂未刻集	明宋濂撰、	二	清康熙初刊本、許目稱陳國珍刻本、又新刊於七集後、	案是集所收爲元代功臣諸頌及誌銘之屬，乃未入明以前之作，至明不免有所諱，其爲二氏作者亦以詞涉異學而隱之，正嘉以前持論，大略可覩。此書爲文徵明舊藏，文三十八篇，今以本集互較，實止二十七篇也。
誠意伯文集	明劉基撰、	二〇	明嘉靖丙辰刊本十八卷、隆慶六年刊本、振綺堂有嘉靖中重刊本二十卷、成化六年彙刻誠意伯文集二十卷、清乾隆中刊本、	案基學術經濟，似耶律楚材劉秉忠，而其詩之沈鬱頓挫，文之閎深肅括，則非二人所及。楊守陳序，謂子房之策，不見詞章，元齡之文，僅辨符檄，未見樹開國之勳業，而兼傳世之文章，可謂千古人豪，斯言允矣。
鳳池吟稿	明汪廣洋撰、	一〇	有刊本八卷、八千卷樓有鈔本、	案廣洋少師余闕，淹通經史，其詩清剛典重，一洗元人纖媚之習，朱彝尊靜志居詩話，摘其佳句以爲唐音。雖當時爲宋濂諸人所掩，究不愧爲一代作者也。

書名	撰者	卷數	版本	提要
陶學士集	明陶安撰、	二〇	明弘治十二年刊本、	案安學術深醇，故所作皆平實典雅，一儒臣而司箸作，是以明初典禮皆安議定，刑律亦安所裁，而其文不載集中，茲集所載送別序引居其半，雖聲名亞於宋濂劉基，固一代開國之音也。
西隱集	明宋訥撰、	一〇	明劉師魯刊本、明刊有附錄本、	明成均師範推南陳北李，而開其先者則訥。其文温厚醇雅，詩亦風華秀潤，若過元故宮詩十九首，纏綿悱惻，有風人之遺焉。
王忠文公集	明王禕撰、	二四	明刊本、正統本、嘉靖本、劉師魯刊本、萬歷刊本、清康熙中刊有附錄本、金華叢書本、	是書本爲華川前後集各十卷，正統中劉傑劉同合編。禕與宋濂同游黄溍之門，授受具有端緒，故其文醇朴宏肆，有北宋遺風。濂序稱其體凡三變，可謂深知禕者矣。

翠屏集　明張以甯撰、　四

明宣德三年刊本、成化十六年刊本、振綺堂有明鈔本、又有鈔詩集四卷文集四卷本、

以甯在元季以文章擅名虞集歐陽元揭傒斯黃溍之後其文神鋒雋利，稍乏渾涵深厚之氣，詩則雖有元季綺縟纖仄之習，然偶一見之，不爲全體之累也。

說學齋稿　明危素撰、　四

四庫依知不足齋鈔本、路有鈔本、朱竹垞云、傳鈔都非足本、許氏有觗花齋鈔本三册不分卷、拜經樓有舊鈔本、爲吳石倉所藏、有墨朱筆校補處、勞巽卿得葉文莊親筆鈔校本一册、乃外集遺文也、清乾隆戊寅刊本危學士集十四卷、入存目、

案素集原本五十卷，明代即已散佚，此本乃歸有光從其手稿傳鈔，王懋竑跋稱其演迤澄泓，視若平易而實不可幾及，非有光莫知其深云。

雲林集	明危素撰、	二	四庫依知不足齋鈔本、元至元三年刊本、八千卷樓有精鈔本、	素於元末負盛名，入明後不爲世所重，其文亦遂不復收拾，故說學齋集僅存在元之文；而此集亦僅存在元之詩，不足以盡素之著作，然氣格雄偉，風骨遒上，實足以陵轢一時也。
白雲集	明唐桂芳撰、	七	明正德戊寅刊本、三先生合集、又有單刊本、竹垞云誤收任原詩、	桂芳自謂爲文慕蘇洵，觀其所作，實能具體，詩亦清婉，頗協雅音。
林登州集	明林弼撰、	二三	明刊本、清乾隆中刊本、	弼於明初，以儒士修禮樂。其使安南之作，宋濂以爲文辭爾雅。及王廉誌其墓，亦謂其詩文皆雄偉跌宕，清俊之氣，敻出塵表。蓋閩南之學者，於明初必以弼爲之冠也。
槎翁詩集	明劉崧撰、	八	明初刊本、萬歷丁酉刊本十二卷、文集八卷、吉安守徐士元刊本、入存目、	崧刻意吟詠，日課一詩。所作皆婉約清和，爲明初豫章詩派之宗，楊士奇等皆沿波而起者也。

東皐錄	明釋妙聲撰、	三	明洪武十七年刊本、四庫依汲古閣鈔本、許氏有舊鈔本五卷、多文二卷、八千卷樓有鈔本、	妙聲常與袁桷張翥危素等遊，故所作頗有士風。其感事抒懷之作，往往激昂可誦。而雜文體裁清整，儷語亦有南宋遺風。雖未能語帶烟霞，固猶非氣含蔬筍者也。
覆瓿集 附集	明朱同撰、	七 一	明刊本、又有與其父朱升楓林集合刊本十卷、清初刊本、莫郘亭有鈔本、	是集凡詩三卷，多元末之作，爽朗有格。文四卷，亦吐詞雅潔。惟編者弇陋，故顚倒殊甚焉。
柘軒集	明凌雲翰撰、	四	四庫依鈔本、振綺堂有鈔本五卷、武林往哲遺著本、	雲翰詩華而不靡，馳騁而不離乎軌。朱彝尊謂其可搴郁離之旗，摩青邱之壘，非溢量也。
白雲稿	明朱右撰、	五	路有鈔本、朱竹垞云、集凡十卷、僅鈔得前五卷、其後五卷曾得內閣本一過眼、未抄成足本、八千卷樓有鈔本十一卷本、	右爲文不矯語秦漢，惟以唐宋爲宗。嘗選韓柳歐陽曾王三蘇爲八先生集，八家之目，實源於是。其自作雖謹守規程，罕能變化。然優於馳騁自喜，乖違繩尺者矣。

密菴集	明謝肅撰、	八	振綺堂有鈔本二冊五卷、祇有己集至癸集、詩缺、山陰沈氏目有足本、八千卷樓依閣鈔本、	原本久佚，此從永樂大典錄出。肅嘗從貢師泰游，凡一詩一文必折衷議論，當於理乃已。故其所作文辭格律往往與師泰相近。
清江詩集 文集	明貝瓊撰、	一〇 三一	明洪武本、萬歷中刊本三卷、清康熙己亥桐鄉金氏刊本四十卷、許氏有鈔本四十卷、明刊詩集本、	瓊學詩於楊維楨，而能挈其所長，捨其所短，故溫厚之中自然高秀，文亦舂容和雅，有一唱三歎之音。
蘇平仲集	明蘇伯衡撰、	一六	明初刊本、正統壬戌黎諒刊本、正德本、又三十卷本、金華叢書本、八千卷樓有精鈔本、	宋濂序伯衡集，稱其不求似古人而未嘗不似。及濂致仕，薦伯衡自代，復謂其文蔚贍有法。而鄭瑗井觀瑣言：則病其用意太苦，遺詞太繁。人以爲過高之論云。
胡仲子集	明胡翰撰、	一〇	洪武十四年王懋溫刊本、弘治中刊本、金華叢書本、振綺堂有胡仲子信安集二卷、	翰從吳師道吳萊學古文，從許謙受經。故其文頗切世用，而未嘗不原本典訓，精究儒理。詩僅一卷，其格意特高，非二吳與謙所及。

始豐稿	明徐一夔撰、	一四	四庫依桐鄉金氏桐華館藏刊本、明刊本武林往哲遺著本、莫郘亭有抄本、八千卷樓有抄本二部、	一夔文嚴謹有法度，無元季冗沓之習。又精於研核，足資考證。其詩已佚，不無未窺全豹之憾耳。
王常宗集 四 補遺 一 續補遺 一	明王彝撰、	四 一 一	四庫依何義門手鈔本、此本後歸袁漱六、許氏有鈔本、清康熙中陸廷燦刊本、明刊本、	案常宗文尙淳謹，詩亦不失風格。惟作文狀以詆楊維楨，實爲已甚。故王士禎亦詆其詩爲墮入惡道，非平心之論也。
白石山房逸稿	明張孟兼撰、	二	有刊本、愼德堂逸字本、又刊五卷本入存目、八千卷樓有鈔本二部、	案孟兼文遺佚甚多。然卽此殘稿觀之，詩文皆儒雅淸麗，而雄駿之氣，隱隱然不可遏抑。劉基嘗與明太祖論一時文士，稱宋濂第一。已次之，又次則孟兼。雖非定評，而其品可知也。
滄螺集	明孫作撰、	六	明弘治丙辰刊本、汲古閣刻都元敬校本、粟香室本、	作詩力摹黃庭堅，於元末明初，特爲別調。然才力陶冶，未爲深富，雖頗據俗，而未造古。文則磊落奇偉，卓然足以自傳。宋濂爲作小傳，極稱其文而不及詩，蓋微意也。

臨安集	明錢宰撰、	六	許氏有鈔本、淡生堂目有十卷本、勞氏有十卷本、	原本久佚，此從永樂大典錄出。其詩刻意古調，吐詞清拔，無元季柔豔之態。文則非其所長，僅守法度而已。
倘絅齋集	明童冀撰、	五	刊本、	是書分爲四集；金華，南行，霅川，三集，兼載詩文，北游集則有詩無文。大抵筆意清剛，不染時習，雖名不甚著，要亦足周旋作者之間。
考古文集	明趙撝謙撰、	二	順治丁酉刊本、張羅山刊本、	撝謙小學名家，不以文章著稱。此集又僅存殘賸，未必得其菁華。而意度波瀾，頗存古法，是則學有原本之故也。
劉彥昺集	明劉炳撰、	九	明初刊本、八千卷樓有鈔本、	是書一名春雨軒集；楊維楨所評定也。其詩伉爽挺拔，意度不凡。雜文一卷，氣象薾弱，殊遜其詩。

書名	撰者	卷數	版本	提要
藍山集	明藍仁撰、	六	明洪武中藍山書院刊本、藍子青重刊本、	原本久佚，此從永樂大典錄出。其詩規摹唐調，出入中晚。身更衰亂，而和平淡雅，無哀怨之音。閩中詩派多傳十子，仁兄弟實其先導也。
藍澗集	明藍智撰、	六	竹垞云藍山藍澗二集、選家互有參錯、明初刊本不誤、前有蔣易張渠二序、洪武中藍山書院刊本、藍子青重刊本、	原本久佚，此從永樂大典錄出。其詩清新婉約，足以肩隨其兄。五言結體高雅，七言亦頓挫瀏亮。焦竑國史經籍志有仁集而無智集，則其散佚當在明之中葉矣。
大全集	明高啟撰、	一八	明永樂八年其姪立刊本、景秦刊本、萬歷中八代孫士弘刊本、四大家集本十二卷、清雍正六年桐鄉金檀校注本、孝慈堂目有元板缶鳴集十二卷、	啟天才高逸，在明一代詩人上，摹擬古調，無不逼眞，惟殞折太早，未能自成一家，然自有精神意象存乎其間，故不與北地信陽大倉歷下，同爲後人詬病也。

鳧藻集	明高啓撰、	五	金氏刊本、正統九年刊本、許氏有舊鈔本、附叩舷集一卷、清雍正戊申桐鄉金檀刊附詩箋後本、明刊本、	啓詩才籠罩一世，而古文則不甚著名，不失宋人軌範而已。
眉菴集	明楊基撰、	一二	明成化中張習刊本、四大家集本、下二家同、俱張企翶校、明鄭剛刊本、	基與高啓張羽徐賁為明初四傑。其詩沿元季纖穠之習，或時類小詞。然五言古體，卓然正聲，近體亦多俊逸。蓋其神骨本高，特未能拔於流俗耳。
靜居集	明張羽撰、	四	明陳邦瞻汪汝湻校刊本、四大家集本六卷、又有鈔本二卷、明張習刊張來儀文集一卷、計文七十七首、何義門校本、勞季言有補輯本、	案明史稱羽文精潔有法，尤長於詩。今其文不傳。其詩則如五言古之婉轉瀏亮，歌行之筆力雄放，皆足豪於一世。惟近體多失之平熟，未為全美。

北郭集	明徐賁撰、	六	明陳邦瞻汪汝淳刊本、四大家集本十卷、張習刊本萬曆刊本、	明史稱賁工書善畫，其詩法律謹嚴，字句熨貼，長篇短什並首尾溫麗，雖才氣不及高楊張，而亦無其短云。
鳴盛集	明林鴻撰、	四	明洪武庚申刊本、成化中刊本、閩刊本、	按鴻爲閩中十子之冠，其詩力倣唐晉。李東陽懷麓堂詩話，已病其摹擬，周亮工書影至以閩人動爲七律，如出一手，歸咎於鴻。然鴻詩自有清韻，未可以後來流弊，遂並廢鴻所作也。
白雲樵唱 附錄	明王恭撰、	四 一	四庫依鈔本、明成化癸未黃鎬刊本、八千卷樓有鈔本、	案閩中十子恭居第四，而高棅居第三。然棅詩自出山以後，無復淸思。恭則吐言淸拔，有中唐遺音，以次高棅，殆所謂恥居王後者矣。
草澤狂歌	明王恭撰、	五	振綺堂有鈔本、許氏有鈔本一卷、八千卷樓有鈔本、	是書大致與白雲樵唱相近，而中年所作，情思較深。

半軒集	明王行撰、	一四	明初刊本、弘治中刊本、洪武中刊本二卷拾遺一卷、八千卷樓有鈔本、	案行以桀黠之才，欲有爲於世。故其文踔厲風發，縱橫排奡。詩亦淸剛駿爽，在北郭十子中，與高啟足稱勁敵。
西菴集	明孫蕡撰、	九	明弘治十六年刊本十卷、淸乾隆刊本、道光刊本合爲八卷、	蕡當元季綺靡之餘，其詩獨卓然有古格，雖神骨儁異，不及高啟，要非林鴻諸人所及。
南村詩集	明陶宗儀撰、	四	汲古閣刊本、元八十集本、	宗儀詩格律遒健，爲虞楊范揭後勁，然非古淡蕭疏之派，毛晉謂其詩如疎林早秋。殊不似也。
望雲集	明郭奎撰、	五	明嘉靖辛卯吳廷翰刊本、丁氏有舊鈔本及鈔本、	奎爲余闕門人，仗劍從軍，備嘗險阻，蒼涼激楚，一發於詩；五古原出漢魏，七古時近太白，五律多摹唐調，七律兼取宋音，趙汸宋濂推之甚至，元末明初可云挺出者矣。

蚓竅集	明管時敏撰、	一〇	明洪武中楚府刊本、有丁鶴年評點、丁氏有鈔本、	時敏學詩於楊維楨而不襲其體，舂容淡雅，多近唐音。
西郊笑端集	明董紀撰、	二	明成化中周庠刊本、丁氏有鈔本、	紀詩平易樸實，不免過質傷俚之弊，至其合作，往往得元白張王遺意。
草閣集 拾遺 文集 附錡谷詩	明李曄撰，	六 一 一 一	許氏有鈔本、吳焯跋、湖墅叢書本、武林往哲遺著本、丁氏有舊鈔本、又鈔本、	曄詩才力雄贍，古體長篇多清剛雋上，近體亦卓犖無凡近語。末附錡谷詩，乃其子轅作。宋濂序曄集，稱轅詩能繼其家云，
樗菴類稿	明鄭潛撰、	二	四庫從永樂大典錄出、莫氏依閣鈔本、丁氏有鈔本、	原本久佚，此從永樂大典錄出。潛雖起家椽吏，而天姿卓異。其詩詞意軒爽，有朗朗玉山之致。以一州佐，又年代未遠，而永樂大典全部收入，必有以取之矣。

春草齋集 附錄	明烏斯道撰、	一〇 一	明刊本、	案明史文苑傳稱斯道工古文，兼書法，不及其詩，今觀其文，猶夷淡宕，頗近自然，乃其詩亦寄託深遠，吐屬清華，殆當時文尤見重於世歟。
耕學齋詩集	明袁華撰、	一二	鈔本出葉文莊家、丁氏有鈔十卷本、	華在明初，爲諸家盛名所掩，人與詩皆不甚著。然所作銜華佩實，究非後來僞體所及。
可傳集	明袁華撰、	一	有刊本、	是集爲楊維楨删定之本，名亦維楨所命。其去取頗嚴，故與全集並存，一取其備，一取其精焉。
强齋集	明殷奎撰、	一〇	明洪武十五年余熂刊本、明刊本、	奎出於楊維楨之門，其文爾雅深厚，有經籍之光，雖不以文名，而視宣德以後之雕章繪句，已卓然古格矣。

海桑集	明陳謨撰、	一〇	清康熙庚申裔孫邦祥刊本、明刊本、刊本、丁氏有鈔本、	謨爲楊士奇之舅。其文體雅潔，詩格舂容。東里淵源，實出於是。
畦樂詩集	明梁蘭撰、	一	明刊本、丁氏有鈔本、	案楊士奇嘗學詩於蘭。是集即士奇所編。然其詩有陶韋遺意，與士奇詩格迥殊。
竹齋集 續集 附錄	明王冕撰、	三 一 一	路有鈔本、振綺堂有明鈔本、許氏有精鈔本一冊、不分卷莫郘亭有鈔本、八千卷樓有鈔本、	按冕天才縱逸，其詩排宕縱橫，不可拘以常格，集中無絕句，惟畫梅乃以絕句題之，續集所收皆畫梅詩也。
獨醉亭集	明史謹撰、	三		其詩神采秀異，平易近人，大抵落落自行，無依傍門戶之見。
海叟集 集外集	明袁凱撰、	四 一	明弘治中刊本、正德元年刊本、隆慶中活字本、萬曆中刊本、明初本、天順中刊本、竹垞云即在野集本、清曹炳曾校刊本、觀自得齋本、	按懷麓堂詩話，謂其學杜太似，論頗入微，凱之長短具在於是。

榮進集	明吳伯宗撰、	四	有刊本、明嘉靖中刊本三卷、	是編一卷爲殿閣詞林記小傳及鄉試會試御試卷，二卷三卷爲詩賦，四卷爲雜文。詩文皆典雅雍容，明一代臺閣之體，於是濫觴。
梁園寓稿	明王翰撰、	九	淡生堂目有刊本、明刊本、	其詩古體往往有質直語，無元人穠纖之習。近體尤多伉爽之作。
自怡集	明劉璉撰、	一	四庫依鈔本、許氏有鈔本、丁氏有趙氏精鈔本、	按璉爲劉基之子，工於詩，集中五言古體居太半，皆思力沈摯，詞旨高雅，殆排突兩宋而上之，惟七言律詩，稍涉流利圓美之調。
斗南老人集	明胡奎撰、	六	明初甯府刊本、傳是樓影鈔分六卷、竹垞云吾鄉雲東逸史手錄稿、舊藏項氏天籟閣、繼歸高氏稽古堂、後入花山馬思贊、止四卷、丁氏依閣鈔本、	其詩不事雕飾，自然流出，靜志居詩話謂其功力既深，格調太熟，誦之若古人集中所巳有，誠識微之論。

希澹園詩	明虞堪撰、	三	振綺堂有鈔本六卷、許氏有鈔本一卷、丁氏有鈔本、	其詩古體氣格頗高，近體亦音節諧婉，惟七言律詩刻意欲摹黃庭堅而才力較薄頗形竭蹶。
鵝湖集	明龔斅撰、	九	四庫從永樂大典錄出、	其詩沿元季餘波，未能特出，其文則原本經術，結構謹嚴。
滎陽外史集	明鄭眞撰、	七〇	路有鈔本、振綺堂有鈔本百卷、內缺二十九卷、竹垞選明詩綜時尚見百卷本、四庫依鈔本、	拓眞以文學擅名，尤以古文著，所作率皆義有根柢，詞有軌度，在當時殆與宋濂聲價相埒。
全室外集 續集	明釋宗泐撰、	九 一	四庫依鈔本、明刊本、丁氏有明刊閣退本、	是論題曰外集，蓋釋氏以佛經爲內學，故以詩文爲外也。宗泐詩風骨高騫，徐一夔作是集序，稱其如霜晨老鶴聲聞九泉，清廟朱弦，典終三歎，彷彿近之。

峴泉集	明張宇初撰、	四	天一閣目有鈔本十二卷、道藏本十五卷、四庫依鈔本、	按宇初爲張道陵四十三世孫，襲掌道教。其文章頗斐然可觀，集中若太極釋先天圖論，河圖原辨荀子辨陰符經諸篇，皆合於儒者之言：
唐愚士詩 附會稽懷古詩	明唐之淳撰、	二 一	八千卷樓有鈔本、	是編名曰詩集，實兼載詩文。其詩少簡鍊之功，而塞外諸作，山川物產，頗資考核。會稽懷古詩一卷，仿阮閱張堯臣例，亦頗有辨訂。
繼志齋集 附錄	明王紳撰、	三 一	有刊本作三十卷、明萬歷刊本、附忠文集後、只二卷、當不全、	按紳爲王禕之子，其文演迤豐蔚，不失家法，詩亦有陶韋風致。
練中丞集	明練子甯撰、	二	又名金川玉屑集、宏治中王佐輯、明萬歷中刊本、清康熙中刊本、乾坤正氣集本、乾隆中刊本、明刊有崇祀實紀手跡遺事三卷本、明刊本、	按子甯爲一代偉人。據黃溥簡籍遺聞，稱集中多依託之作，其言頗核，然當年手稿，亦雜亦中，終不以僞併廢眞也。

遜志齋集	明方孝儒撰、	二四	明正德中顧璘刊本、成化刊本、嘉靖辛酉重刊本、萬歷中孫如游刊本、清康熙戊寅刊本、乾坤正氣集本、正德本三十卷、拾遺十卷、附錄一卷、崇禎刊本、孫熹刊本、	是編凡雜著八卷，文十四卷，詩二卷。其文縱橫豪放，出入於東坡龍川之間。
貞白遺稿 附顯忠錄	明程通撰、	一〇 二	明嘉靖刊本、天啟刊本、清嘉慶單刊遺稿本、	按貞白爲其齋名，集爲其從孫長等所編。後其裔孫樞等又集建祠請謚之文，謂之顯忠錄。其詩文俱醇樸有法度，可與方練諸集並傳不朽。
靜學文集	明王叔英撰、	一	振綺堂有鈔本二卷、或作三卷、明成化中謝世修刊本、胡心耘有舊鈔本六卷、附錄一卷、蔣廷錫印、丁氏有鈔本、	其文規橅韓愈，稍失之拘，而特爲謹嚴。

蒭蕘集	明周是修撰、	六	乾坤正氣集本、丁氏有鈔本、	是編凡詩三卷賦及雜文二卷，大抵風骨棱棱，溢於楮墨，格律詞采，亦無忝作者。
巽隱集	六程本立撰、	四	明嘉靖中刊本、萬歷乙丑刊本、文瑞樓刊本、西虞范氏重刊本、乾坤正氣集本、燕翼堂刊本、	按本立文章典雅，詩亦深穩樸健，頗近唐音。
易齋集	明劉璟撰、	二	明末楊文驄刊本、許氏有鈔本十卷、乾坤正氣集本、八千卷樓有鈔本、	其詩文頗傷辨率，而剛勁之氣，兀傲不羣。
黃給諫遺稿	明黃鉞撰、	一	孝慈堂目鈔本一卷、有施鳳來序、	是編凡文一首詩六十八首，多不經意之作，未足名家。

野古集	明龔詡撰、	三	明崇禎乙亥從孫無競刊本、末附年譜、又刻本分體者不佳、丁氏有鈔本、	其詩格調在長慶集擊壤集間。大抵性情深摯，直抒胸臆，頗得風人之旨。
文毅集	明解縉撰、	一六	明嘉靖中刊本、又名春雨齋集、淸康熙戊戌刊本、乾隆丙戌刊本、敦仁堂刊本、明天順初黃諫輯本三十卷、	按縉才氣放逸，下筆不能自休，螻蚓蛟螭，不免相雜，又懷麓堂詩話，謂其詩無全稿，眞僞參半，蓋出後人竄亂者爲多，然其中佳句間存，亦復不減作者。
虛舟集	明王偁撰、	五	明弘治六年袁州守王世英重刊本、八千卷樓有鈔本、	其詩恬雅安和，具有風矩，故列爲閩中十子之一。
王舍人詩集	明王紱撰、	五	明弘治六年與虛舟集同刊名友石山人集、繡谷[illegible]本乃吳人王乃昭手錄、八千卷樓有鈔本、	其詩結體稍弱，然神思淸曠，蕭散自如，氣韻亦天然拔俗。

泊菴集	明梁潛撰、	一六	明正統刊本、清康熙辛酉梁天清續刻本、明刊本、	其文格清雋，而兼有縱橫浩瀚之氣，在明初可自名一家。
毅齋詩文集	明王洪撰、	八	明時莫琚刊本、	其文樸而雅，駢體亦工，詩尤具有唐格，而不爲林鴻高棅之鉤摹。
附錄		一		
頤菴文選	明胡儼撰、	二	孝慈堂目有刊本十四卷、題胡祭酒集八千卷樓有鈔本、	是集詩文各一卷，其詩頗近江西派，詞旨高邁，寄託深遠，其文氣格高老，律度謹嚴，卓然爲明初之一家。
青城山人集	明王璲撰、	八	有刊本、明正統十二年刊本、莫郘亭有舊鈔本、文瑞樓主人校、	其詩墨守唐音，不踰尺寸，故只有擬議，而不能變化。
東里全集	明楊士奇撰、	九七	明嘉靖己酉黃如桂刊本、清康熙戊午刊本、二十五卷不全、又有二十五卷本、入存目、明刊本、	按明初三楊並稱，而士奇文章特優，大抵平正紆餘，又典則無浮泛之病，雜錄敘事極平穩不費力，後來館閣著作沿爲流派，實爲明代臺閣之祖。
別集		四		

楊文敏集	明楊榮撰、	二五	明刊本、明正德刊本、八千卷樓有鈔本、	其文格不甚高，然委蛇和雅，亦不能謂之庸音也。
省愆集	明黃淮撰、	二	有刊本、明刊本、	按淮爲漢王高煦所譖，繫獄十年，此集卽獄中所作，故以省愆爲名。其詩文舂容安雅，大約與三楊體格相同。
金文靖集	明金幼孜撰、	一〇	明成化四年刊本、明刊本、	其文章氣象稍狹，不及楊士奇等昌明博大，而雍容雅步，亦可以肩隨。
夏忠靖集	明夏原吉撰、	六	明時其孫廷章刊本、末附遺事一卷、清康熙乙酉潘宗洛刊本、八千卷樓有鈔本、	其文疏通剴達，猶有淳實之風，可與楊士奇黃淮諸人肩隨。
抑菴集 後集	明王直撰、	一三 三七	明刊本、成化二年男楨重刊、安城吳節序、	按抑菴集在朝所作，後集歸田所作。其文貌似平易，而質實深厚，實不易及。

運甓漫稿	明李昌祺撰、	七	明天順三年鄭綱編本、正統元年刊本、八千卷樓有鈔本、	其詩清新華贍，音節自然，靜志居詩話，謂取才結體，頗與段柯古相似，蓋由其一變綺靡纖巧之習，而以流逸出之，故別饒鮮潤，迥異庸蕪。
古廉集 附錄	明李時勉撰、	一二 一	明成化刊本、景泰七年刊本、又有三卷本名續刻古廉先生集、明刊本、	其文平易通達，不露圭角，多藹然仁義之言。
梧岡集	明唐文鳳撰、	八	唐氏三先生集本、正德戊寅刊本、	按文鳳與祖元父桂芳世以文學擅名，程敏政嘗裒其詩文為唐氏三先生集，此編詩文各四卷，大抵豐蔚深厚，刊落浮華。
曹月川集	明曹端撰、	一	正誼堂刊本、八千卷樓有鈔本、	按端為明初之理學家，而遺書散佚，此本為清張伯行裒集而成，其詩皆擊壤集派，文亦質直朴素，不以章句為工。

薛文清集	明薛瑄撰、	二四	明弘治己酉刊本、明張鼎刊本、清雍正甲寅薛氏刊本、成化五年刊河汾詩集八卷入存目、	按瑄爲明初理學家，其文章典正，絕不參語錄鄙詞，其詩多沖澹高秀，吐言天拔，往往逼似陶韋。
兩溪文集	明劉球撰、	二四	明刊本、乾坤正氣集本、清乾隆刊本、	其文和平溫雅，詞旨光明磊落，無纖微淟涊之態。
于忠肅集	明于謙撰、	一三	有刊本、明嘉靖丁亥刊本八卷、明刊三異人集七卷、與方正學集十一卷楊椒山集四卷合刻、清康熙祠堂刊十卷本、	是集凡奏議十卷，詩一卷，文一卷，附錄一卷。奏議多明白洞達，切中事機，詩風格遒健，文則具體而已。
蘭庭集	明謝晉撰、	二	明永樂中刊本、許氏有鈔本一册、不分卷、	按晉善繪事，詩亦頗工，周傳序擬以楊基高啟，深得晉詩之旨趣。

古穰集	明李賢撰、	三〇	明刊本、八千卷樓有鈔本、	其詩文嫺雅質實，無矯揉造作之習，集中記載時事之作，亦多可與史傳相參。
武功集	明徐有貞撰、	五	有刊本八卷、明刊本、	按有貞長於幹略，見聞亦博，故文奇氣坌涌，而學問復足以濟其辨，不可謂非奇才，蓋亦夏竦文莊集之流遺也。
倪文僖集	明倪謙撰、	三二	明刊本、武林往哲遺著本、八千卷樓有鈔本、	是集爲謙所自編，其詩文大抵沿三楊宗派，而無其末流之廝膚。
襄毅文集	明韓雍撰、	一五	明刊本、	按明自正統以後，作者相沿惟三楊舊格，獨雍以雄毅之才，自抒胸臆，雖體裁未變，而風格特高，韓愈所謂獨得雄直氣者，殆爲近之。
白沙集	明陳獻章撰、	九	明弘治甲子刊本、萬歷中何熊祥重刊本、嘉靖刊有附錄本、	按獻章湛深佛理，其詩文亦似禪僧作偈，隨口機鋒，偶然有合，或高妙不可思議，偶然率意，或麤野不可嚮邇。

類博稿 附錄	明岳正撰、	一〇 二	有刊本、八千卷樓有鈔無附錄本、	其文天眞爛漫，落落自將，明史本傳稱以高簡峻拔，殆非溢美，詩則雅非所好，實亦不工。
平橋稿	明鄭文康撰、	一八	明刊本、天順刊本、清康熙癸酉重刊本、	其詩意主勸懲而多近擊壤集體。其文雖不甚修詞，而篤實不支，自中繩墨。
竹巖詩集 文集 補遺	明柯潛撰、	一 一 一	明嘉靖中刊本、存寸堂目有八卷本、天一閣目作十一卷、	其詩冲澹清婉，文亦峻潔有法度，頗存明初作者之風。
彭惠安集 附錄	明彭韶撰、	一〇 一	明嘉靖刊本、別本七卷、入存目、八千卷樓有鈔本、	其文雖沿臺閣之體，而醇深雅正，具有根柢，與神瘠而貌腴者有別。
清風亭稿	明童軒撰、	七	天一閣目有明刊本八卷、八千卷樓鈔本、	按軒人品高潔，詩亦雅澹絕俗，然在明代不以詩名，蓋寥寥清音，不諧俗尚故也。

方洲集 附讀史錄	明張甯撰、	二六 四	明弘治四年刊本四十卷、明刊本、	集中奏疏，多讜言正論，通達國體之作，雜文亦落落有氣。詩則頗雜浮聲，然無齷齪萎弱之態。
重編瓊臺會稿	明邱濬撰、	二四	明天啟中邱氏裔孫刊本、許目有二十七卷本、清康熙戊子刊邱文莊公集十卷、	按濬詩文有吟稿類稿諸刊，鄭廷鵠彙合補綴名曰會稿，其裔孫爾穀又爲刪定，故以重編爲名。濬記誦淹博，故文章爾雅，廻勝游談，在有明一代不能不謂之作者。
謙齋文錄	明徐溥撰、	四	有刊本、清順治庚子閩刊本、道光刊八卷本、	集中詩文頗多應俗之作，結體亦嫌平衍，惟奏議指事陳言，委曲懇至，具見老成憂國之心。
椒邱文集	明何喬新撰、	四四	明婺源余罃編刊本、許目三十四卷、附外集一卷、	按喬新不以文章名，而所作直抒胸臆，詳明剴切，學問經濟，具見於斯。

石田詩選	明沈周撰、	一〇	明弘治中華汝德刊本、崇禎中瞿武耜校刊本九卷、入存目、詩八卷、與華本互有出入、文一卷、華所無、	是集爲華汝德所編，仿宋人分類杜詩之例，分天文時令等三十一目，周以畫名一代，其詩亦揮灑淋漓，天趣盎然。
東園文集　續稿	明鄭紀撰、	一三　一	清康熙中九世孫梁英刊本、八千卷樓鈔本、	集中奏議，切實詳明，雜文亦多有關世教，吳漮序稱其文似老泉，殊不相類。
懷麓堂集	明李東陽撰、	一〇〇	明嘉靖中刊本、清康熙中廖方達刊本、嘉慶八年茶陵刊本、重刊附年譜本、	按東陽主持文柄三四十年，其詩文導源唐宋，具有典型，故殫諸家雄傑之才，能揜而勝之，終不能擠而廢之。
清溪漫稿	明倪岳撰、	二四	明正德刊本、明刊本、武林往哲遺著本、	集中奏議五十九篇，已見大略，他文亦渾浩流轉，不屑追琢字句。

書名	撰者	卷數	版本	按語
康齋文集	明吳與弼撰、	一二	明崇禎壬申陳維新刊、明刊十三卷本、	按與弼之學，能兼採朱陸之長，陳獻章得其靜觀涵養，遂開白沙之宗，胡居仁得其篤志力行，遂啟餘干之學，有明一代兩派遞傳，皆自與弼倡之。其詩文亦皆淳實近理，無後來滉瀁恣肆之談。
樓居雜著	明朱存理撰、	一	佳趣堂目有野航雜箸一卷、史辰伯鈔本、八千卷樓鈔本、	是編惟樓居雜記，爲理存舊稿，頗足以資考證。詩稿文稿，僅掇拾諸書而成篇帙寥寥。附錄一卷，則存理逸事及贈答詩文也。
野航詩稿		一		
野航文稿		一		
附錄		一		
一峯集	明羅倫撰、	一〇	明刊本、淸乾隆戊寅羅氏活字本、道光中劉釋刊本、明刊十四卷本、正德原刊本、	按倫孤高堅忍，故其文具有剛勁之氣。詩亦磊砢不凡。末載夢稿二卷，隱約幻渺，莫測其用意所在。

篁墩文集	明程敏政撰、	九三	明刊本、天一目有篁墩文粹二十五卷、	按敏政學問淹通，著作具有根柢，惟文格頗頹唐，詩歌亦率易，至其黜鄭元，詆蘇軾，堅執門戶之見，尤多偏駁。
楓山集 附錄	明章懋撰、	四 一	有刊本九卷、金華叢書本、宏治乙丑戴銑編、後序外三山林瀚序、丁氏鈔本、	按懋爲講學家，其宗旨在身體力行，文字非所留意，生平所作止於如此，然皆辭意醇正，有和平溫厚之風。
莊定山集	明莊㫤撰、	一〇	有刊本、八千卷樓鈔本、	其文多衍太極圖之義，其詩亦多作擊壤集之體，均不入格，然天機偶到時，往往妙合自然，頗饒別趣。
未軒文集 補遺 附錄	明黃仲昭撰、	一二 二 一	明刊本、天一閣目十卷、	按仲昭與章懋莊昶同以諫謫，三人氣節相同，文章質實亦略相似。

醫閭集	明賀欽撰、	九	有刊本、八千卷樓鈔本、	按欽學出陳獻章，惟獻章主靜，而欽則主敬耳。集中言行錄，皆平易直樸，奏議剴切暢達。詩文大抵信筆揮灑，不甚修詞。
翠渠摘稿 補遺	明周瑛撰、	七 一	有刊本、八千卷樓鈔本、	是集爲其門人林近龍選錄，故名摘稿。其學以居敬爲主，與賀欽相近，詩文雅澹，頗有修詞之功。
家藏集	明吳寬撰、	七七	明刊本、朱修伯曰舊刊補遺一卷、今本無、	按寬學宗法蘇軾，詩文則與軾異途，大抵典雅和平，有鳴鸞佩玉之風。
歸田稿	明謝遷撰、	八	清康熙中謝鍾和刊本、八千卷樓鈔本、	按遷文集全稿嘉靖中倭亂被毀，此稿乃其致仕以後，再召以前所作，自題曰歸田稿。所作詩文，大抵詞旨和平，惓寄江湖魏闕之思。

震澤集	明王鏊撰、	三六	明刊本、陳元素寫本、多附錄、明董其昌校刊本、寫刊俱精、題王文恪集、三槐堂刊本、	按鏊以制義名一代，古文原本訓典，格律謹嚴，亦有韓歐之遺軌。
鬱洲遺稿	明梁儲撰、	一〇	有刊本、粵東刊本、八千卷樓鈔本、	是集奏疏最多，大抵剴切耿直，詩文寥寥無幾，體格亦不甚高。
見素文集 奏疏 續集 附錄	明林俊撰、	二八 七 一二 二	明正德刊本、清重刊本、	其文體裁不一，大抵以奇崛奧衍自喜，其詩出入於黃庭堅陳師道間，不爲常語，蓋欲變三楊臺閣之體而力尚未能，然已戛戛然別開門徑矣。
古城集 補遺	明張吉撰、	六 一	八千卷樓有鈔本、	按明正德初年姚江之說興，而學問一變，北地之說興，而文章亦一變，吉高明不及王守仁，而勝以篤實，才力不及李夢陽，而勝以平正通達，猶有先民矩矱。

虛齋集	明蔡清撰、	五	明正德刊本、乾隆壬戌族孫廷魁重刊本十三卷、入存目八卷、	按清學以窮理爲主，雖篤守朱子之說，而不務黨同伐異，其文章亦淳厚樸直，言皆有物，非雕文刻鏤者所可幾也。
容春堂前集 後集 續集 別集	明邵寶撰、	二〇 一四 一八 九	明正德中刊前集、顏體字最精雅、後三集稍遜、只收外集、有刊本、愼獨齋刊二泉集六十六卷、	按寶學以洛閩爲的，其文典重和雅，以李東陽爲宗，詩則清和澹泊，尤能抒寫性靈。
羅圭峯文集	明羅玘撰、	三〇	明刊本三十五卷、清康熙中羅美材刊本、編次頗無體例、拜經樓藏本三十七卷、明刊文集十八卷、續集十五卷本、	按玘文規撫韓愈，務出以深湛幽渺之思，多掩抑其意，迂折其詞，使人得之於言外。
吳文肅公摘稿	明吳儼撰、	四	明萬曆甲申其孫士遇刊本、明刊本、	其詩文亦沿臺閣之派，雖不及李東陽之宏富，而文章局度春容，詩格亦復嫻雅，要足與東陽肩隨。

熊峯集	明石珤撰、	一〇	明刊本、皇甫汸删定本、清康熙中餘姚孫光㬎刊本、八千卷樓鈔本、	其詩文皆平正通達，具有茶陵之體，故東陽於門人中許以代興者，惟邵寶及珤而已。
立齋遺文	明鄒智撰、	五	明天啟乙丑李芳麓刊本、乾坤正氣集本、吳廷舉編次立齋集刊本、八千卷樓鈔本、	按智抨擊權姦，直聲動天下，沒時年僅二十六，其詩文多發於至性，不假修飾之功，雖間傷樸遬，而眞氣流溢，其感人者固在文字外矣。
西村集 附錄	明史鑑撰、	八 一	明嘉靖中其孫周刊本、清初刊本、乾隆丙寅裔孫開基刊本、	其文究悉物情，練達時勢，多切於實用，於三吳水利言之尤悉，詩亦落落無俗韻。
胡文敬公集	明胡居仁撰、	三	明刊本、清乾隆刊本、吹萬山房刊本、正誼堂本、	按居仁出於吳與弼之門，學問篤實，勝於其師，詩文皆近裏著己，理勝於詞。

小鳴稿	明秦王朱誠泳撰、	一〇	明刊本、刊本、	其詩古體清淺而質樸，近體諧婉可誦，七絕尤爲擅長，視爾時臺閣之作，轉屬清音。
方簡肅文集	明方良永撰、	一〇	明刊本、隆慶庚午其孫攸刊本、	其文信筆揮灑，不刻意求工，而和平坦易，不事鉤棘，視摹擬塗飾之習，轉爲本色。
懷星堂集	明祝允明撰、	三〇	嘉靖中刊本、又名祝氏集略三十卷、	按元明以書傳，其詩取材頗富，遣語頗妍，時有六朝遺意，文亦瀟灑自如，不規規依門傍戶。
整庵存稿	明羅欽順撰、	二〇	刊本、萬卷堂目有續集十三卷、八千卷樓鈔本、	集中所作，意境稍涉平衍，而典雅醇正，未失成化以來舊格，詩雖近擊壤派，尚不至爲有韻之語錄，在講學諸家亦可云質有其文。

東江家藏集	明顧清撰、	四二	刊本、其子所續集有留都稿四卷存稿十卷、	是集凡山中稿四卷，北游稿十九卷，歸來稿九卷，皆晚年所自編，詩頗婉麗清新，文亦醇鍊，在茶陵派內，可謂不失典型。
空同集	明李夢陽撰、	六六	明初刊本、其孫曹嘉選吳下善書者繕寫刊行、明刊本、	按明一代文章體裁，自夢陽而變，文章門戶，亦自夢陽而分，其詩才力富健，誠足以籠罩一時，惟句擬字摹，食古不化，亦往往有之，其文故作聱牙，欲以艱深文其淺易也。
山齋集	明鄭岳撰、	二四	明萬歷中刊本、	按岳天性孤介，故其文落落自將，不隨風氣，詩亦頗深於諷諭。
浮湘集	明顧璘撰、	四	明嘉靖戊戌刊本、明單刊息園存稿本、竹垞稱其尚有歸田集、	璘詩矩矱唐人，以風調勝，在正嘉間，不失爲第二流之音。
山中集		四		
憑几集		五		
續集		二		
息園存稿詩		一四		
文		九		
緩慟集		一		

書名	撰者	卷數	版本	評語
華泉集	明邊貢撰、	一四	明嘉靖戊戌刊本、許目八卷、漁洋選本四卷入存目、明刊本、魏允孚續刊文集本、單刊詩集本、	其詩甚才富，能於沈穩處見其流麗，其文自明以來談藝家置而不論，然核其品格，實遠遜有韻之詞。
劉淸惠集	明劉麟撰、	一二	明萬歷丙午陳幼學刊本、八千卷樓鈔本、	其文標格甚高，胸中無一毫介蔕，故所發皆盎然天趣，讀之足消鄙吝。
東田遺稿	明張羽撰、	二	淸初刊本、	集中疏劄，多中時弊，詩當體裁初變之時，不爲舊調之陳腐亦不作新聲之塗飾，我用我法，乃能不失唐音。
沙溪集	明孫緒撰、	二三	淸康熙四十六年賈棠與馬東田集合刊本、馬集入存目、	其文沈著有健氣，集中無用閒談，中力排臍古之弊，可以見其宗旨，詩格大約與李東陽相近。

王文成全書	明王守仁撰、	三八	明嘉靖中刊本、隆慶二年新建謝建傑刊本、又明刊本、清康熙癸丑俞氏刊本二十二卷入存目、葉紹容編陽明要書八卷附錄五卷入存目、康熙初王貽樂刊十六卷本、入存目、康熙己巳張問達編陽明文鈔二十卷、入存目、	是編凡語錄三卷，文集五卷，別錄十卷，外集七卷，續編六卷，附以年譜五卷，世德記二卷。守仁之學以知行合一爲主，其文博大昌明，詩亦秀逸有致。
雙溪集	明杭淮撰、	八	明刊本、其弟洵重刊本、	其詩格清體健，而不沿襲陳言，靜志居詩話，稱其詩適錬如繭絲抽自梭腸，似澀而有條理，持論亦屬允愜。
對山集	明康海撰、	一〇	清康熙中馬氏刊本、乾隆辛巳刊本、張太微所編原集十九卷、入存目、	按海爲一時才士，徒以救李夢陽之故，失身劉瑾，瑾敗坐廢，文章不復精思，詩尤頹縱，此本爲孫景烈所删定，去取頗嚴，較諸本特爲完善。

柏齋集	明何瑭撰、	一一	明嘉靖己酉鄭府刊本、明刊十卷本、	按瑭論學以格致爲宗，經世之略，尤所究心，故其文多切於實用，詩集則備體而已。
竹澗集　奏議	明潘希曾撰、	八　四	明嘉靖末黃省曾校本、明刊本、八千卷樓有鈔本、	集中奏章，皆眞摯詳明，深中事理。詩文不甚修詞，而剛直之氣，毅然直達，不能以工拙論之。
大復集	明何景明撰、	三八	明嘉靖十年刊本三十七卷、明刊黑口本、五世姪孫洙源等刊本、嘉靖三年雅竹齋刊本二十六卷、嘉靖十年義陽書院刊本亦二十六卷、賜策堂刊有附錄本、	按景明與李夢陽倡復古之論，天分各殊，故取徑稍異，然摹擬蹊徑，二人之所短略同，至夢陽雄邁之氣，景明諧雅之音，亦各有其所長也。
洹詞	明崔銑撰、	一二	明趙府味經堂刊本、嘉靖甲寅池州刊本十七卷、附錄四卷、入存目、	按銑家安陽地有洹水，故名曰洹詞。其學篤實明達，故集中持論，不蹈空寂，亦不涉拘迂。

莊渠遺書	明魏校撰、	一二	魏氏原刊本甚精、嘉靖四十年刊、明刊十六卷本、	是集文律謹嚴，不失雅正，考證亦具根柢。
儼山集 續集	明陸深撰、	一〇〇 一〇	有刊本、幷外集四十卷、明刊本、	是集篇章繁富，大抵根柢學問，切近事理。當正嘉之間，七子之派盛行，而深獨以典雅和平爲宗，毅然不失其故步，亦可謂有守者矣。
迪功集 附談藝錄	明徐禎卿撰、	六 一	明正德庚辰刊本、嘉靖戊子刊本、清乾隆刊本、	按迪功集爲禎卿所自定，其論詩宗旨，見於談藝錄，大旨以摹古爲主，與李夢陽略同，惟夢陽才雄氣盛，故枵張其詞。禎卿慮澹而思深，故密運以意。
鄭少谷集	明鄭善夫撰、	二五	明刊本、清道光甲申刊本、	其詩規撫杜甫，多憂時感事之作，王世懋藝圃擷餘，以善夫爲邊徐薛王之亞，可謂持平之言。

大白山人漫稿	明孫一元撰、	八	明萬曆刊、崇禎中周伯仁刊本、蓋據吳興張氏本及陽湖本合輯、清嘉慶間凌鳴喈刊本、附錄一卷、	其詩排奡凌厲，往往多悲壯激越之音。體格與黃庭堅約略相近。
苑洛集	明韓邦奇撰、	二二	明嘉靖末刊本、清乾隆刊本、	邦奇學問淹博，凡天文地理兵法樂律術數之屬，無不究覽，故其文具有依據，不同勦說，集中見聞考隨錄五卷，尤多資考證。
東洲初稿	明夏良勝撰、	一四	明正德十五年刊本、明刊本、	是集前八卷爲詩文，附以考定皇極指掌圖天文便覽各一卷，又仕止隨錄四卷，前二卷爲諫南巡時詩文并投贈之作，後二卷爲家居詩文。
升菴集	明楊愼撰、	八一	明萬歷中張士佩刊本、明刊本、清末刊本、	按有明一代博洽者無逾於愼，尤研索唐以前書，故其詩含吐六朝，於明代別立門戶，其文稍遜於詩，而亦具有古法。

東巖集	明夏尙樸撰、	六	明刊本、四庫箸錄其文、而黜其詩八卷、入存目、	按尙樸初與陳獻章同師吳與弼，後與王守仁同師婁諒，然所學篤實謹嚴，與其師友迴異。其文章淳樸，適肖其學問。
文簡集	明孫承恩撰、	五八	明刊本、名瀼溪草堂稿、爲其門人楊豫等編、	按承恩當文體既變之時，獨不超李何之門徑，又博覽宏稽，遂詣淵蓄，故撰述皆深厚爾雅，紆徐委密。
方齋詩文集	明林文俊撰、	一〇	此本乃其家藏書抄、凡文九卷、詩一卷、明北監廿二史皆所校刊、	其文頗醇雅，詩亦從容恬適，不事雕鏤。
考功集	明薛蕙撰、	一〇	明嘉靖刊有附錄一卷本、淸道光八年亳州劉氏刊本、	按蕙名列七子之中，而古體上挹晉宋，近體傍涉錢郎，取徑近於信陽，而稍遠於北地。

雲村文集	明許相卿撰、	一四	有刊本、八千卷樓鈔本、康熙初許氏刊本十六卷、	章疏多剴切，文亦雅潔，其詩大抵近體居多。五言有大歷之調，七言出入陳師道陳與義間。
小山類稿	明張岳撰、	二〇	明萬歷刊本、	集中奏議分七稿，皆據其歷官年月次第編類，雖文義樸直而多切實用，書頗內辨學之語，大都歸於篤實近裏。
夢澤集	明王廷棟撰、	二三	明嘉靖辛亥刊本、是集一刊於淮安、再刊於蘇州、此本乃其從孫道淳刊、蓋第三本也、清道光刊本、	其詩意警語圓，軒然出俗，王世貞稱其如良馬走坂，美女舞竿，朱彝尊亦謂其音高秋竹，色艶春蘭，可謂推挹備至，至其雜文，則藻釆太多，華掩其實。
泰泉集	明黃佐撰、	一〇	明嘉靖壬寅門人李時行刊本、	按佐生平著述至二百六十餘卷，在明人之中學問最有根柢，文章亦銜華佩實，其詩吐屬沖和，粵東風雅，自南園五子之後至佐又一振。

甫田集 附錄	明文徵明撰、	三五 一	明刊本、清康熙中文氏重刊本、	按徵明工書畫，其詩雅飭之中，時饒逸韻，徵明自謂少年從陸放翁入，核其所作，語殆不虛。
西村詩集 補遺	明朱朴撰、	二 一	明刊本、海鹽鄭氏校刊本、	其詩近體格調清越，超然出羣，古詩差遜，然亦不墜俗氛。
天馬山房遺集	明朱淛撰、	八	明刊本、八千卷樓鈔本、	按淛以上爭誕節朝賀疏廷杖，放棄終身，其詩文不事鉛華，獨抒懷抱，靜志居詩話稱其詩無俗韻，誦之可想見其爲人。
蘇門集	明高叔嗣撰、	八	明嘉靖中刊本、半頁十行行十六字、	其詩擺落窠臼，自抒性情，王世貞藝苑巵言，比以空山鼓琴，沈思忽往，木葉盡脫，石氣自青，可謂善於名狀。

愚谷集	明李舜臣撰、	一〇	明刊本、八千卷樓鈔本、	按舜臣詩格雅飭，而頗窘於邊幅，文皆古質，而稍覺有意謹嚴，或刻削太過，所長所短，皆在於斯。
遵巖集	明王愼中撰、	二五	明隆慶辛未刊本、又嘉靖刊摘稿四卷本、入存目、嘉靖刊四十一卷本、	按愼中爲文，初亦高談秦漢，久而悟摹擬形似之非，一意師仿歐曾，壯年廢棄，益肆力於文，演迤詳贍，卓然成家，遂與唐順之齊名天下，當時稱之曰王唐。
陸子餘集	明陸粲撰、	八	明刊本、	按粲爲王鏊門人，授受有緒，黃宗羲明文海，稱其文秀美平順，不起波瀾，乃歐陽氏之支流。
念菴集	明羅洪先撰、	二二	明刊本二十五卷嘉靖癸亥初刊本十三卷、入存目、念菴集初刊於撫州、再刊於應天、最後諸門人編爲此二十二卷本、清雍正癸卯刊本、	按洪先之學，出於姚江，頗參禪理。其文初效李夢陽，既而改從唐順之，晚乃自行己意，其答友人書，以文之波瀾，生於不得不然，由於見道之流行無所不在，可見其學問文章之大旨矣。

皇甫司勳集	明皇甫汸撰、	六〇	明刊本、	是集爲其晚年手自删定者。其詩古體原出三謝，近體源出中唐，雖乏深湛之思而雅飭雍容風標自異。
楊忠介公文集 附錄	明楊爵撰、	一三 三	明刊本、刊附錄五卷本、	按爵講學以躬行實踐爲宗，不涉客氣。所作詩文大抵直抒胸臆，似乎平易，皆有本之言。
荊川集	明唐順之撰、	一二	明嘉靖乙卯刊本、其集爲無錫安氏所編、明刊本、清康熙間唐氏刊本十八卷、	其文研究古法，循執知途，故不似李夢陽之學秦漢，描摹面貌，亦不似茅坤之學唐宋，掉弄機鋒，在有明中葉屹然爲一大宗。
皇甫少元集 外集	明皇甫涍撰、	二六 一〇	明刊本、	按涍於古文非所刻意，其詩則憲章漢魏，取材六朝，雖邊幅稍狹，然婉麗之詞，綿邈之神，以驂駕昌轂蘇門，固無愧色。

瑤石山人稿	明黎民表撰、	一六	明萬歷中刊本粤十三家集本、	其詩錯采鏤金，風骨凝重，蓋民表爲續五子之一，故頗近太倉歷下之派，然根柢出於黃佐，終有規程。
南行集 東游集 北觀集 山中集	明邱雲霄撰、	四 二 四 一〇	有刊本十八卷作止止山人集、見明詩綜、	按南行集東游集北觀集皆有詩無文，山中集詩四卷，文六卷。其詩雅澹勁古，景眞情得，不肯蹈襲前人，故異乎七子之派。
洞麓堂集	明尹臺撰、	一〇	有刊本八卷、崇正書院刊本、	其學不主姚江，其詩文多存古格。鄒元標序稱爲闡繹名理，不屑綺詞，頗得其實。
張莊僖文集	明張永明撰、	五	有刊本、八千卷樓鈔本、	其文平實質樸，不尙雕華，而多有用之言。

具茨詩集 補遺 文集 補遺 附錄 遺稿	明王立道撰、	五 一 八 一 一 一	明萬歷刊本、八千卷樓鈔本、	其詩稍嫌婉弱，而冲容淡宕，不爲奇險之語，其文縱橫自喜，頗於眉山爲近。
青霞集 年譜	明沈鍊撰、	一一 一	清道光刊本、明其子襄刊本、乾坤正氣集本、源遠堂刊本、	按鍊爲剛直之士，其文健勁有氣，詩亦鬱勃磊落，肖其爲人。
滄溟集 附錄	明李攀龍撰、	三〇 一	明隆慶壬申王元美刊本、明刊本、清道光刊本、又嘉靖癸亥初刊白雪樓詩集十卷、又宋光庭選刊四卷、皆入存目、	按有明一代文章，自前後七子而大變：前七子以李夢陽爲冠，後七子則以攀龍爲冠也。其古樂府割剝字句，不免剽竊之譏，諸體詩亮節較多，微情差少，雜文更有意詰屈其詞，然才力富健，凌轢一時，實有不可磨滅者在也。

山海漫談 附錄	明任環撰、	三 二	清乾隆丁丑刊本、八千卷樓鈔本、	按環以禦倭寇著績，吟詠非所擅長，至其古文，皆嶄嶄有筆力，且高簡有法度。
楊忠愍集 附錄	明楊繼盛撰、	三 一	清康熙中刊本、道光癸卯刊本、容城刊三賢集本、乾坤正氣集本、退補齋刊本、章氏刊本、	按繼盛爲忠烈之士，不以詩文著，此本乃後人蒐羅成帙，蓋重其氣節也。
弇州山人四部稿 續稿	明王世貞撰、	一七四 二〇七	明崇禎刊本、撫刊本、	四部者賦部，詩部，文部，說部也。續稿則惟賦詩文三部而說部闕焉，按世貞爲後七子之一，自李攀龍死後，其聲價遂出攀龍上。其才學富贍，規模廣闊，譬諸五都列肆，百貨具陳，眞僞駢羅，良楛淆雜，而名材瓌寶亦未嘗不錯出其中。

讀書後	明王世貞撰	八	明萬歷中刊本、天隨堂刊本、	按是編雜論古書，而究爲雜著，非目錄之比，故附入別集類。
方麓集	明王樵撰	一六	有刊本、八千卷樓有鈔十三卷本、	其文具有根柢，且多切實用。其詩雖不能自闢門徑，而冲和恬澹，亦異庸音。
存家詩稿	明楊巍撰	八	明嘉靖刊本、清初刊本、名夢山集、又漁洋屬謝重輝刊本三卷、	按巍中年學詩，然天姿超逸，自然拔俗，故能擺脫塵壒，自發清音。
海壑吟稿	明趙完璧撰	一一	八千卷樓有鈔本、	其詩多觸事起興，吐屬天然，絕無呌囂怒張之態，亦與明季矯激取名者不同。
伐檀齋集	明張元凱撰	一二	明張氏刊本、清康熙中刊本、	其詩大抵推陳出新，不襲窠臼，而氣格伉壯自喜。

備忘集	明海瑞撰、	一〇	清康熙刊本、作海忠介集六卷、康熙中海廷芳刊本、	按瑞爲人孤忠介節，故其文勁氣直達，亦有凜然不可犯之概。
石洞集	明葉春及撰、	一八	清康熙三十三年葉氏刊本、	按春及在當時稱爲循吏，集中政書，井井有條，詩亦得杜甫之一體；文章差近平直而亦明暢。
宗子相集	明宗臣撰、	一五	明刊本、有五卷本、入存目、	按臣爲七子之一，其詩天才婉秀，吐屬風流，跌宕俊逸處，頗能取法李白，惟意境未深，間傷淺俗耳。
衡廬精舍藏稿 續稿	明胡直撰、	三〇 一一	明郭子章刊本、	其學以姚江爲宗，故主於明心。其文章雅健有格，無鈔撮語錄之習。

薛荔園詩集	明佘翔撰、	四	四庫依鈔本、八千卷樓有鈔本、	其詩雖沿七子之派以雄麗爲宗，然人品頗高，故特有清致，與七子之浮響固殊。
郭鯤溟集	明郭諫臣撰、	四	明刊本、清康熙庚午劉臻重刊本、蠡溪草堂刊本、	其詩婉約閒雅，乃有范大成陸游之風。
亦玉堂稿	明沈鯉撰、	一〇	明刊本、清康熙庚午劉臻重刊本、嘉慶刊本、	其文經術湛深，議論正大，奏議諸篇，尤多有關於大體。
溫恭毅公集	明溫純撰、	三〇	明刊本、原刊本、黃目學一堂全集、又詩集、	集中奏疏皆指陳利弊，不以詞藻爲工，詩沿七子之派，雜文雅飭可誦，尺牘五卷多關時政，末一卷則爲語錄，大旨以程朱爲宗。

震川文集	明歸有光撰、	三〇	明刊本、萬歷王執禮校三十二卷本、清康熙中歸元恭刊本、嘉慶中刊大全集本五十八卷、玉鑰堂刊本、太僕集三十二卷、又蔣以忠校定二十五卷、	按有光當七子熾盛之時，獨力與之抗，可謂特立獨行之士，其文根柢醇厚，法度謹嚴，不可謂非古文正傳也。
別集		一〇		
四溟集	明謝榛撰、	一〇	明刊本二十四卷、萬歷壬子盛以進得趙邸舊本重爲補訂詩說二卷附卷首、	按榛終於布衣，爲聲價重一代，其集抗行於七子之間，亦無多讓，末附詩家直說二卷，語多迂謬。
蠛蠓集	明盧柟撰、	五	明刊本、嘉靖癸卯刊本、	其詩文大抵一意往還，眞氣坌涌，絕不染鉤棘塗飾之習。

少室山房類稿	明胡應麟撰、	一二〇	明萬歷戊午江湛然刊本、又有十五卷本入存目、	按應麟以附王世貞，得列名末五子中，其詩亦規仿四部稿，然記誦淹博，雖隨人步趨，而運用自有根柢，與剽竊者不同。
穀城山館詩集	明于愼行撰、	二〇	明刊本、文集四十二卷、入存目、	按愼行於李攀龍爲鄉人，而不沿歷下之學，其詩典雅和平，自饒清韻，亦不似公安之學，橫開仄徑，務反前規。
宗伯集	明孫繼皐撰、	一〇	有刊本、一名柏潭集、	是集乃掇拾而成，所錄多應制及酬贈之作、詩文大抵雍容恬雅，頗有承平臺閣之風。
臨皐文集	明楊寅秋撰、	四	淡生堂目有之、	按寅秋爲士奇裔孫，詩文頗守其家學，奏議尤委曲詳盡。

澹然軒集	明余繼登撰、	八	明馮琦刊本、	是編凡奏疏二卷，文五卷，詩一卷，奏疏皆剴切深至，切中時弊，詩文不擅長，然無佻薄之風。
涇皋藏稿	明顧憲成撰、	二二	有刊本二十六卷、又其孫貞觀刊顧端文公遺書三十七卷、見子部儒家類存目、	按憲成講學東林書院，爲東林黨之首，其學以程朱爲宗，世稱爲涇陽先生。
小辨齋偶存 附事定錄	明顧允成撰、	八 八	八千卷樓鈔偶存本、	按允成之文，皆論事講學之語，書簡居十之九，率直抒胸臆，多似語錄，無復修詞之功，詩爲擊壤集派，亦不入格，奏疏則眞氣流溢，發於忠愛之誠。
高子遺書 附錄	明高攀龍撰、	一二 一	明崇禎壬申門人陳龍正刊本、清康熙乙巳高氏刊本、乾坤正氣集本、光緒中無錫刊本、	按攀龍之學以格物爲宗，兼取朱陸，特爲切實，文格淸遒，詩格冲澹，在明末爲高調。

馮少墟集	明馮從吾撰、	二二	明萬歷壬子刊本、附續集四卷、天啟辛酉刊本、	按從吾講學之作，主於明理，論事之作，主於達意，雖不復以辭采爲工，然篤實切明，皆爲有物之言。
石隱園藏稿	明畢自嚴撰、	八	明刊本、有奏議一百三十六卷今未見、	按自嚴總持度支，綜覈敏練，爲當時所推重，可謂以經濟而兼文章者也。是集凡詩一卷，文七卷，其詩與邊貢李攀龍殆爲相近。
仰節堂集	明曹于汴撰、	一四	清康熙癸卯門人呂崇烈刊本、乾隆間刊本、	是集有高攀龍馮從吾序，其學問與二人相類，其詩文不及攀龍，於從吾可以肩隨。
願學集	明鄒元標撰、	八	明萬歷己未龍遇奇刊本、有又明刊本、清乾隆中刊本、此集外又有存眞集太乙山房疏草、	按元標之學，亦爲姚江支派，而操履特嚴，是集所載多係講學之語。

劉蕺山集	明劉宗周撰、	一七	清乾隆十六年雷鋐刊本廿四卷、附人譜等書、道光間蕭山刊本四十卷、題劉子遺書、乾坤正氣集本、證人堂刊二十四卷本、	按宗周之學出於姚江，大抵以愼獨爲宗，以敦行爲本，其文章亦皆爲有物之言。
學古緒言	明婁堅撰、	二五	明刊本、又明謝三賓合唐時升程嘉燧李流芳所著、刊爲嘉定四先生集、	按堅古文法律，接歸有光之傳，沿溯韓歐，而不襲其面貌，在明末可云碩果。
檀園集	明李流芳撰。	一二	明刊本、謝刊四先生集之二、崐山徐氏刊本、	是集凡詩六卷，文四卷，畫跋二卷，其文才地稍弱，雖不能與歸有光等抗衡，然在明季亦云晚秀。
忠介燼餘集	明周順昌撰、	三	清康熙中刊本、借月山房本、乾坤正氣集本、	按順昌爲魏忠賢所羅織逮治拷掠，殺之於獄，凡所著作，爲友人投火滅迹，是編爲其孫靖搜錄成集，故名燼餘。

范文忠集	明范景文撰、	一二	明刊本、乾坤正氣集本、	按景文入閣未五十日而明亡，以身殉國，集中奏議，指陳利害曲折詳盡，可以見其經略。
幔亭詩集	明徐熥撰、	一五	明萬歷刊本、	按熥刻意吟詠，圭臬唐人，而不爲割裂餖飣之學，謝肇淛五雜俎稱其才情聲調，足以伯仲高啟，朱彝尊亦稱其七言絕，原本王江甯多情至語，固非盡出標榜。
孫白谷集	明孫傳庭撰、	六	刊明本、八千卷樓鈔本、乾坤正氣集本、	是集奏疏居三卷，於當日督師情事，曲折詳盡，多可與史傳相參，雜著一卷，詩一卷，特掇拾備體，末一卷則附錄也。
集玉山房稿	明葛昕撰、	一〇	其子如龍等編八千卷樓有鈔本、	按昕居官風力剛勁，其文亦疎爽駿快，無依違靦覥之態，頗肖其爲人。

宋布衣集	明宋登春撰	三	清康熙乙丑王培益刊本、	其詩本名鵝池集，文本名燕石集，王培益合為一編，改題此名，其文頗簡潔，詩亦沖澹自然。
忠肅集	明盧象昇撰	三	清康熙中刊本、近刊十二卷本、奏議十卷、道光九年刊又嘉慶中活字本、乾坤正氣集本、	按象昇轉戰十年，殉難時年僅三十九。其詩文雖不甚入格，然其軍中家書尺牘，忠孝悱惻之氣，感人至深。
倪文貞集	明倪元璐撰	一七	明刊本、清乾隆壬辰重刊本、乾坤正氣集本、乾隆刊無續集本、	其詩文不出歷下太倉舊格，而言皆有物，與塗飾字句者終殊。至其奏疏，則詳明剴切，多關軍國大計，尤為當世所推重。
續編		三		
奏疏		一二		
講編		四		
詩集		四		

凌忠介集	明凌義渠撰、	六	四庫依鈔本、乃其友徐沂門人姜垓校定、湖州刊奏議六卷、	是集凡詩四卷，文二卷，義渠以制義知名，古文非所留意，然剛毅自立之象，猶可概見其大略。
茅簷集	明魏學洢撰、	八	弟學濂刊本、門人錢棻刊本題魏子敬遺集、乾坤正氣集本、	按學洢父大中以身殉國，學洢以身殉父，忠孝爲世所重，其文章未甚成就，亦以人傳。
申忠愍詩集	明申佳允撰、	六	其子涵光所編刊、有刊本三卷、	是集卷首有家傳，稱於詩好李夢陽何景明，然其詩直抒胸臆，多傷纖仄，頗染公安景陵之習，實不似李何。
陶菴全集	明黃淳耀撰、	二二	龍氏刊本、清康熙中陸元輔先刊詩集後刊文集本、乾隆刊二十六卷本、	按淳耀學問具有根柢，其文和平溫厚，詩亦渾雅有格。

聖祖御製初集 二集 三集 四集	清康熙撰、	四〇 五〇 五〇 三六	內府刊本、	是編初二三集爲張玉書等所編，四集則爲允祿等所編也。
世宗御製文集	清雍正撰、	三〇	內府刊本、	是集凡文十二卷，分爲十二體，詩十卷，前三卷爲辛丑以前所作，後七卷則爲癸卯以後作也。
高宗樂善堂文集定本	清蔣溥等奉敕編、	三〇	內府刊本、	是編就所訂文鈔十四卷，汰存十之三，益以乙卯前續著十之七，定爲善樂堂集，又敕蔣溥等勒爲定本。
高宗御製文初集 二集	清乾隆撰、	三〇 四四	內府刊本、	是編初集凡五百七十餘篇，分十有九體，二集四百一十餘篇，分二十三體，各以歲月爲次。

高宗御製詩初集 目錄 二集 目錄 三集 目錄 四集 目錄	清乾隆撰、	四四 四 九四 六 一〇〇 一二 一〇〇 一二	內府刊本、	是編爲清乾隆所作之詩集，合古體近體，以編年爲次。
梅村集	清吳偉業撰、	四〇	清康熙中刊本、靳榮藩著吳詩集覽二十卷、乾隆四十年刊本、	按偉業才華艷發，少年之作，多婉麗風流，暮年之作，乃蒼涼激楚，興象深微，至於度曲倚聲，亦特饒情韻。
湯子遺書 附錄	清湯斌撰、	一〇 一	有新舊兩刊本、	其學出於孫奇逢，主於堅苦自持，集中語錄宗旨，在朱陸之間，其奏議皆規畫周密，文章亦具協雅音。

兼濟堂文集	清魏裔介撰、	二〇	詹明章合刊本、	其奏議皆明達政體、詩文雖不甚擅名，亦皆不失正軌。
學餘堂文集 詩集 外集	清施閏章撰、	二八 五〇 二	清康熙戊子刊本、乾隆巳未刊本、 原刊本、	按閏章嘗謂己詩如建瓴甓木石從平地築起，故以深穩見勝，其文摹仿歐曾，不失矩度。
范忠貞集	清范承謨撰、	一〇	清康熙中刊本、	按承謨有畫壁詩一卷，吳震方刊入說鈴中，頗爲世所傳誦，此編乃其全集，其奏議明白敷暢，詩文大抵直抒胸臆，多慨慨激昂之作。
林蕙堂集	清吳綺撰、	二六	原刊本、刊本、又有巾箱本、楷字	按綺與陳維崧同以四六名，維崧追摹開府，綺含咀樊南，異曲同工，未易定其甲乙，其詩詞神姿艶逸，亦不愧才人。

書名	撰者	卷數	版本	按語
精華錄	清王士禎撰、	一〇	清康熙中林佶寫刊本、佳、惠棟訓纂二十卷、金榮箋注十二卷、補遺一卷、漁洋全集本、	按此集雖題曹禾盛符聲同編，然實爲士禎所自定。總括其詩宗旨不出神韻之一言，雖末流剽竊，使模山範水之語，處處可移，然選言新秀，吐屬天然，不能不推爲詩家一大宗。
堯峯文鈔	清汪琬撰、	五〇	康熙癸酉刊林佶寫本、密行尤精善、	按琬與魏禧侯方域並以古文擅名，其文大抵根據經術，體氣浩瀚，疏通暢達，以之接迹王愼中唐順之歸有光等殆無愧色。
午亭文編	清陳廷敬撰、	五〇	乾隆中林佶寫刊本、佳、	按是編爲廷敬手自刪定，以所居午亭山村，因以名集，於時古明推汪琬詩推王士禎，而廷敬與汪王不茍雷同，蓋其學力均有足以自立也。

讀書齋偶存稿	清葉方藹撰、	四	有刊本、八千卷樓鈔本、	按方藹之詩，導源蘇陸，不及王士禎秀骨天成，而和雅舂容，與士禎各擅其長。
松桂堂全集	清彭孫遹撰、	三七	清乾隆癸亥刊本、	按孫遹爲清康熙時博學鴻詞，大抵才富學贍，詞采清華，館閣諸作尤爲偉麗。
延露詞		三		
南漎集		三		
曝書亭集	清朱彝尊撰、	八〇	清乾乾刊本、此集爲張星寫刊本、體絕似褚臨樂毅論、初印本極爲世重、有覆刊本、	是集凡賦一卷，詩二十二卷，詞七卷，雜文五十卷。彝尊古文率皆淵雅，良由茹涵既富，故根柢盤深，其詩自中歲以還，風骨愈壯，長篇險韻，出奇無窮，暮年老筆，縱橫天眞，爛漫實不愧爲一大詞宗。
附錄		一		
于清端政書	清于成龍撰、	八	清康熙甲申孫準刊於貴州本、不佳、康熙癸亥三韓劉鼎刊本、康熙丁亥準屬蔡方炳重編本最備、即今行八卷本也、	是集前七卷皆其歷官案牘奏疏，平生規畫，可以見其本末。末爲詩文一卷，則非其所擅長也。

書名	撰者	卷數	版本	按語
愚菴小集	清朱鶴齡撰、	一五	清康熙中刊本、	按鶴齡初攻詞賦，後研思經義，於漢唐註疏皆能爬梳决摘，獨出心裁。嘗箋註杜甫李商隱詩集，故所作韻語頗出入二家之間。
抱犢山房集	清嵇永仁撰、	六	清雍正中其子曾筠刊本、長沙刊本、	永仁在總督范承謨幕，同遇害，是集雍正中其子曾筠編次付梓，所爲詩文，皆縷述當時實事，今誦其詞，奕奕然猶者生氣。
文端集	清張英撰、	四六	清康熙末刊本、附雜著六種、刊五十三卷本、	是集凡應制詩四卷，存誠堂詩集二十五卷，篤素堂詩集七卷，文集十卷。其詩言情賦景之作，多清微淡遠，抒寫性靈，其散體諸文稱心而出，詞旨温厚，亦無忝於作者。

書名	撰者	卷數	版本	按語
西河文集	淸毛奇齡撰、	一七九	書留草堂刊本、	按奇齡所著關於經史及雜著者，皆別著錄，此集爲文一百一十九卷，詩五十三卷，詞七卷。奇齡之文，縱橫博辨，自成一格，其詩又次於文，不免傷於猥雜，要亦我用我法，不肯隨人步趨。
陳檢討四六	淸陳維崧撰、	二〇	淸康熙癸酉刊本、又翻刊本、全集入存目、	按淸以四六名者，初有維崧及吳綺，次爲章藻功，然綺才地頗弱，藻功刻意雕鐫，純爲宋格，至於維崧則根柢六朝，才力富健，品評甲乙，當以維崧爲冠也。
蓮洋詩鈔	淸吳雯撰、	一〇	淸乾隆辛未刊本、乾隆甲申重刊本、嘉慶中翁方綱校刊漁洋評點二十二卷、最足刊十二卷本、	按雯天才雄駿，故其詩激昂沈着，且熟於內典，故詩中嘗摭釋氏故實。

張文貞集	清張玉書撰、	一二	乾隆五十七年刊本、	其詩文皆舂容大雅，所記述舊典，考訂詳明，歷舉沿革，尤多有資於掌故。
西陂類稿	清宋犖撰、	三九	清乾隆中刊本、原刊五十卷本、	按犖學問淹博，篤好風雅，名與王士禎相亞，其詩源出蘇軾，大抵縱橫奔放，刻意生新，其序記奏議等作，皆流暢條達，亦有眉山軌度。
鐵廬集 外集 後錄	清潘天成撰、	三 二 一	原刊本、刊本、	其語錄頗雜禪理，詩文不甚工，蓋以其篤行純孝，因重其人而重其文也。
湛園集	清姜宸英撰、	八	黃叔琳重編本、末附札記二卷、刊六卷本、	其文閎肆雅健，往往有北宋人風格。
古懽堂集 附黔書 長河志籍考	清田雯撰、	三六 二 一〇	清乾隆中刊本、德州刊本、又黔書二卷有貴筑刊本、	按雯天資高邁，記誦淹博，其詩文皆組織繁富，鍛鍊刻苦，不肯規規作常語，在當時名雖不及王士禎，然亦爲士禎之勁敵。

榕村集	清李光地撰、	四〇	清乾隆丙辰其孫清植刊、	是集合詩文筆記共爲一編。光地於理學經術，皆所究心，文章宏深肅括，不事雕琢。
三魚堂文集 外集 附錄	清陸隴其撰、	一二 六 二	清康熙辛巳刊本、乾隆中刊本、刊本、同治中刊本、	是集爲其門人侯銓所編，凡雜著四卷，書一卷，尺牘一卷，序二卷，記一卷，墓表志銘壙記傳共一卷，外集六卷，則裒其奏議條陳表策申請公移，而終之以詩，隴其行狀之類亦并附焉。
因園集	清趙執信撰、	一三	刊本、飴山全集本、	按執信與王士禎爲姻婭，然論詩與之相失，因作談龍集以攻士禎。大抵士禎以神韻縹渺爲宗，執信以思路鑱刻爲主，士禎規模闊於趙，而流弊傷於膚廓，執信才力銳於王，而末派病於纖仄，兩家互救其短，乃可以各見所長。

懷清堂集	清湯右曾撰、	二〇	清乾隆乙丑刊本、	按浙中之稱詩者，自朱彝尊後，即推右曾，大抵彝尊博洽淹通，才力又足，故能鎔鑄變化，惟意所如，右曾才足肩隨，而根柢稍遜，故齊驅並駕，似未易言。
二希堂文集	清蔡世遠撰、	一二	清乾隆乙丑刊本、	按世遠究心理學，雖不以文藝爲專門，然所作理醇詞正，吐屬淵雅，可謂質有其文。
敬業堂集	清查慎行撰、	五〇	清乾隆中刊本、附續集六卷、	按慎行之詩，其近體源出於陸游，古體源出於蘇軾，而擬議變化，不爲優孟之衣冠。
望溪集	清方苞撰、	八	清乾隆初年刊本、不分卷、至嘉慶初附刊集外文、咸豐元年桐城戴鈞衡重刊正集十八卷、集外文十卷年譜二卷合集本、	按苞殫思經學，故是集說經之文爲多，其古文取法昌黎，頗謹嚴簡潔，惟變化太少，終不能絕去町畦，自闢門戶。

存硯樓集	清儲大文撰、	一六	儲氏刊本、刊本、	按大文潛心古學，尤究心於地理，故集中論形勢者居七卷，其他雜文，間有隸事太繁之失，而徵引典博，終勝空疎。
香屑集	清黃之雋撰、	一八	清乾隆中刊本、嘉慶癸酉重刊本、海昌陳氏刊本、	是集皆輯唐人之句爲香奩詩，凡古今體九百三十餘首，組織工巧，一一若自己出，亦足以備一格也。
鹿洲初集	清藍鼎元撰、	二〇	清雍正壬子刊本、全集本、	按鼎元喜講經世之學，故集中諸文，多得諸閱歷，非爲紙上空談，文筆亦條暢，多切近事理。
樊榭山房集 續集	清厲鶚撰、	一〇 一〇	清乾隆中刊本、嘉慶中刊文集八卷、刊本、汪氏刊本、	按鶚生平博洽羣書，尤熟於宋事。其詩則吐屬嫻雅，有修潔自喜之致。

書名	撰者	卷數	版本	按語
果堂集	清沈彤撰、	一二	清乾隆中刊本、果堂全集本、	按彤穿穴經學，精於考證，集中釋經之文，多補漢宋以來註疏家所未備。
松泉文集　詩集	清汪由敦撰、	二〇　二六	其子承霈進呈合四十六卷、近本館收得乾隆間刊本首列御題、有文二十二卷、詩二十六卷、合四十八卷、	按由敦記誦淹博，文章典重有體。

書名	著者	卷數	版本	本書旨
文選註	梁昭明太子蕭統編、唐李善註、	六〇	常熟張芙川有北宋刊本、後歸同邑楊氏、宋淳熙辛丑尤延之刊於貴池、世有二本、一卽胡果泉重雕所據、一在阮氏文選樓、元張伯顏本、明嘉靖癸未金臺汪諒翻張伯顏本、明唐府翻張本、明晉藩養德書院刊本、明唐藩重刊本、汲古閣本、字小、翻刻甚多、其字較大、且字句又與原刻大不相同、以有錢士謐校一行者差勝、清嘉慶十四年胡氏仿宋淳熙刊本、附考異十卷、明萬歷辛丑閩鄭元岳校刊本、清乾隆三十七年葉樹藩刊朱墨本、用何義門評點、亦有翻刻數種、萬氏翻刊胡本、金陵局本、石印本、	是編爲文章淵藪，善註又爲考證之資糧，古人總集，當以是書爲弁冕。

六臣註文選

不知編輯者名氏、

六〇

明嘉靖己酉袁褧仿宋本佳、明茶陵陳氏刊本佳、萬歷二年新都崔氏仿宋本、嘉靖二十八年錢塘洪楩仿宋本、萬歷六年徐成位重刊崔本、吳勉學刊本田汝成刊本三十卷注不全、新安潘氏校刊本三十卷錢遵王有宋刊五臣注文選三十卷、天祿後目有宋刊贛州本一部、云流傳頗少、又國子監本四部、又廣都裴氏刊本三部、張目有之、稱北宋本、又四明刊本一部、又元刊六臣注一部、又元張伯顏刊本一部、又袁褧重刊廣川裴氏本三部、又明萬歷新都崔氏仿宋刊二部、蔣生沐有宋本六臣注半部、極精、又萬歷二年新都汪氏仿宋刊宋紹興二十八年修北宋本見張志天祿目載趙子昂藏者不著刊書年月字用顏體于整齊中寓流動之致紙質如玉墨光如漆冰玉堂本、明洪氏本、

是編不知何人所輯、其稱六臣者、呂延濟劉良張銑呂向李周翰五臣註、合李善註爲六也。

文選顏鮑謝詩評　元方回撰、　四

有明刊本、

原本久佚，此從永樂大典錄出。取文選所錄顏延年鮑昭謝靈運謝瞻謝惠連謝眺六人之詩，評其工拙，兼論註家之得失。

玉臺新詠　陳徐陵編、　一〇

明正德甲戌蘭雪堂活字本、佳、嘉靖徐學謨海曙樓本、五雲溪館活字本、趙均得南宋陳玉父本翻雕、佳、萬歷中張嗣修本、茅國俊本、均劣、許洪生有徐星伯所藏宋刊本、有翁覃溪跋、清洪舒校刊本入存目、吳兆宜注本乾隆三十九年刊、存目有袁大道心遠樓刊本、明正德翻宋陳伯玉本，明天啟中翻宋本、最佳、汲古閣本、萬歷中華亭楊掄本、

是編所錄，皆梁以前之詩，大抵緣情之作，猶有溫柔敦厚之遺。

玉臺新詠考異	清紀容舒撰、	一〇	蔣寅昉有鈔本、	按玉臺新詠，南宋已有兩本，明人重刻，竄亂彌多。容舒此本仿韓文考異之例，詳列諸本一一證其是非，引據頗爲博洽。
高氏三宴詩集附香山九老詩	唐高正臣編、	三 一	四庫依宋刊本、孫仲容有鈔本、丁禹生有舊鈔本、八千卷樓有精鈔本、宋刊本、	是編所載，皆同人宴會之詩，以一會爲一卷。香山九老詩，則爲白居易等所作。
篋中集	唐元結編、	一	汲古閱本、漁洋選本、	是編所錄，爲沈千運，王季友，于逖，孟雲卿，張彪，趙微明及其弟融七人之詩，凡二十四首，皆淳古淡泊之音。
河岳英靈集	唐殷璠編、	三	汲古閣刊本、莫郘亭有南宋本二卷、清光緒中遼陽賴氏仿刊之、	是編所錄爲常建等二十四人之詩，其人不甚敍時代，似以三卷分上中下三品。

國秀集	唐芮挺章編、	三	汲古閣刊本、陳解元刊本、明刊本、八千卷樓有潛采堂鈔本、	是編所錄凡作者八十五人，詩二百十一首，與原序稱作者九十人詩二百二十首者，稍有佚脫，其所選錄，率皆精美，非後來詩社所及。
御覽詩	令狐楚編、	一	汲古閣本、	是編乃憲宗時奉敕選定，所取皆近體詩，間有樂府古題。
中興間氣集	唐高仲武編、	二	汲古閣本、此書及極玄集有何評本、係從述古堂影鈔宋本精校、仿宋刊本、	是編所錄，起自至德初，迄於大歷末，凡二百六十人詩一百四十首。姓氏下各有品題，拈其警句，如河岳英靈集例。
極元集	唐姚合編、	二	汲古閣本、元刊本、邵重生參本、漁洋選本多韋莊又玄集一種、總目云、原書久佚、今所傳者乃贋本、馮氏才調集凡例中言之、	是編選錄戴叔倫等二十一人之詩，凡一百首，頗具鑒裁，合自命爲詩家射鵰手，殆非溢量。

松陵集	唐陸龜蒙編、	一〇	明弘治壬戌劉濟民刊本、崇禎丙寅刊本、汲古閣本、	按崔璞爲蘇州刺史時，皮日休爲從事，適龜蒙亦往謁璞，因相倡和，遂錄爲此集。
二皇甫集	明劉潤之編、	七	明正德戊寅刊本、	是編爲皇甫冉皇甫曾兄弟合集，曾詩僅一卷，餘六卷則爲冉詩也。
唐四僧詩	不著編輯者名氏、	六	明刊百家唐詩本、	是編凡靈徹詩一卷，靈一詩二卷，清塞詩二卷，常達詩一卷。中惟清塞詩最工。
薛濤李治詩集	不著編輯者名氏、	二	薛詩有明萬歷己酉洗墨池刊本、字甚古樸、薛詩有新翻明刊本、與魚玄機集合行三家閨閣詩錄本、	按唐女子工詩者以李治爲最，薛濤詩雖不及治，亦可接武，以二人之詩合爲茲編，頗具鑒裁。
竇氏聯珠集	唐褚藏言編、	五	宋康熙五年刊本、九行、行十七字、汲古閣本、何義門云以校宋本、脫詩一首、譌五十餘字、唐四名家集本、	是編凡竇常及其弟牟羣庠鞏之詩各一卷，卷首各冠以小序，述其始末。中附唱和諸詩。

才調集	蜀韋縠編、	一〇	錢遵王有宋本一、影宋本一、舊鈔本一、宋板十行行十八字、瞿氏有精鈔校元人才調集十四卷、不知何人編輯、明隆慶中沈雨若刊本、萬歷刊本、清初馮舒馮班評點本入存目、王士禎選本祇三卷、汲古閣本、陳起刊本、明人批汲古本、垂雲堂刊本、	是編凡詩一千首，所選錄者，多係晚唐濃麗秀發之作。
搜玉小集	不著編輯者名氏、	一	汲古閣刊本、	是編爲毛晉所重刊，凡作者三十四人，詩六十二首，不以人敍，又不以體分，編次參差，重見疊出，蓋爲重刊時所亂也。
古文苑	不著編輯者名氏、	二一	明成化刊本、張象賢刊本、二十一卷、有注、惜陰軒叢書本、墨海金壺本、守山閣本皆二十一卷、孫伯淵得宏無注本、於嘉慶十四年仿刊、佳、明成化張世用按閩刊、覆宋本、	是編書錄解題稱唐人舊本。所錄詩賦雜文自東周迄於南齊凡二百六十餘首，南宋淳熙中韓元吉次爲九卷，紹熙中章樵爲之註釋，又釐爲二十一卷。

文苑英華	宋李昉等編、	1000	明隆慶中刊本、明會通館活字本、平津館有影鈔宋嘉泰刊本、勞平甫有影宋本謂明刊不足道、又編全唐文時尚有一影宋全本、後佚、	按昭明文選迄於梁初，此書所錄起於梁末，而下迄於唐。蓋以上續文選，其分餘編輯體例亦略相同。
文苑英華辨證	宋彭叔夏撰、	一〇	聚珍板本、許氏有盧校本、知不足齋據宋本刊、學海類編本、明會通館活字本、閩覆本、八千卷樓有舊鈔本、	是編以文苑英華，傳寫已多譌脫，周必大重校正，叔夏時預其事，因輯爲此編，凡分二十一例，考訂異同，極爲精核。
唐文粹	宋姚鉉撰、	100	明嘉靖三年蘇州徐焴刊本、十四行、嘉靖六年張大輪校刊本、十四行、萬歷重修本、鄧漢刊本、嘉靖間晉藩刊本、黃氏士禮居有宋紹興九年刊本云、何義門小山兄弟皆用此以校明本、朱字爛然、胡克家亦有完全宋刊本、欲重刊而未果、天祿後目有宋寶元二年刊本二部、元刊本二部、明刊本四部、昭文張氏有宋刊五十卷本、蘇局本、許氏校刊本、	是書删掇文苑英華而稍附益之。文賦惟取古體，而駢偶不錄，詩歌亦惟取古體而五七言律不錄。

西崐酬唱集	宋楊億編、	二	浦城叢書本、徐乾學刊本、康熙戊子朱俊升刊本、康熙中刊有注本、伍氏刊本、粵雅堂刊本、仿宋刊本、留香室刊本、	是編所錄億及劉筠等十七人詩，其詩法宗李商隱，詞取姸華而不乏興象，效之者漸失本眞，惟工組織。
同文館唱和詩	宋鄧忠臣等撰、	一〇	四庫依鈔本、此書附張右史集後、	按同文館本高麗使臣所居，時忠臣等同考校，卽其地爲試院，因錄同舍唱和之作彙爲一編。
唐百家詩選	宋王安石編、	二〇	清康熙中宋牧仲吳門刊本、黃丕烈有錢宋本、校宋刊多楊蟠序一篇、字句亦多異同、宋乾道中倪仲傳刊本、有仲傳序、雙淸閣刊本、	是編所錄唐人詩，凡一千二百六十二首，所選不爲冗濫。

會稽掇英總集	宋孔延之編、	二〇	淡生堂餘苑本、清道光元年山陰杜氏據閣本刊、	是編蒐羅圖籍，考證金石，取詩文之有關於會稽者八百五篇，輯爲二十卷，大抵由搜剔巖穴得之，故多出諸家集本之外。
清江三孔集	宋王蓮編、	四〇	路有鈔本、振綺堂有八册三十卷、文仲二卷、武仲十七卷、平仲十一卷、許目同，明刊本、江西刊本、	三孔者孔文仲及其弟武仲平仲也。此本凡文仲集二卷武仲集十七卷平仲集二十一卷。
三劉家集	宋劉元高編、	一	許氏有鈔本、清道光中刊本、	按劉渙劉恕劉義仲祖孫父子，幷以學問稱，遺文散逸，咸淳中其裔孫元高緝爲此編，掇拾殘賸，十不得一。
二程文集　附錄	宋胡安國編、	一三　二	二程全書本、明正統中閻禹錫輯段堅校刊本、許氏有影鈔元至治本、明成化刊本、河南祠堂本、寶誥堂本、元至治壬戌臨川譚善心元之刊本、	是編爲宋程明道程伊川合集。安國於原文字句，間有改削，元至治中譚善心重刊是集，與虞槃商確考訂，根據朱子論胡本諸書，加以改正。

宋文選	不著編輯者名氏、	三二	路有鈔本、黃氏士禮居有宋刊本、半頁十六行、行二十八字、振綺堂有曝書亭鈔本、按竹垞係從徐立齋所藏宋刊本傳鈔、未知黃氏所得、即徐本否、天祿目有宋巾箱本、小楷書筆法森嚴、行中自見清朗、未載刊年、	是編所錄者爲歐陽修等十四家之文，惟不及三蘇。其所選者皆關經術政治之文凡詩賦碑記，皆不登載。
坡門酬唱集	宋邵浩編、	二三	天祿後目有影宋鈔本、邵浩作邵詣、字叔義、金華人、隆興癸未進士、八千卷樓有鈔本、	是編所錄，皆二蘇及黃秦晁張陳李與軾兄弟唱和之詩凡六十篇，同題共韻，可以互考其用意，亦可比較工拙。
樂府詩集	宋郭茂倩編，	一〇〇	汲古閣本、明南監本、孝慈堂目有眞元板、孫仲容有元刊本、張孝達王廉生均有元刊本、何紹箕有元刊明補本、又元至正刊不佳、劉泖生有陸敕先所校顧澗蘋舊藏元本、元至正初彭萬元刊本、毛子晉有宋本、	是編總括歷代樂府歌詞，上起陶唐，下迄五代，分十二類，網羅賅博，其解題敘述源流，尤爲詳備。

古今歲時雜詠	宋蒲積中編、	四六	天一閣、汲古閣、均有舊鈔本、彭文勤有萬歷乙未影宋鈔本、振綺堂有鈔本、不著撰人昭文張氏有葉石君舊鈔本、八千卷樓有鈔本、	按宋綬採魏晉至唐之詩，有關節序者一千五百六首，積中又採宋詩千二百四十三首，依綬原目續入，故標題增以古今二字。
嚴陵集	宏董棻編、	九	四庫依天一閣藏刊本、鮑氏有宋本、八千卷樓鈔本、	是編爲棻知嚴州時，摭其地詩文，自謝靈運沈約以下，迄於南宋之初，編爲此集，多諸書所未錄，頗足以存其梗概。
南嶽倡酬集		一	明祝完刊本、題朱張倡酬詩一卷、八千卷樓鈔本、	是編乃朱熹與張栻林用中南嶽紀遊之詩，凡五十七題。附錄一卷爲朱熹與用中書三十二篇，用中遺事十則。
附錄		一		

萬首唐人絕句	宋洪邁編、	九一	明德星堂刊本、七言七十五卷、五言二十五卷、六言一卷、目三卷、合一百一卷、較四庫本完善、乃嘉靖中仿宋本、勝趙刻遠甚、趙宧光刊本一百一卷、又目三卷、宋板半頁九行、行二十字、明嘉靖陳敬學齋刊一百一卷、日本刊本、	是編選錄唐人絕句一萬首，間有採入宋人之詩，蓋務求盈數，故不能精審。
聲畫集	宋孫紹遠編、	八	曹楝亭刊本、莫郘亭藏竹垞舊寫本、有漁洋借觀題語、	是編所錄皆唐宋人題畫之詩，分二十六門，雖體例稍雜，亦頗資考證。

宋文鑑

宋呂祖謙編、

一五〇

明南監本有大字小字二種、小字即天順間嚴州太守邵齡重刊宋本、嘉靖八年晉藩養德書院刊本嘉靖五年晉府至道堂刊本、弘治中胡韶補修舊板本、正德中愼獨齋刊小字本、振綺堂有元刊本唐文粹、宋文鑑、勞巽卿有校宋本昭文張氏有明葉文莊家鈔本文鑑二十冊、云較愼獨齋刊本少誤字、黃丕烈有宋本百衲文鑑、又有一殘宋本甚精、端平刊本、每頁二十行、行十九字、以宋本較明本、中有脫數頁者、明天順八年本、有周必大序、款如宋式、宋刊有大小字二本、蘇局刊本、

是編凡分六十一類、所錄關於學術治法者最多。

古文關鍵	宋呂祖謙編、	二	明嘉靖中刊本、清咸同間刊本、孝慈堂目有宋板日本刊本、冠山堂本、金華叢書本、	是編選錄韓愈等七家之文，凡六十餘篇，各標舉其命意布局之處，示學者以門徑，故謂之關鍵。
回文類聚 補遺	宋桑世昌編、	四 一	清康熙中刊本四卷、又續編十卷、刊本八千卷樓鈔本、	是書採錄回文諸詩，自蘇蕙璇璣以下。裒爲一編，亦文章之一體。
五百家播芳大全文粹	宋魏齊賢葉棻同編、	一一〇	路有鈔本、許氏有影宋鈔本、昭文張氏有舊鈔本、繡谷亭書錄云此書向來卷帙混淆、間有缺文、自竹垞從花谿徐氏宋刊本錄出、有稽古堂明齋校訂者、方爲善本、弟竹垞題二百卷、所編僅百十卷目錄七卷、每卷內間有分上中下者、合之亦只百二十四卷、八千卷樓鈔本、	是編所錄皆宋代之文，駢偶十之六七，惟卷帙太多，宂濫難免，而墜簡遺文亦多賴以傳。

崇古文訣	宋樓昉編、	三五	明刊大字本。黄丕烈有宋本、十二行行二十三字、浙採遺目此書係宋刊本十七卷、嘉靖中松陵吳氏重刊本、	是編大致仿呂祖謙古文關鍵，惟所錄上自秦漢下至於宋篇目較多，繁簡得中頗有裨於學者。
成都文類	宋程遇孫等編、	五〇	四庫依曝書亭藏刊本、作袁氏撰、明刊本、八千卷樓鈔本、	是編所錄，上自西漢下迄宋朝，凡詩文歌賦一千篇有奇，分爲十有一門，各以文體相從，故曰文類。
文章正宗	宋眞德秀編、	二〇	明嘉靖甲辰孔天胤刊本、續集嘉靖間胡松刊本、又明末刊本、明南監本、即咸淳丙寅金華倪澄刊本正續全、清乾隆十三年楊仲興刊本、嚴相有元本續正宗十六册、江西刊本不佳、嘉靖丙申刊二十四卷本、前有崔銑序、明史藝文志、鄭柏續文章正宗四十卷、另是一書、非原續也、鄭書刊於宣德時、明刊前集三十卷本、	是編所錄皆唐以前文，分辭命議論敘事詩歌四類，續集則宋代之文，僅有議論敘事二類，猶未成之稿也。
續　集		二〇		

天台前集 前集別編 續集 續集別編	宋李庚原本林師蒧等增修 林表民葺補 李庚原本林師蒧等增 林表民葺補	三 一 三 六	明初刊本、八千卷樓有鈔本、	是編皆裒輯天台題詠。前集與前集別編，皆南唐以前詩。續集爲北宋人詩，續集別編皆南宋人詩也。
赤城集	宋林表民編。	一八	振綺堂有鈔本、題林逢吉編、四庫依鈔本、明弘治中刊本、台州朱氏刊本、明黑口本、台州叢書本、	按表民嘗續陳耆卿赤城志，復取記志書傳銘誄贊頌之文爲志所不載者，薈而集之以成此集。
妙絕古今	宋湯漢編、	四	天祿後目有宋刊本、明刊大字本、存寸堂目有宋板，題東澗妙絕古今文選、明嘉靖乙卯刊、有東澗自題、紫霞老人題、談愷序、王廷幹序、八千卷樓鈔本、	是編甄輯古文起，春秋左氏傳迄眉山蘇氏，凡二十一家，七十九篇趙汸題後謂其去取之間，示勸示誡，篇篇具有深義。
唐僧宏秀集	宋李龏編、	一〇	有刊本、元刊本、宋板十行、行十八字、明刊本、嚴相有宋本五冊，汲古閣本、	是編所錄唐代釋子之詩，自皎然以下，凡五十二人，詩五百首雖間有舛誤。而搜採頗詳。

衆妙集	宋趙師秀編、	一	汲古閣刊詩詞雜俎本、八千卷樓有鈔本、	是編所錄皆唐人近體，五言居十之九，七言僅十之一，大都皆風調流麗之作。
江湖小集	舊本題宋陳起編、	九五	石門顧修重刊本百二十七卷、題南宋羣賢小集、較四庫本多十二家、清嘉慶二年刊、又補遺二卷、讀畫本多館本十二家、八千卷樓有舊鈔本、	是編所錄，凡六十二家，惟姚鏞周文璞吳淵許棐四家附以雜文，餘皆詩也。
江湖後集	宋陳起撰、	二四	清嘉慶六年顧氏刊本、讀畫齋本、	原本久佚，此從永樂大典錄出。是編以江湖小集所未載者尚四十七家，又詩餘二家，又有其人已見小集而詩爲彼所未載者十七家，合併一編，題曰後集。

三體唐詩	宋周弼編、元釋圓至註、清高士奇補註、	六	明刊本二十卷、稱箋注唐賢絕句三體詩法、又磧砂唐詩三卷、即周弼原本、清康熙中高江村刊本六卷、附高氏續選八卷、日本本有裴庚注、	是編所錄者爲七言絕句，七言律詩，五言律詩，故稱曰三體。首載選例，次及格律，大抵爲當日江湖派中遞相授受之規程。
論學繩尺	宋魏天應編、林子長註、	一〇	明福建提學游明校刊本、八千卷樓鈔本、	是編皆當時程試諸論，分十集，例爲七十八格，宋代場屋之制，略見於斯。
吳都文粹	宋鄭虎臣編、	九	清康熙六十年婁東施氏活字本、平津館有舊鈔本十卷、許氏有曝書亭鈔本二卷、張氏有鎭洋七十三叟錢校乾隆十九年手鈔本、宋賓王校十卷本、	是編雖稱文粹，實與地誌相表裏，多關建置沿革及國民生計之利弊。

古文集成前集	宋王霆震編、	七八	四庫箸錄宋刊本、今在袁漱六處、即浙採遺目所進也、此本後歸江氏、	是編卷端，題新刊諸儒評點，凡呂祖謙眞德秀樓昉諸選本雖一圈一點亦必詳載。集以十五爲記，所錄自春秋以逮南宋，計文五百二十二首，宋文居十之八，當日名流，其集不傳者，多賴是編以存梗概。
文章軌範	宋謝枋得編、	七	元刊本、明覆刊本、明刊本、刊本王文成在龍場刊本、清康熙戊戌刊本、明刊評點本、日本翻元本、日本刊本、萬氏刊本、清乾隆中刊本、	是編所錄漢晉唐宋之文凡六十九篇，分放膽小心二格，各有圈點評語。
月泉吟社詩	宋吳渭編、	一	汲古閣刊詩詞雜俎本、續藝圃搜奇本、愼德堂活字本、	按渭退居吳溪，立月泉吟社，徵賦春日田園雜興詩，限五七言律體，凡得二千七百三十五卷，經方鳳謝翺吳思齊評其甲乙，中二百八十八，此本所錄爲前六十卷也。

文選補遺	宋陳仁子編、	四〇	明茶陵東山書院刊本、清乾隆二年刊本、道光乙巳湖南刊本、	仁子爲講學家，故執眞德秀文章正宗之法，以排斥元選而編爲此編，按正宗主於明理，文選止於論文，言豈一端，要各有當。
蘇門六君子文粹	不著編輯者名氏、	七〇	明崇禎六年新安胡仲修刊本、有刊本甚精、似與三蘇文粹同選合刊、明刊本、	是編所錄凡秦觀張耒晁補之李廌黃庭堅陳師道六家之文，亦有每篇之中但删存其要語者，大抵議論之文居多，蓋坊肆所刊，以備程試之用也。
三國文類	不著編輯者名氏、	六〇	明正德丁丑刊、昭文張氏有鈔本、八千卷樓有鈔本、	是編凡分二十三門，所採上及漢末，下逮晉初，幷裴松之註採之，不僅陳壽書也。
增註唐策	不著編輯者名氏、	一〇	明正德丁丑刊本、麻沙刊本、八千卷樓鈔本、	是編所錄，皆唐人策論書狀表啓之文，題曰唐策者，以備程試答策之用也。

十先生奧論	不著編輯者名氏、	四〇	四庫依天一閣藏宋麻沙刊本、前後續集各十五卷、原缺五卷、此及上增注唐策、乃宋元科選之本、與八面鋒百段錦相類、	是書已殘闕，而據所存之文作者程子，張耒，朱子，張栻，呂祖謙，楊萬里，胡寅，方恬，陳傅良，葉適，劉穆元，戴溪，張震，陳武，鄭湜，楊時，已十六人，題曰十先生，莫能詳也。
詩家鼎臠	不著編緝者名氏、	二	四庫依天一閣藏宋麻沙刊本、振綺堂有鈔本、八千卷樓鈔本麻沙本、	是編所錄南宋之詩，上卷五十八人，下卷三十七人，各著其里居字號，宋末佚篇賴以有考。
兩宋名賢小集	舊本題宋陳思編、	三八〇	振綺堂有宋陳思編南宋人小集十六冊鈔本、許氏有南宋羣賢小集六十六家百三卷鈔本、又一部四十三家五十卷舊鈔本、浙目有北宋人小集鈔本五十八家十冊、南宋羣賢小集鈔本六十八家二十四冊、云所見秀水朱氏本、花溪徐氏本、花山馬氏本各不相同、	是編所錄宋人詩集，始於楊億，終有潘音，凡一百五十七家，宋人遺稿頗藉是以薈萃。

柴氏四隱集	明柴復貞編	三	明萬歷中刊本、許氏有舊鈔本、振綺堂有鈔本末有龔翔麟何焯跋、云柴元亨集原缺、八千卷樓有吳石倉五卷本又瓶花齋鈔二卷本、	四隱爲一柴望，一柴隨亨，一柴元亨，一柴元彪，皆宋之故臣入元後兄弟俱遁跡不仕，故以四隱爲名。
中州集	金元好問編	一〇	汲古閣刊本、蔣生沐有何義門手批本中州樂府有嘉靖十五年刊本、至大刊半頁十五行、行二十八字、九峯書院刊、丁氏金刊本歸瞿氏、	是編以金一代詩分爲十卷，大旨以詩存史，故姓名之下，各列小傳往往旁及佚事多足以資考證。
附中州樂府		一		
唐詩鼓吹	金元好問編	一〇	明初刊本、佳、萬歷己卯廖文炳補註本、劣、清初刊本、即存目陸貽典等增注本也、明有經廠本、見酌中志、元刊本、	是編所錄皆唐人七言律詩，凡九十六家，大抵以高華沈著爲宗，去取頗爲精審。

二妙集	金段克己段成己自編、	八	元泰定四年段輔刊行、有後跋、明成化辛丑買定補刊本、詩詞雜俎本、敏求記八卷、元刊本、張目有舊鈔本、八卷、	是編爲段成己克己兄弟詩集，趙秉文愛其文章，嘗稱曰二妙，因以爲名。
谷音	元杜本編、	二	詩詞雜俎本、明蜀郡張粲刊本、粵雅堂本、	是編所錄，自王澮迄曾澈二十五人及無名氏詩共一百首，各繫小傳，紀其大略。所選諸詩大抵古直悲涼，風格遒上。
河汾諸老詩集	元房祺編、	八	明弘治十一年謝景星刊本、詩詞雜俎本、藝圃搜奇本、儀顧堂有景泰刊本、粵雅堂刊本、	是編所錄，凡麻革張宇陳賡陳颺房皞段成己段克己曹之謙八人之詩，人各一卷。

瀛奎律髓	元方回編、	四九	明成化三年龍遵敍校刊、以後建陽新安俱有刻本、姚若有鈔本一卷、合五十卷、淸康熙壬辰吳之振校刊本有圈點蘇州陳士泰刊本、劣、李約齋刊紀文達評本、又鏡煙堂十種僅四卷、元至元癸未刊、其板至明天順間始廢、黄葉村莊本、	是編以唐宋兩代之詩合而編之，分爲四十九類，以皆近體故名曰律髓，兼取十八學士登瀛洲五星聚奎之義，故名瀛奎。
梅花百詠		一	淸夏洪基校刊本、天目經房本、淸乾隆間刊本、	是編爲元馮子振與釋明本梅花百韻唱和詩，皆爲七言絕句。後又附春字韻七律一百首，僅有明本和章而子振原倡，已不可復見。
天下同文集	元周南瑞編、	四四	有刊本係麻沙元板、題天下同文前甲集、大德甲辰廬陵劉將序爲劉瑞刊書作、	是編爲錄不足盡元代之文，然亦多蘇天爵所未收，亦足以互相補苴。

古賦辨體	元祝堯編、	八	明成化二年金宗潤刊本、明刊本、安南刊本、	是編於兩漢至宋諸賦，每朝錄取數篇，辨其體格。其外集則擬騷及琴操之類。
外集		二		
圭塘欸乃集		二	藝海珠塵本、平津館有影宋鈔本一卷、振綺堂有鈔本一册不分卷、	是編爲許有壬及其弟有孚其子楨唱和詩，凡詩二百一十九首，樂府六十六首。後其客馬熙追和詩七十八首樂府八首別題曰圭塘補和附錄於後。
忠義集	元趙景良編、	七	明弘治中刊本、汲古閣本、藝圃搜奇本、瞿氏有舊刊本清道光癸巳徐宗幹刊本附續錄三卷、張目有昭忠逸詠六卷補史十忠詩一卷舊校本、乃未改名忠義集之原本、清道光劉氏刊十卷本、	按劉壎作十忠詩一卷，其子麟瑞又取宋末節義之士作昭忠逸詠四卷，景良合二集爲一編，又取宋末遺老諸詩續爲二卷，統題曰忠義集，蓋以詩存史之義。

書名	編者	卷數	版本	提要
宛陵羣英集	元汪澤民、張師愚同編、	一二	刊本、八千卷樓鈔本、	是編所錄宣城之詩，上起宋初，下迄元代，得詩一千三百九十三首，分古今體訂爲二十八卷，惟原本久佚，此本從永樂大典錄出，共得詩七百四十六首，作者一百二十九人，視原本猶存十之五六。
元文類目錄	元蘇天爵編、	七〇 三	元至元辛巳孟秋翠岩精舍刊本、錢警石有元西湖書院及翠岩精舍刊本、於此書校讐數次、精善無憾、明南監板卽至元二年刻本、嘉靖丁酉晉藩刊本、明修德堂刊本、萬歷中刊本、蘇局本、	是編所錄諸作，自元初迄延祐，正元文極盛之時，凡分四十有三類，去取精嚴，具有體要，可與姚鉉唐文粹呂祖謙宋文鑑鼎足而三。

元風雅前集	元傅習輯、	一二	天祿後目有皇元風雅十四卷、題蔣易撰、計劉因以下三十五家、錢竹汀補元藝文志、於蔣易元風雅三十卷後、又別出元風雅八卷、云無撰人名氏、或云宋褧、又載元詩前集六卷後集六卷、題傅習孫存吾撰、昭文張氏有元至元刊三十卷、題蔣易編、疑別爲一書、八千卷樓鈔虞集校選十二卷本、	是編前集選錄劉因以下一百十四家，後集錄鄧文原以下一百六十六家，其中旋得旋錄，故首尾頗無倫序，然元人逸作多賴以存。
後集	元孫存吾輯、	一二		
唐音	元楊士宏編、張震輯註、	一四	明嘉靖元年金臺汪諒刊本、平津館有元刊本十四卷、即季葦滄所藏、又一本五卷、又一本十卷、閔氏刊本、明刊本、	是編所錄唐人之詩，分始音一卷，正音六卷，遺響七卷，其去取頗爲不苟。

古樂府	元左克明編、	一〇	明嘉靖二十六年新安汪尙磨刊本清初吳門刊本不佳、明何景明選本三卷、平津館有元刊本、焦仲卿今日被驅逐二句、元至正年刊本無之、元明本皆有、	是書錄古樂府，詞分八類，曰古歌謠，曰鼓吹曲，曰橫吹曲。曰相和曲，曰清商曲，曰舞曲曰琴曲，曰雜曲其用意大抵務溯其源，所重在於古題古詞而變體擬作去取頗愼。
玉山名勝集 外集	元顧瑛編、	八 一	昭文張氏有兩舊鈔本、均二卷、明刊本二卷明張萱刊原本不分卷、較張本多詩數首、	按瑛在元季，園池賓客之盛，甲於江左，因裒其題詠爲此集，各以亭館之名爲綱，而以詩文分繫於後，元季知名之士，列其間者，十之八九。
草堂雅集	元顧瑛編、	一三	汲古閣刊玉山草堂集三卷、孝慈堂目十六卷、許氏有舊鈔本十三卷、佳趣堂目有元刊本十三卷、文待詔藏本文國博標名、文相國跋、四庫所收不足、儀顧堂有足本、顧俠君是書首册久佚、竹垞從毛氏鈔本補全、莫郘亭有汪啟淑藏舊鈔本、	按瑛開玉山草堂，延致四方之士，因仿段成式漢上題襟集例編唱和之作爲此集，自陳基至釋自恢凡七十八人，元季詩家，此編已略具梗概。

玉山紀游	明袁華編、	一	四庫依鈔本、孝慈堂目三卷、明刊本、	是編所錄，皆顧瑛及楊維楨等紀遊之作，其遊跡所至非限於一地，而來往聚會，均以玉山堂爲歸宿，故總題曰玉山。
大雅集	元賴良編、	八	昭文張氏有舊鈔本、袁漱六有鈔本不精、振綺堂有鈔本、許氏亦有鈔本、元至正壬寅刊本、	是編所錄皆元末之詩，分古體四卷，近體四卷，元末詩人無集行世者亦頗賴以考見。
元音遺響	不著編輯者名氏、	一〇	四庫依鈔本、振綺堂有鈔本、刊本、	是編前八卷爲胡布詩，後二卷一爲張達詩，一爲劉紹詩，其詩格調皆高古，不類元末體裁。
風雅翼	元劉履編、	一四	明嘉靖壬子刊本、續編四卷、共十四卷、板式狹小、明刊本、	是編凡選詩補註八卷，取文選諸詩刪補舊註而斷以己意。選詩補遺二卷，雜錄古歌謠詞四十二首，爲文選所不載者，選詩續編二卷，則唐宋詩一百五十九首也。

荊南唱和集		一	明成化中刊本、元刊本、	是編爲周砥與馬治唱和詩，雖人隔兩代，而作於一地一時，故以砥爲主，附元人之末。
乾坤清氣集	明偶桓編、	一四	四庫依鈔本、振綺堂有鈔本、許有鈔本、莫郘亭有鈔本、八千卷樓有舊鈔本、	是編所錄，上該金宋之末，下涉明初，去取極爲不苟，朱彝尊靜志居詩話，稱明初詩人操選政者皆有所蔽，惟乾坤清氣一編，殆能別開生面。
元音	明孫原理編、	一二	明洪武辛巳刊本、建文時刊本、繡谷亭書錄稱元定海丞張中達選、其子再隆校刊、	是編所錄自劉因至龍雲從凡一百七十六人，大抵詳於元末略於元初，而去取之間頗具持擇。
雅頌正音	明劉仔肩撰、	五	明初刊本板在南監、弘治中刊本、八千卷樓鈔本、	按仔肩洪武三年，應召至京，因集同時之詩爲此集，仔肩所作亦附焉。明初諸家今無專集行世者，頗藉以略存梗概。

唐詩品彙 拾遺	明高棅撰、	九〇 一〇	明刊本有二、牛斗校刊本、張恂重刊本、	是編因楊士宏唐音而廣之，每體分正始大宗大家名家羽翼接武正變餘響旁流九格，大旨欲標舉唐音以救詩格纖仄之弊。
廣州四先生詩	不著編輯者名氏、	四	明刊本、八千卷樓鈔本、	是編以黃哲李德王佐趙介四人之詩，共爲一集。雖網羅散失，篇帙無多，然亦可存粵東詩派之梗概。
三華集	明錢公善編、	一八	明正統中刊本、八千卷樓鈔本、	是編凡錢子綠苔集六卷，錢子義種菊菴集四卷，錢仲益錦樹集八卷，其曰三華者，以三集皆錢氏之英華也。
閩中十子詩	明袁表馬熒同編、	三〇	明萬歷中刊本、八千卷樓鈔本、	十子者林鴻，陳亮，高棅，王恭，唐泰，鄭定，王偁，王褒，周元，黃元也。大抵皆主於摹仿唐調，閩中詩派，多以是爲宗。

元詩體要	明宋緒編、	一四	明正德刊本、己卯遼藩重刊本、宣德癸丑初刊本、	是編凡分三十六類，每類各有小序，雖門目繁碎，然去取頗有鑒裁。
遺海遺珠	不著何人所編、	四	明史藝文志、吳相滄海遺珠十卷、振綺堂有鈔本、南宋王廷珪嘗箸滄海遺珠五卷、想名偶同耳、八千卷樓鈔本、	是編所錄，皆明初流寓遷謫於雲南者之作，凡二十八去取精審所錄多斐然可觀。
中州名賢文表	明劉昌編、	三〇	孛朮公專集久佚、賴此而傳、明嘉靖刊本、清康熙丙戌汪立名刊本、宋牧仲重刊本、	是編乃昌官河南提學副使時所訂，凡許衡六卷，姚燧八卷，馬祖常五卷，許有壬三卷，王惲六卷，富珠哩翀二卷。
明文衡	明程敏政編、	九八	明徽州府推官張鵬校刊本、應天府教授李文會等校刊本、晉藩刊本、明刊百卷本、	是編所錄，皆洪武以後成化以前之文。在北地信陽之前，文格未變，無七子末流摹擬詰屈之僞體，稽明初之文者，當以兹編爲正軌。

新安文獻志	明程敏政編、	一〇〇	明弘治刊本、	是編所錄南北朝以後文章事蹟有關於新安者，皆旁搜博採，分類輯錄，前六十卷爲詩文，後四十卷爲行實。
海岱會集	明馮琦編、	一二	明萬歷中刊本、	是編所錄乃琦祖馮裕與鄉人石守禮藍田劉澄甫陳經黃卿劉淵甫楊應奎等唱和之詩，此八人雖不以詩名，而抒寫性情，眞朴閒雅，要能自適其適也。
經義模範	不著編輯者姓名、	一	明嘉靖中刊本、明刊本、	是編所錄，凡經義十六篇，爲宋人八比之初體。
文編	明唐順之編、	六四	明刊本、明天啟時刊本、	是編所錄，由周迄宋之文，分體排纂。順之論文以法爲先，書中所標舉者皆文家竅要，使後人得以窺見開闔順逆經緯錯綜之妙。

古詩紀	明馮惟訥編、	一五六	明刊本、明原刊本最善、明吳琯刊本浙目云琯有二刻一刻於陝、一刻於金陵、金陵本分四集、	是編所錄上起古初，下迄陳隋。遺文佚句，一一登載，六朝以前有韻之文以此編爲淵藪。
詩紀匡謬	清馮舒撰、	一	知不足齋本、八千卷樓鈔本、	是編摘糾正馮惟訥詩紀之繆，凡一百二十條，抉摘多中其失，考據精核，亦出惟訥之上。
全蜀藝文志	明周復俊編、	六四	明刊大字本、清嘉慶中譚言藹刊小字本、振綺堂有刊本全蜀藝文志六十四卷并續集五十六卷共四十冊、題明楊愼編、續杜應芳編、小板不足、明刊本、江陵朱氏刊本、	是編以成都文類爲藍本，補闕拾遺，蒐羅較備，間附案語，亦多所考證。

書名	撰人	卷數	版本	備註
古今詩删	明李攀龍編、	三四	明嘉靖中刊本、又凌氏套板本單刻唐詩選、八千卷樓明鈔本、日本刊本、明沈氏合楊選唐音、高選唐詩正聲、及此書名三唐詩家選合編、	是編所錄之詩，上起古逸，下逮於明，而不及宋元，蓋自李夢陽倡不讀唐以後書之說，前後七子，率以此論相尙，攀龍是選，猶是志也。
唐宋元名表	明胡松編、	四	明嘉靖中刊、嘉靖壬寅刊、明刊本、	是編乃松督學山西時選爲士子程式之書，持擇頗爲有法。
文氏五家	明文洪及孫徵明等撰、	一四	八千卷樓有鈔本、	是編爲明長州文氏祖孫父子之詩，凡文洪括囊稿二卷，文徵明甫田集四卷，文彭博士詩二卷，文嘉和州詩一卷，文肇祉詩五卷。
宋藝圃集	明李蓘編、	二二	明萬曆刊本、許氏有鈔本、	是編所錄宋人之詩，凡二百三十有七人。書中編次後先，最爲顚倒，然闡幽抉異，亦具有見識。

元藝圃集	明李蓘編、	四	明萬歷刊本、	是編爲續宋藝圃集而作，所錄凡一百九八人，詩六百二十五首。雖不能盡括一代之所長，而鑒別頗爲不爽。
唐宋八家文鈔	明茅坤編、	一六四	梅伯言有原刊本、萬歷己卯坤姪一桂所刊、字大而疎細、萬歷中坤孫箸重刊本附歐陽史鈔、原刻於杭州、板久佚、著刊本亦不多見、後屢翻刻、字較小、又朱墨本、今坊間有兩翻本、	按八家定自朱右，而右書不傳，世稱八家，實沿坤此編。其所選錄尚得煩簡之中，集中評語雖所見未深，而亦足爲初學之門徑。
吳都文粹續集	明錢穀編、	五六	四庫依鈔本、莫郘亭有鈔本、八千卷樓有鈔本、	是編以續鄭虎臣吳都文粹，自說部類家詩編文稿以至遺碑斷碣無不甄錄，其採輯之富，視鄭書增至十倍，雖稍失蕪雜，然吳中文獻多藉是以有證。
補遺		一		

石倉歷代詩選	明曹學佺編、	五〇六	曹氏原刊本、	是編所錄，上自古逸，下至明嘉靖隆慶，採摭頗爲繁富，雖卷帙浩博，不無牴牾，然去取頗有別裁。
四六法海	明王志堅編、	一二	明初刊本、姚若有天啟丁卯刊本、明刊本四六法海近刻蔣士銓評朱墨本、八家四六文鈔九卷、吳鼒編校經堂刻本十二卷、	是編所錄下迄於元，上溯於晉魏，大抵皆變體之初，儷語散文，相兼而用，其齊梁以至唐人，亦多取不甚拘對偶者：俾讀者知四六之文，運意遣詞，與古文不異。其隨事考證，亦皆典核。
古樂苑	明梅鼎祚編、	五二	明刊本、鼎祚又有八代詩乘、六朝多刪削，而漢魏全載、漢魏詩乘二十卷、有刊本、入存目、	是編因郭茂倩樂府詩集而增集之，郭本止於唐末，此本止於南北朝，雖稍傷糅雜，然其捃拾遺佚，頗足補郭氏之闕。
皇霸文紀	明梅鼎祚編、	一三	明原刊本、	按鼎祚輯陳隋以前之文編爲文紀，以配馮惟訥詩紀，此編上起古初，下迄於秦，故曰皇霸文紀，乃其書之第一集，周秦以前之作，莫備於斯。

西漢文紀	明梅鼎祚編、	二四	明刊本、	是編以史記漢書爲主，而雜採他書附益之，於贋記之文多能辨證。
東漢文紀	明梅鼎祚編、	三二	明刊本、	按西漢文紀，根據史漢多典雅，是編雖以正史爲宗，而雜書之作，盛於東漢，金石文之傳於世者，亦東漢爲多，故是編較諸西漢文紀稍雜，然蒐羅則富矣。
西晉文紀	明梅鼎祚編、	二〇	明刊本、又明刊前有三國文紀、	按晉人多以清談著，而此編所錄，討論禮典獎勵風俗者獨居其半，可補世說新語之所不及。
宋文紀	明梅鼎祚編、	一八	明刊本、	按宋文上承魏晉，清雋之體猶存，下啟齊梁，雕鏤之風漸盛，是編所錄，可以見文質升降之轉關。

南齊文紀	明梅鼎祚編、	一〇	明刊本、	是集於前後諸編之中，體例頗爲叢脞，徒以一代之文，兼收全備而存之。
梁文紀	明梅鼎祚編、	一四	明刊本、	是編所錄，以梁書南史及諸家文集爲根柢，故體例不甚繁碎，考證亦頗典核。
陳文紀	明梅鼎祚編、	八	明刊本、	按陳享國日淺，文士或先仕梁朝，或後歸隋室，是編割其前後所作，共歸此集，以備一代之數。
北齊文紀	明梅鼎祚編、	三	明刊本、	是編以邢魏居首，其餘零篇短札，取備卷帙，蓋流傳本少，非其搜採未周也。
後周文紀	明梅鼎祚編、	八	明刊本、	是編所錄乃周一代之文，止於八卷，庾信乃居其五卷次，惟王褒得十八篇，餘則落落如晨星。

書名	編者	卷數	版本	提要
隋文紀	明梅鼎祚編、	八	明刊本、	按隋氏混一南北，凡齊周遺老，梁陳舊臣，咸萃一朝，成文章之總匯，惟人沿舊習，風尚各殊，故不能自爲體裁。
釋文紀	明梅鼎祚編、	四五	明刊本、路有鈔本、	是編裒輯歷代名僧之文，及諸家之文爲釋氏而作者，冠以經典所譯西域梵書一卷，二卷以迄四十三卷，爲東漢至陳隋之作，四十四卷四十五卷，則無名氏時代者，然皆唐以前人所著也。
文章辨體彙選	明賀復徵編、	七八〇	總目云、祇存鈔本、傳播甚稀、四庫依海甯陳氏春暉堂鈔本、即浙目所進之本、晉江黃氏有鈔本、莫郘亭在皖中見刊本、楷字非近刊、	是編以吳訥文章辨體所收未廣，因別爲蒐討，上自三代，下逮明末，分列各體，爲一百三十二體，每體之首，皆有凡例。所錄雖不免珠礫兼收，然墜典秘文，亦往往有出人耳目之外者。

古詩鏡 唐詩鏡	明陸時雍編、	三六 五四	明刊本、	是編選自漢魏以迄晚唐之詩分爲二集，大旨以神韻爲宗，情境爲主，採摭極爲精審，評釋亦頗詳核，凡運會升降，一一皆可考見其源流。
漢魏六朝一百三家集	明張溥編、	一一八	明張氏原刊本、又翻刻本、不佳、	是編以張燮七十二家集爲稿本，而補綴以馮氏詩紀，梅氏詩紀，編次體裁，大抵以文隸人，以人隸代，使唐以前作者遺篇，一一略見其梗概。
古今禪藻集	明釋正勉、性通同編、	二八	明刊本、	是編所錄皆釋子之詩，上起支遁，下起性通所自作，各以時代爲次，而一朝之中又各以體分。輯僧詩者當以此編爲賅備。

三家宮詞	明毛晉編、	三	汲古閣本、原名三百宮詞、明新都黃氏重刊宋本於蘭雪山居、四家宮詞本、綠君亭本、石印本、	三家者一唐王建、一蜀花蕊夫人費氏、一宋王珪也。建爲宮祠之祖，花蕊夫人身列宮闈，王珪官居禁秘，故述所親見，有異於影響傳聞。
二家宮詞	明毛晉編、	二	汲古閣本、四家宮詞本、綠君亭本、石印本、	是編凡宋徽宗皇帝宮詞三百首，甯宗楊皇后宮詞五十首，皆後人掇拾而成，故眞僞相雜。
古文淵鑑	清徐乾學等編、	六四	內府刊本、古香齋小字本、古香齋五色套印本、翻刻本、孔氏刊本、	是編爲徐乾學等編註，所錄上起左傳，下迄宋人，大旨以有裨世用者爲主，所註考證，亦頗詳明。
歷代賦彙 外集 逸句 補遺	清陳元龍編、	一四〇 二〇 二 二二	內府刊本、翻刊本、	是編正集分三十類，凡有關於經濟學問者，悉以次登載。外集分八類，則緣情抒慨之作。至於殘章墜簡無完篇者，別輯爲逸句，雜書僻典偶挂漏者，又續爲補遺。

全唐詩	清康熙敕編、	九〇〇	內府刊本、局刊本、外間翻刊本、	是編以胡震亨等唐音統籤，多所舛漏，乃刪補其書勒爲全帙，所採凡二千二百餘家，得詩四萬八千餘首，蒐羅極爲精密，唐詩之正變源流莫備於此集。
佩文齋詠物詩選	清康熙敕編、	四八六	內府刊本、	是編全輯詠物之詩，上起漢魏，下迄元明，凡四百八十六類，計一萬四千六百九十首，可謂詞苑之大觀。
歷代題畫詩類	清康熙敕編、	一二〇	內府刊本、	是編仿孫紹遠畫集例以歷代題畫之作分類編次，共分三十類，州居部列，頗有條理。
四朝詩	清康熙敕編、	三一二	內府刊本、	是編凡宋詩七十八卷，金詩二十五卷，元詩八十一卷，明詩一百二十八卷，各以作者姓名爵里冠一代之首，網羅頗爲繁富，持擇亦極精嚴。

全金詩	清康熙編、	七四	內府刊本、	是編以元好問中州集爲稿本，重爲葺綴，所增之人，視舊加倍，所增之詩，視舊三倍，金源著作，粲然大備。
御選唐詩 附錄	清康熙敕編、	三二 三	內府刊朱套印本、是編爲康熙所選、	其註爲諸臣所編，仿李善註文選例，但釋訓詁名物，其作者之志，使人涵泳而自得，尤足滌說唐詩者附會穿鑿之弊。
千叟宴詩	清康熙敕編、	四	內府刊本、	是編首列康熙詩，次則諸臣和章。次則豫宴諸臣之詩也。
唐宋文醇	清乾隆敕編、	五八	內府刊五色套印本、江西謝蘭墀擺板，亦用五色套印、又外翻本、縮本、凡數刊、浙局本、	按茅坤嘗取韓李歐曾王之文編爲八家文鈔，儲欣增李翺孫樵爲十家。是編以欣所去取，尚未盡協，乃復定爲此集。
唐宋詩醇		四七	內府刊五色套印本、外翻本縮本、凡數刊、又有擺字套印本、浙局本、	是編於唐取李白杜甫白居易韓愈四家，於宋取蘇軾陸游二家，大旨以李杜爲正宗，而以白韓蘇陸爲羽翼。

皇清文穎		一二四	內府刊本、	是編所錄之文，起自順治甲申，迄於乾隆甲子，首二十四卷爲清帝之文，餘一百卷則爲諸臣之作也。
四書文	清方包編、	四一	內府刊本、外翻本、數種、	是編爲經義程試之文所錄明文凡四集，曰化治文，曰正嘉文，曰隆萬文，曰啟禎文，而清朝之文則別爲一集，皆抉其精要，評騭於後。
千叟宴詩	清乾隆敕編、	三六	內府刊本、	是編彙錄預宴諸臣獻詩，凡三千餘人，題爲千叟者，舉成數也。
明文海	清黃宗羲編、	四八二	總目稱即原稿、無刊本、原書六百卷、今餘姚尙有傳鈔本、四庫所剩之百十八卷、皆晚明事，有所避也、	是編分體二十有八，每體之中，又各爲子目，編次頗爲糅雜。然採摭繁富，別擇亦詳審，可謂明代文章之淵藪。
唐賢三昧集	清王士禎編、	三	漁洋全集本、又再三翻刊本、又注本、	是編所錄，皆盛唐之作。名曰三昧，取佛經自在義也。

二家詩選	清王士禎編、	二	漁洋全集本、	是編爲明徐禎卿高叔嗣之詩。禎卿叔嗣在七子中自爲別調，而士禎所選於禎卿惟取迪功集，不錄其少作，於叔嗣但取五言，不錄其七言，頗能舉其所長。
唐人萬首絕句選	清王士禎編、	七	漁洋全集本、清康熙洪氏松花屋刊本、同治庚午歸金陵書局、揚局刊本、	是編就洪邁唐人萬首絕句，刪存八百九十五首，去取之間，斟酌最爲詳愼。
明詩綜	清朱彝尊編、	一〇〇	清乾隆中刊本、刊本絕佳、後歸烏程鮑氏、	按彝尊以錢謙益列朝詩集，顚倒是非，乃編纂此書，以糾其謬，每人各敍始末，備載諸家之評，而以所作靜志居詩話分綴於後。
宋詩鈔	清吳之振編、	一〇六	清康熙中刊本、	是編所錄宋人遺集凡一百家，皆採掇英華，刪除冗贅，各以小傳冠集首，略如中州集之例，而品評考證，其文加詳。

宋元詩會	清陳焯編、	一〇〇	清康熙中刊本、	是編所錄，皆掇拾殘賸，搜求於散失之餘，雖墨蹟石刻亦一一博採殘膏賸馥，多賴是集以傳。
粵西詩載 粵西文載 粵西叢載	清汪森編、	二五 七五 三〇	汪氏刊本、康熙四十四年自序、	是編乃森搜求文集志乘及殘碑斷碣而成。所錄詩文曰詩載文載，雜事則曰叢載。
元詩選卷首 初集 二集 三集	清顧嗣立編、	一 六八 二〇 一六	清康熙中刊本、癸集嘉慶中席氏補刊、	是編凡三集，每集百家，體例略如吳之振宋詩鈔，而間有辨訂，多資考證，較之振爲稍詳。
全唐詩錄	清徐倬編、	一〇〇	清康熙中刊本、	是編以唐詩卷帙浩繁，乃採擷菁華輯爲此集，以古體今體分編，每人各附小傳，又間附詩話詩評，以備考證。

甬上耆舊詩	清胡文學編、	三〇	清康熙四十九年金南鍈刊本、	是編就李嗣業所作甬上耆舊傳中諸人，各採摭其遺詩編爲此集，而仍以嗣業原傳分載諸詩之前，始自周文，終於明季，各以才品名位爲次，使各以類從，不盡拘時代之先後。
檇李詩繫	清沈季友編、	四二	清乾隆中刊本、	是編所錄嘉興一郡之詩，由漢晉以至清代，凡搢紳韋佈閨秀方外土著流寓有吟詠傳世者皆錄之，每人各爲小傳，詩中山川古蹟民風物產，亦多所考證。
古文雅正	清蔡世遠編、	一四	清乾隆中刊本、林有席加評本、許乃普刊本、	是編所錄，自漢至元之文，凡二百三十六篇，大旨主文質相扶，不靡修詞之工，故謂之雅正。
鄱陽五家集	清史簡編、	一五	有刊本、	是編所載鄱陽人遺集，自宋末至明初，凡五家：黎廷瑞芳洲集三卷，吳存樂菴遺稿二卷，徐瑞松巢漫槁三卷，葉蘭寓菴集二卷，劉炳春雨軒集四卷，其詩大都諧雅可誦，非誇餙風土，濫盈卷帙者比也。

南宋雜事詩	清沈嘉轍等撰、	七	原刊本注字亦單行大書、清康熙中刊本、翻刊本、	是編爲沈嘉轍吳焯陳芝光，符曾趙昱厲鶚趙信等所撰以其鄉爲南宋故都，故捃拾軼聞，每人各爲七言絕句一百首，而以所引典故註於每首之下，頗足資考證。
宋百家詩存	清曹廷棟編、	二八	清乾隆六年刊本、刊二十卷本、	是編爲補吳之振宋詩鈔之遺，凡一百家，體例一如之振書，宋詩大略，具備於此二集。

書名	著者	卷數	版本	書旨
文心雕龍	梁劉勰撰、	一〇	元至正乙未嘉禾刊本、明弘治甲子吳門刊本、嘉靖庚子新安刊本、辛丑建安刊本、又癸卯新安刊本、萬歷己酉南昌刊本、漢魏叢書本、兩京遺編本、道光中刊本、崇文局本、繡谷亭書錄云內隱秀一篇脫數百字、元至正嘉禾刊本已然、萬歷前刻、皆缺如也、自錢功甫得阮華山宋刊本、始爲補錄、此本後歸錢牧齋、秘不示人、逮何心友得錢遵王家藏馮已蒼手校本、缺者任焉、於是稍稍傳於世、杭州譚獻有顧千里黃蕘圃合校本、所校明刻各本異文至詳、	是書分上下二篇，上篇論體裁之別，下篇論工拙之由，論文之書莫古於是編，亦莫精於是編。

文心雕龍輯註	清黃叔琳撰、	一〇	清乾隆六年姚氏刊本、翻刊本、	是編因明梅慶生註本重爲補綴，其譌脫字句，亦據諸家校本改正，較之梅註爲詳備。
詩品	梁鍾嶸撰、	三	漢魏叢書本、津逮秘書本、威龍秘書本、學津討原本、格致叢書本、續百川學海本、顧氏四十家小說本、祕笈本、歷代詩話本、百名家書本、夷門廣牘本、再續百川本、	是書取漢魏至梁能詩者三百三人，分爲上中下三品，每品冠以小序，每人又系以論斷，妙達文理，可與文心雕龍並稱。
文章緣起	舊本題梁任昉撰、	一	學海類編本、漢魏叢書本、夷門廣牘本、藝圃搜奇本、心齋十種本、題文章原始、宋有邱中刊本、	是書舊本題任昉撰，考昉書隋志稱已佚，惟唐藝文志載任昉文章始一卷，註曰張績補，疑即唐志所載張績書也。其註爲明陳懋仁作，清方熊又爲之補益。

本事詩	唐孟棨撰、	一	古今逸史本、文房四十家小說本、再續百川學海本、津逮秘書本、唐宋叢書本、龍威秘書本、又徐釚續十二卷、康熙中刊本、	是書取歷代緣情之作，敍其本事，分情感，事感，高逸，怨憤，徵異，徵咎，嘲戲七類詩人逸事，頗賴以存。
詩品	唐司空圖撰、	一	津逮秘書本、龍威秘書本、學津討原本、續百川學海本、夷門廣牘本、藝圃搜奇本、歷代詩話本、裘元輔寫刊本、明辨齋本、	是書凡分二十四品，各以四言韻語。寫其意境，平奇濃淡，無體不備。
六一詩話	宋歐陽修撰、	一	百川本、津逮本、歐集本、歷代詩話本、	是書以論文爲主，而兼記本事，諸家詩話之體例，亦創於是編。

續詩話	宋司馬光撰、	一	百川本、津逮本、歷代詩話本、	是書首卷自序，即續六一詩話而作，光不以詩名，而品第諸詩乃極精密。
中山詩話	宋劉攽撰、	一	百川本、津逮本、明刊本、歷代詩話本、	北宋詩話以歐陽修司馬光及攽三家爲最古，此編雖稍遜歐陽司馬二家，然議論考證，多可采取。
後山詩話	舊本題宋陳師道撰、	一	百川本、津逮本、汲古閣單行本、歷代詩話本、後山全集本、稗海本、	是書舊本題陳師道撰、疑係依託，持論雖多出入，亦頗有中肯之語。
臨漢隱居詩話	宋魏泰撰、	一	知不足齋本、佳、學海本、奇晉齋叢書本、龍威本、歷代詩話本、七子詩話本、	是編所論，多薄元祐而重熙甯，稍持門戶之見，然精確之處，亦有可取。
優古堂詩話	宋吳幵撰、	一	讀書齋叢書本、	是書凡一百五十四條，大旨在明詩家用字鍊句，相承變化之由，其涉考證者，不及十之一。

詩話總龜前集 後集	宋阮閱撰、	四八 五〇	明嘉靖中宗室月窗道人刊本、	是書前集分四十一類，後集分六十一類，所采書凡二百種，取材既富，資考證者亦多。
彥周詩話	宋許顗撰、	一	百川本、稗海本、津逮本、明刊本、歷代詩話本、	是編所論，多宗元祐之學，故所述蘇黃諸論爲多，其品第諸家，亦具有別裁。
紫微詩話	宋呂本中撰、	一	百川本、津逮本、明刊本、歷代詩話本、	是書大致以論詩爲主，間涉經義及雜事雜文，本中之學雖出於黃庭堅，而所論乃不主一家，亦不主一格。
四六話	宋王銍撰、	二	百川本、學津討原本、宋本半頁七行行二十字、明刊本、	是書所論，多宋人表啟之文，大抵舉其工巧之聯，氣格法律皆置不道，就一時之法論之，頗有推闡入微之處。
珊瑚鉤詩話	宋張表臣撰、	三	百川本、明刊本、歷代詩話本三卷、	是書取杜甫詩文采珊瑚鉤句，故名曰珊瑚鉤。書中間涉雜事，不盡論詩之語。

石林詩話	宋葉夢得撰、	一	百川本、津逮本、歷代詩話本三卷、葉氏刊本、	是書所論，多推重王安石，而詆毀歐陽修，殆與臨漢隱居詩話相同，然所評論，往往深中竅會。
藏海詩話	宋吳可撰、	一	知不足齋本、函海本、朱述之刊、日本刊本、	是書原本久佚，此從永樂大典錄出，其論詩喜作不了了語，似乎禪家機鋒，然評論考證，亦多可取。
風月堂詩話	宋朱弁撰、	二	廣秘笈本、	是編多記元祐中歐陽修，蘇軾，黃庭堅，陳師道，梅堯臣，及諸晁遺事，其窺見深際處。後來論詩者皆所未及。
歲寒堂詩話	宋張戒撰、	二	聚珍板本、學海類編本、不全、閩刊本、杭刊本、	是書世無傳本，從永樂大典錄出，其論古來詩人由蘇黃上溯漢魏風騷，分為五等，大旨尊李，杜而推陶阮。

庚溪詩話	宋陳巖肖撰、	二	百川本、學海本、藝圃搜奇本、	是書卷首先載宋累代及前代帝王之作，次即評論唐宋詩人於元祐諸家尤多所徵引。
韻語陽秋	宋葛立方撰、	二〇	明刊本、學海本、歷代詩話本、藝圃本、有宋刊、勞平甫校宋本、	是書大旨，不甚論句格工拙，惟辨別風旨之是非，故曰陽秋，襲用晉人語也。(附注)按晉人以避諱之故，改春爲陽。
䂬溪詩話	宋黃徹撰、	一〇	聚珍本、閩刊本、知不足齋本、學海類編本、七子詩話本、有嘉泰癸亥刊本、	是書持論，惟存風教，不尚雕華，徹本工詩，故不失風人之旨。
唐詩紀事	宋計有功撰、	八一	汲古閣刊本、明嘉靖中杭州刊本、	是書於唐一代詩人，或錄名篇，或記本事，兼詳其世系爵里，凡一千一百五十家，唐人詩集不傳者，多賴此書以存。

觀林詩話	宋吳聿撰、	一	墨海金壺本、守山閣刊本、學海本、	是書大旨，主宗元祐，故多稱述蘇黃。考此書作於南宋初，故所編至賀鑄汪藻汪宣而止。
四六談塵	宋謝伋撰、	一	百川本、學海本、學津本、	是書所論，多以命意遣詞分工拙，所見在王銍四六話上。
環溪詩話	不著撰人名氏、	一	學海本三卷、明刊本、	是書皆品評吳沆之詩，及述沆論詩之語，書中不著撰人名氏只稱沆為先環溪，疑為其後人所追記。
竹坡詩話	宋周紫芝撰、	一	百川本、二卷、津逮本、歷代詩話本、	是書原一百條，今所存者僅八十條，蓋已殘缺。紫芝工於詩，故品評考證，亦多可取。
苕溪漁隱叢話前集 後集	宋胡仔撰、	六〇 四〇	重刊宋本、海山仙館本、淡生堂餘苑本、六十卷、繡谷亭書錄云向無善本、率多訛漏、又有舊本小字者、似元刊餘苑本、道古樓有宋刊本、	是書繼阮閱詩話總龜而作，凡閱書所載者皆不錄，惟閱書多錄雜事，此則論文考義者居多，閱書多立門目，此書以作者先後為次，故二書雖可互相補苴，而其體例則各有不同。

文則	宋陳騤撰、	二	唐宋叢書本、秘笈本、格致叢書本、明關中趙瀛刊本、又四明屠本畯刊本、近刊本、佳趣堂目有元板文則、陸五湖藏本、台州叢書本、三續百川本、	是書所論文章體製，大旨皆準經以立制，而於文字增減之較量，亦所斤斤，故不免於拘泥。
二老堂詩話	宋周必大撰、	一	津逮本、歷代詩話本、益公全集本、	是書論詩之語，凡四十六條，所論多主於考證，頗爲精審。
誠齋詩話	宋楊萬里撰、	一	誠齋集本、日本刊本、	是書題曰詩話，而論文之語，乃多於詩。萬里本以詩名，所論往往中理，且每以俚語標爲佳句，蓋萬里之詩，好以文語俚語並用也。
餘師錄	宋王正德撰、	四	守山閣本、墨海本、	是書輯前代論文之語，始自北齊而迄於宋，大抵採集衆說，不參論斷，而去取之間，頗爲不苟。

滄浪詩話	宋嚴羽撰、	一	津逮本、歷代詩話本、淡生堂餘苑本、寶顏堂本、百川本、明刊本、	是書首詩辨，次詩體，次詩話，次詩評，次詩證，凡五門，其論詩大旨一取盛唐爲宗，主於妙悟。
詩人玉屑	宋魏慶之編、	二〇	明天順刊十卷本、嘉靖六年重刊元本、格致本、清仿宋刊本、天祿目有元本、	是編與胡仔苕溪漁隱叢話大致相仿，胡書所載，北宋人語爲詳，此書所載，南宋人語爲多，胡書以作者時代爲先後，此書則以格分類，是其不同耳。
娛書堂詩話	宋趙與虤撰、	一	讀畫齋叢書本、	其論詩源出江西，而兼涉於江湖宗派，故所取稍涉蕪雜，然名章雋句，軼事逸聞，亦絡繹其間，頗足以資聞見。
後村詩話前集 後集 續集 新集	宋劉克莊撰、	二 二 四 六	路有鈔本、八千卷樓有鈔宋、張氏適園叢書本、	是書前集後集續集統論漢魏以下，而唐宋詩人爲多，新集六卷則詳論唐人之詩，皆採摘精華，品題優劣，間有連篇備錄，與他家詩話爲例稍殊。

荊溪林下偶談	宋吳子良撰、	四	唐宋本、秘笈本、姚士琇刊本、	是編品評詩文，多述葉用餘論，大抵精確者居多。
草堂詩話	宋蔡夢弼撰、	二	四庫依惠棟藏本稱爲秘笈、杜氏刊本、方氏刊本、	是書皆評論杜甫之詩，凡二百餘條。皆採自宋人詩話語錄文集說部，頗爲詳贍，足資考證。其曰草堂者，蓋甫客蜀時所居因以爲名。
文章精義	宋李耆卿撰、	一	格致本、琳琅秘室本、活字本、	是書論文多本六經，於工拙繁簡之間，源流得失之辨，頗具鑒裁。
竹莊詩話	宋何谿汶撰、	二四	路有鈔本、	是書體例，每條以前人詩話列前，以所論之詩全篇附載於後，使觀者即其所評，與原詩互相勘證，頗便於參考。

浩然齋雅談	宋周密撰、	三	聚珍本、閩刊本、杭縮本、懺花菴本、	是書上卷考證經史，品評文章，中卷爲詩話，下卷爲詞話，其所記故實以及佚篇斷句，什九爲他書所不載，實爲希覯之本。
對牀夜話	宋范晞文撰、	五	學海本、知不足齋本、八千卷樓有淡生堂鈔本、又盧氏鈔本又刊本、	是書皆論詩之語，自漢魏至宋，皆有品評，頗能沿波討源，探索漢魏六朝唐人舊法，於詩學多所發明。
詩林廣記前集　後集	宋蔡正孫撰、	一〇　一〇	元刊本、明汪諒刊本又明刊四卷、題精選古今名賢叢話詩林廣記、舊刊小字本、似宋元刊、明仿宋本、明刊本、明單刊後集本、	是書前後兩集，皆以詩隸人，而以詩話隸詩，各載其全篇於前，而所引諸說，則下詩二格，條列於後，體例在總集詩話之間。
文說	元陳繹曾撰、	一	四庫從永樂大典錄出、不全、依閣刊本、活字本、	是書蓋因延祐復行科舉，爲程試之式而作，書中分列八條，皆論行文之法。

修詞鑑衡	元王構編、	二	指海本、	是書上卷論詩、下卷論文，皆採宋人詩話及文集說部爲之，然去取頗爲精審。
金石例	元潘昂霄撰、	一〇	雅雨堂刊本、清嘉慶辛未郝懿行重刊本、淡生堂餘苑本、元至正五年刊本、南海吳氏刊本、鑑止水齋刊本、	是書前五卷述碑誌之始，於制度源流，頗爲詳核，六卷至八卷，述韓愈所撰碑誌標爲程式，九卷雜論文體，十卷爲史院凡例。
作義要訣	元倪士毅撰、	一	路有鈔本、四庫依大典輯出本、陸心源十萬卷樓刊本、許氏有鈔本、	是書所論，皆當時科舉經義之體例，頗拘拘於程式，不足以括文章之變也。
墓銘舉例	明王行撰、	四	雅雨堂本、郝氏重刊本、清乾隆丙子全匱王氏刊本、	是書取韓愈李翺以下十五家誌墓之文，標爲十二例，似較潘霄昂金石例墨守韓氏一家者，爲得其變通。

懷麓堂詩話	明李東陽撰、	一	知不足齋本、淡生堂餘苑本、再續百川本、七子詩話本、	是書論詩，主於法度音調，而極論剽竊摹擬之非，頗得詩家三昧。
頤山詩話	明安磐撰、	二	有刊本、八千卷樓有鈔本、	磐論詩以嚴明爲宗，持論往往中理，雖載及俳諧，未免涉於小說，然不害其宏旨也。
詩話補遺	明楊愼撰、	三	明刊本、函海本、	愼是書作於謫戍永昌之時，邊地少書，惟憑記憶，故不免小有舛譌；然其學有根柢，兼富詞章，所論究在明人詩話之上。
藝圃擷餘	明王世懋撰、	一	學海本、廣百川本、歷代詩話本、	按是書大抵宗其兄世貞之說。然成書在藝苑卮言以後，已稍覺摹古之弊，故頗裁損李攀龍而推挹徐禎卿高叔嗣。

唐音癸籤	明胡震亨撰、	三三	清康熙戊午江陰書肆刊本、明刊本、	是書總名唐音統籤，凡十集，此其第十集也，前九集皆錄唐詩，此集則專錄詩話，雖多錄明人議論，未可據爲定評，然縷析條分，元元本本，唐三百年詩派之源流，已約略備具矣。
金石要例	清黃宗羲撰、	一	雅雨堂刊本、合稱金石三例、赫氏刊本、王氏刊本、續藝圃本、借月山房刊本、昭代叢書本、	是書凡爲例三十六則，後附論文管見，對於潘昂霄金石例多所補正，其考證亦較潘書爲密。
歷代詩話	清吳景旭撰、	八〇	清嘉慶中刊本、	是書統論歷代之詩，上起三百篇，下迄明季，分爲十集，大抵以衆說互相鉤貫，以參考其得失，雖稍失曼衍，然取才宏富，亦苕溪漁隱叢話之亞也。

漁洋詩話	清王士禎撰、	三	養素堂刊本、又小字巾箱本、與沈歸愚說詩晬語合刊、	是書凡二百二十條，其論詩主於神韻，故所標舉多流連山水點染風景之詞。
師友詩傳錄	清郎庭槐編、	一	學海本、上海活字巾箱本、	按郎庭槐劉大勤二人皆學詩於王士禎，各述其師說以成書，郎錄在前，故劉錄稱續焉。
續錄	清劉大勤編、	一		
聲調譜	清趙執信撰、	一	藝海珠塵本、飴山全集本、貸園本、	是編乃執信以古詩唐詩互相鉤稽所得之定律，大旨古體詩五言重第三字，七言重第五字，而以上下二字消息之，所說頗爲精密。
談龍錄	清趙執信撰、	一	藝海本、貸園叢書本、飴山全集本、	是編大旨主於詩中有人，不當爲縹緲無着之語，使人人可用，處處可移。

宋詩紀事	清厲鶚撰、	一〇〇	清乾隆十一年刊本、	是書裒集詩話，雖以紀事爲名，而多收無事之詩，然關於南北宋逸篇軼事蒐羅之富，終以是書爲淵海。
全閩詩話	清鄭方坤編、	一二	清乾隆中刊本、耕禮堂本、	是編所載詩話，皆閩人之詩，與詩之爲閩而作者，上下千餘年間，一方文獻，犁然有徵，舊事遺聞，亦多資考證。
五代詩話	清鄭方坤撰、	一〇	養素堂刊本、粵雅堂刊本、耕禮堂刊本、	是編乃方坤就王士禎五代詩話原稿六百四十二條中删去二百十六條，補七百八十九條，定爲此編，於五代軼聞瑣事，至爲賅備。

書名	著者	卷數	版本	書旨
珠玉詞	宋晏殊撰、	一	汲古閣刊本、袖珍本、孫仲容有舊鈔本、珠玉詞小山詞共一冊、與毛本略有異同、丁氏有明鈔本、	按殊性至剛，而詞語特婉麗，劉攽中山詩話，稱殊喜馮延巳歌詞，其所自作亦不減延己，殆爲定評。
樂章集	宋柳永撰、	一	汲古閣刊本、	永詞旖旎近情，使人易入，葉夢得避暑錄話。言凡有井水飲處，即能歌柳詞，極言其傳之廣也。
安陸集	宋張先撰、	一	葛氏刊本、知不足齋本、作張子野詞二卷、侯氏刊本、均照四庫所收葛氏本完備、葛刊本附復古篇後、楊局刊本、	是編爲淸葛鳴陽所輯，凡詩八首，詞六十八首，今從其多者爲主，故錄之於詞曲類中。先工於詩，而詞更勝於詩，當時以張三影得名殆非無故。
附錄		一		

六一詞	宋歐陽修撰、	一	汲古閣刊本、歐集本三卷、丁氏有明鈔本、	原本三卷，此本爲毛晉所刊，删去樂語，併爲一卷，修詞未嘗別用門庭，然婉約風流，較之硬語盤空，轉不失本色。
東坡詞	宋蘇軾撰、	一	汲古閣刊本、蘇集本二卷、有延祐庚申刊本、四印齋本、	軾以歌行縱橫之筆，盤屈而爲詞，跌宕排奡，一變舊格，遂爲辛棄集一派開山。
山谷詞	宋黃庭堅撰、	一	明刊本、汲古閣刊本丁氏有明鈔本、	詞非庭堅當行，顧其佳者，則妙脫蹊徑，迥出慧心。
淮海詞	宋秦觀撰、	一	汲古閣刊本、詞苑英華本、淮海集本丁氏有明鈔本、	觀詩格不及蘇黃，而詞則情韻兼勝，在蘇黃之上。

書舟詞	宋程垓撰、	一	汲古閣刊本、丁氏有明鈔本、又鈔本、	垓詞清便流易，不施雕飾，頗有可觀。惟格力俱較蘇軾爲弱。
小山詞	宋晏幾道撰、	一	汲古閣刊本、晏端書刊本、丁氏有明鈔本二部、	幾道爲殊之幼子，詞有父風，黃庭堅序稱其合者高唐洛神之流其下者不減桃葉團扇，幾道詞之見重當時，可以想見。
晁无咎詞	宋晁補之撰、	六	汲古閣刊本、作琴趣外篇、丁氏有鈔本、	此本爲毛晉所刊，題曰琴趣外篇，今改題晁无咎詞，補之爲蘇門四學士之一，其詞神姿高秀，與東坡可以肩隨。
姑溪詞	宋李之儀撰、	一	汲古閣刊本、丁氏有明鈔本、	之儀以尺牘擅名，而其詞亦工，小令尤清婉峭蒨，殆不減秦觀。

東堂詞	宋毛滂撰、	一	汲古閣刊本、丁氏有明鈔本、	滂有東堂集詞集一卷，別本孤行，其詞情韻特勝，惜分飛一闋，極爲東坡所賞。
溪堂詞	宋謝逸撰、	一	汲古閣刊本、丁氏有明鈔本、	逸詞大抵淘鍊清圓，點染工麗，集中花心動一闋，疑是贗作，此本削而不載。
片玉詞 補遺	宋周邦彥撰、	二 一	汲古閣本、西泠詞萃本、	邦彥爲宋詞大宗，所作皆精深華豔，而氣格渾成，鎔鑄成語，如自己出，此由筆力高妙，不但以嫻音律見長也。
初寮詞	宋王安中撰、	一	汲古閣本、八千卷樓有明抄本、又抄本、	安中之學，出於蘇軾晁說之，其文章富豔，詞亦清麗芊眠，與專門者聯鑣並駕。

友古詞	宋蔡伸撰、	一	汲古閣本、八千卷樓有明抄本、	按伸與向子。同官彭城，故集中多贈子諲之作，雖其詞不及子諲，而才致筆力，亦略相伯仲。
和清眞詞	宋方千里撰、	一	汲古閣本、八千卷樓有抄本、	千里規摹清眞，故追和其韻，清眞妙解聲律，分制節度，深契微芒，千里和詞，字字奉爲標準。如東坡和陶雖天然諧婉，終有芒忽之差，然唐摹晉帖，亦幾於亂眞矣。
聖求詞	宋呂濱老撰、	一	汲古閣刊本、丁氏有鈔本、	濱老在北宋以詩名，惟詩集已佚去，惟詞集僅存，楊愼詞品稱其佳處，不減秦觀，詠梅詞，不減蘇軾。
石林詞	宋葉夢得撰、	一	汲古閣刊本、刊本、葉廷琯刊本、	其詞初以穠豔擅長，晚年刊落浮華，乃頗類蘇軾。

筠谿樂府	宋李彌遜撰、	一	路有鈔本、舊本附筠溪集末、知不足齋刊本、四印齋本、丁氏有鈔本、	是集凡長短調八十一首，長調多學蘇軾，然不及軾之操縱自如，短調頗饒秀韻。
丹陽詞	宋葛勝仲撰、	一	汲古閣刊本、	原本多譌脫，此從永樂大典補完，勝仲與葉夢得酬唱頗多，而品格亦復相埒。
坦菴詞	宋趙師使撰、	一	汲古閣刊本、	其詞蕭疎淡遠，洵爲詞中之高格，但微傷率易，是其所編。
酒邊詞	宋向子諲撰、	二	汲古閣刊本、丁有明鈔本、	此本分爲二卷，上卷曰江南新詞，下卷曰江北舊詞，題下多自註甲子，新詞所註，皆紹興中作，舊詞所註，則政和宣和中作也。
無住詞	宋陳與義撰、	一	汲古閣刊本、	與義所居有無住菴，故以名之。其詞吐言天拔，不作柳嚲鶯嬌之態，亦無蔬荀之氣，殆首首可傳。

竹坡詞	宋周紫芝撰、	三	汲古閣刊本、	紫芝少時酷喜晏幾道詞，故其所作時有似其體製，入晚乃刊除穠麗，自爲一格。
漱玉詞	宋李清照撰、	一	詩詞雜俎本、汲古閣刊本、毛氏與朱淑貞詞同刊名二妙集本、四印齋本、	此本僅詞十七闋，附以金石錄序一篇，清照爲女詞家，詞格高秀，可與周柳抗行。
蘆川詞	宋張元幹撰、	一	汲古閣刊本、丁氏有明鈔本、	是集以其送胡銓及寄李剛二闋壓卷，其詞慷慨悲涼，數百年後尚想其抑塞磊落之氣，其他作則極嫵秀之致。
東浦詞	宋韓玉撰、	一	汲古閣刊本、丁氏有明鈔本、	玉本金人，紹興初挈家南渡，此集皆歸宋以後所作，集中戾賀諸篇稍傷俗濫，至如感皇恩減字木蘭花賀新郎諸作，亦極淒清婉轉。
嬾窟詞	宋侯寘撰、	一	汲古閣刊本、典雅詞本、	其詞婉約嫻雅，無酒樓歌館簪舄狼藉之態，在南宋諸家中，不能不推爲一作者。

逃禪詞	宋楊无咎撰、	一	汲古閣刊本、丁氏有明鈔本、	无咎當秦檜柄國，恥於依附，屢徵不起，其詞格極工，在南宋之初不忝作者。
于湖詞	宋張孝祥撰、	三	汲古閣刊本、昭文張氏有影宋本五卷、拾遺一卷、	其詞寓詩人句法，繼軌東坡，故所作氣概亦幾幾近之。
海野詞	宋曾覿撰、	一	汲古閣刊本、	覿詞才華富艷，實有可觀，其應制諸作，多工穩，奉使過汴諸作，語多慷慨悽然，大有黍離之悲。
審齊詞	宋王千秋撰、	一	汲古閣刊本、	集中多酬賀之作，其詞出入於秦觀蘇軾之間，風格秀拔，不雜俚音，南宋之後，亦卓然為一作手。
介菴詞	宋趙彥端撰、	一	汲古閣刊本、	其詞多婉轉纖濃，不愧作者，集末鷓鴣天十闋，乃為歌妓而作，儼然北里之音也。

歸愚詞	宋葛立方撰	一	汲古閣刊本、	立方不以興象爲重，故其詞多平實鋪敍，少清新婉轉之思，然大致尙不失宋人規格。
克齋詞	宋沈端節撰	一	汲古閣刊本、丁氏有何夢華鈔本、	其詞多有調而無題，無以考其用意之工拙，然吐屬婉約，頗具風致。
稼軒詞	宋辛棄疾撰	四	汲古閣刊本、許氏有明刊本八卷、天一閣目有李濂批點稼軒長短句刊本十二卷、明歷城王詔校刊、嘉慶十六年族裔啟泰刊集本、詞四卷、校毛本多三十四首、元刊大字行書本、九行行十六字、	其詞慷慨縱橫，有不可一世之概，於倚聲家爲變調，而異軍突起，能於剪紅刻翠之外，屹然別立一宗。
龍川詞 補遺	宋陳亮撰	一 一	汲古閣刊本、無補遺、應氏刊本、典雅詞本、四印齋單刊補遺本、	亮詞已載本集中，惟前後不甚詮次，此本爲毛晉所刊，分調類編，又補遺七首，詞多纖麗，與本集迥殊。

西樵語業	宋楊炎正撰、	一	汲古閣刊本、	是集詞共三十七首，其縱橫排奡之氣，雖不足敵棄疾，而屏絕纖穠，自抒清俊，要非俗艷所可比擬。
放翁詞	宋陸游撰、	一	汲古閣刊本、	放翁殊少作詞，故僅及詩集百分之一，楊愼詞品謂其纖麗處似淮海，雄快處似東坡，蓋欲驛騎於二家之間，故奄有其勝，而皆不能造其極也。
樵隱詞	宋毛幵撰、	一	汲古閣刊本、丁氏有何夢華鈔本、	幵他作不甚著，而小詞最工，集中滿江紅潑火初收一闋，尤爲清麗芊眠，故楊愼品詞特爲激賞。
知稼翁詞	宋黃公度撰、	一	汲古閣刊本、典雅詞本、丁氏有鈔全集本、	是集詞僅十三調共十四闋，每詞之下，系以本事，並及倡酬詩文，較他家詞集體例特詳。

蒲江詞	宋盧祖皐撰、	一	汲古閣刊本、	祖皐頗工於詩，小詞亦極纖雅，其詩傳者不多，詞集雖存較花菴詞選所載僅多一首亦非原帙也。
平齋詞	宋洪咨夔撰、	一	汲古閣刊本、	其詞淋漓激壯，多抑塞磊落之氣，頗近辛棄疾。
白石道人歌曲	宋姜夔撰、	四	汲古閣刊本、清初仿宋刊本、知不足齋單刊本、嘉定壬戌刊於雲間、乾隆八年江都陸鍾輝詩集刊本、最佳、羣賢小集本不佳、道光中祠堂刊本、于自製曲削去工尺、亦與詩集同刊、道光辛丑烏程范鍇全椒金望華單刊詞三卷於漢口亦無工尺、與碧山白雲爲三家、許氏刊本廣東刊本、	其詞精深華妙，尤喜自度新腔。九歌皆註律呂，琴曲亦註指法，自製諸曲皆註節拍於字旁。中國歌詞之法僅僅留此一線。
別集		一		

夢牕稿 補遺	宋吳文英撰、	四 一	汲古閣刊本、曼陀羅華閣本、朱彊村校刊本、	其詞深得清眞之妙，但用事下語太晦處，人不易知。
惜香樂府	宋趙長卿撰、	一〇	汲古閣刊本、	其詞瑕瑜互見，音律亦間有不協，然隨意成吟，多得蕭疎淡遠之致。
龍洲詞	宋劉過撰、	一	汲古閣刊本、	過學辛棄疾，詞多壯語，然時有不似辛體者，如南樓令沁園春等，詞造語贍逸，纖麗可愛。
竹屋癡語	宋高觀國撰、	一	汲古閣刊本、	其詞與史達祖齊名，其清新挺拔，壁壘足以相當。
竹齋詩餘	宋黃機撰、	一	汲古閣刊本、丁有鈔本、	機才氣磊落集中與岳珂酬唱諸長調，皆沈鬱蒼涼，不復作草媚花香之語。

梅溪詞	宋史達祖撰、	一	汲古閣刊本、四印齋本、	是集有張鎡序，稱其分鑣清眞（周邦彥號）平睨方回（賀鑄字）固爲推挹太過，然清詞麗句，亦姜夔之次乘也。
石屏詞	宋戴復古撰、	一	汲古閣刊本、	其詞音韻天成不費斧鑿，以詩爲詞，時出新意，無一語蹈襲，赤壁懷古之類，豪情壯采，直逼蘇軾。
散花菴詞	宋黃昇撰、	一	汲古刊從選本錄出、非足本、	昇詞追摹白石，且極有鑑別，輯有花菴詞選，此本即從詞選錄出，所增不過三首，然精華略具於此。
斷腸詞	宋朱淑眞撰、	一	詩詞雜俎本、汲古閣刊本、西泠詞萃本、	淑眞所適非偶，故多幽怨之音，舊與李清照漱玉詞合刊，雖未能與清照齊驅，要亦無愧於作者。其生查子一闋有月上柳梢頭人約黃昏後語此詞載歐陽修庭陵集不知何以竄入淑眞集厚誣古人不可不一置辨。

山中白雲詞	宋張炎撰、	八	康熙中錢塘龔翔麟刊本、又上海曹炳曾刊本、杭州項氏刊本、四印齋本、不佳、許氏刊本、范鍇金望華同刊三家本、	炎工爲長短句，以春水詞得名，人因號曰張春水，宋亡以後撫時感事所作更蒼涼激楚，在宋元之間，可謂江東獨秀。
竹山詞	宋蔣捷撰、	一	汲古閣刊本、	其詞練字精深，調音諧暢。爲倚聲家之正軌。
天籟集	金白樸撰、	二	康熙中六安楊希洛重刊本、四印齋本、丁氏有鈔本、	是集舊無傳本，清朱彝尊始序而傳本，樸詞清雋婉逸，音愜韻諧，可與張炎相匹。
蛻巖詞	元張翥撰、	二	知不足齋本、丁氏鈔附詩集本、	翥詩多憂時傷亂之作，其詞乃婉麗風流，有白石夢牕之餘音。
珂雪詞	清曹貞吉撰、	二	與珂雪集合刊本、	其詞風華掩映，寄托遙深，古調之中，又能緯以新意。

花間集	蜀趙崇祚編、	一〇	汲古閣刊詞苑英華本、似据北宋板翻刻、明刊硃評本四卷、姚氏刊本、多補二卷、明震澤王氏刊本、趙昧辛刊、紹興十八年晁謙之刊、宋本之最善者、莫郘亭有舊本、避宋諱有句讀者、似明初翻宋本、近刊影宋本丁氏有宋刊本、詞林萬選本、四印齋本、	詩變爲詞始於唐，而成於五代，然大都附入詩集，其以長短句自爲一編者，當以此集爲最古，唐末名家詞曲俱賴以僅存。
尊前集	不著編輯者名氏、	二	汲古閣刊詞苑英華本、明萬曆十年刊本，汲古閣本、	是集爲何時何人所輯，各家所說不一莫能確定，然就詞論詞，不失爲花間之驂乘。
梅苑	宋黃大輿編、	一〇	曹楝亭刊本、詩局刊本、	是編所錄，皆詠梅之詞，起於唐代，止於南北宋之間。

樂府雅詞	宋曾慥編、	三	秦氏刻詞學叢書本、伍氏刊本、粵雅堂刊本、	是編所錄宋人之詞，凡三十又四家，稍涉諧謔者皆屏而不錄，故命曰雅詞。
補遺		一		
花菴詞選	宋黃昇編、	二〇	詞苑英華本、萬歷四年舒伯明刊本多缺字、汲古閣刊本、丁氏有鈔本、	是集分前後兩編，前編十卷。曰宋唐諸賢絕妙詞選，後編十卷曰中興以來絕妙詞選。昇本工詞，故去取精審在曾慥之上。
類編草堂詩餘	不著編輯者名氏、	四	明嘉靖庚戌刊本、萬歷甲寅刊本、詞苑英華本、明刊硃評本、韓氏有元刊本、伍氏刊本、有宋刊本汲古閣本、懺花菴五卷本、	詞家小令中調長調之分，自此書始，所錄雜而不純，不及花菴詞選之精，然名章雋句，亦錯出其間。
絕妙好詞箋	宋周密編其箋則爲清查爲仁厲鶚同撰、	七	乾隆中查氏刊本、道光戊子杭州刊本、清初嘉善柯南垓刊無箋註本、清吟閣刊本、	所錄南宋歌詞，始於張孝祥，終於仇遠，凡一百二十家，去取謹嚴，在樂付雅詞花菴詞選之上，爲仁等箋註，亦頗詳賅。

樂府補題	不著編輯者名氏、	一	知足不齋本、康熙中蔣景初刊本、漱六編本、	所錄宋末遺民唱和之作，凡十三人，三十七首，皆詠物詞也。
花草稡編 附錄	明陳耀文編、	二四 一	明刊本、金氏活字板本、	是集因唐花間集宋草堂詩餘而起，故以花草稡編爲名。所錄多唐宋二代之詞，亦間及於元人。捃摭極爲繁富，箋釋亦頗詳賅。
歷代詩餘	清沈辰垣等撰、	一二〇	清內府刊本、	所錄自唐及明詞，凡一千五百四十調，九千餘首，爲一百卷。選人姓氏爵里十卷，詞話十卷。諸調次第，乃以數字多少爲斷，不以小令中調長調而分也。
詞綜	清朱彝尊編、	三四	清康熙中刊本三十六卷、	是編所錄唐宋金元詞通五百餘家，其中多他選未見之作，彝尊精於考證，嫻於音律，故選擇謹嚴，迥出諸家詞選之上。

十五家詞	清孫默編、	三七	康熙丁巳刊本、丁氏有鈔本、	是編所錄爲吳偉業，梁清標，宋琬，曹爾堪，王士祿，尤侗，陳世祥，黃永，陸求可，鄒祗謨，彭孫遹，王士禎，董以寧，陳維崧，董俞十五家之詞，原本每篇均有評語此本削而不載。
碧雞漫志	宋王灼撰、	一	學海類編本、知不足齋刊本、足唐宋叢書本、不足、	是編詳述曲調源流，首述古初至唐宋聲歌遞變之由，次列二十八調溯其得名之所自，與其漸變宋調之沿革其曰碧雞者，蓋作是書時，適居碧雞坊，固以爲名。
沈氏樂府指迷	宋沈義父撰、	一	此書附刻陳耀文花草粹編中、評花仙館本、四印齋本、刊本、	其論詞以周邦彥爲宗，頗多中理，亦間有拘泥處。
渚山堂詞話	明陳霆撰、	三	與所作詩話並刊、丁氏有鈔本二部、	是編與所作詩話並刊，而較詩話爲稍勝，蓋霆於詞爲近，故所論多中肯。又宋元明佚篇佳句本集不傳於世者，亦頗賴此以存。

西河詞話	清毛奇齡撰、	二	西河全集本、昭代叢書本、賜硯堂本、	奇齡塡詞之功，較深於詩，故所論頗多精核之處，惟采摭繁富，門目詳明，則不逮詞苑叢談。
詞苑叢談	清徐釚撰、	一二	康熙二十七年丁氏刊本、海山仙館刊本、	是書專集詞家故實，分爲體製，音韻，品藻，紀事，辨正，諧謔，外編七門，採摭繁富，援據詳明，爲論詞之總匯。
詞譜	清王奕清等撰、	四〇	內府刊朱墨套印本、	是譜凡八百二十六調，二千三百六體，均以字數多寡爲序，每調各註其源流，每字各圖其平仄，每句各註其叶韻，尤博瞻而典核。
詞律	清萬樹撰、	二〇	康熙丁卯刊本、瞿氏有厲樊榭詳校本、刊本、蘇刊本、石印本、	是編多糾正，嘯餘譜及塡詞圖譜之譌，以及諸家詞集之舛異，析疑辨誤，頗有根據。

顧曲雜言	明沈德符撰、	一	學海類編本、硯雲甲乙篇本、	是書專論雜劇南曲北曲之別，縷晰條分，辨訂頗爲精確。
曲譜	清王奕清等撰、	一四	內府刊本、	是編於北曲南曲，各以宮調提綱，每曲各詳註其音律，其舊譜譌字，亦一一辨正，載於本調之後。
中原音韻	元周德清撰、	二	明刊本、明重刊本、	是書音韻之例，以平聲分爲陰陽，以入聲配隸三聲，分爲十九部，蓋全爲北曲而作。

中華國學叢書

四庫目略（全二冊）

作　　者／楊立誠 編
主　　編／劉郁君
美術編輯／本局編輯部

出 版 者／中華書局
發 行 人／張敏君
副總經理／陳又齊
行銷經理／王新君　林文鶯
地　　址／11494 台北市內湖區舊宗路二段181巷8號5樓
客服專線／02-8797-8396　　傳　　真／02-8797-8909
網　　址／www.chunghwabook.com.tw
匯款帳號／華南商業銀行　西湖分行
179-10-002693-1　中華書局股份有限公司

法律顧問／安侯法律事務所
製版印刷／維中科技有限公司　海瑞印刷品有限公司
出版日期／2020年06月台二版
版本備註／據1970年6月台一版復刻重製
定　　價／NTD 1000（套）

國家圖書館出版品預行編目（CIP）資料

四庫目略 / 楊立誠編. — 台二版..— 臺北市 :
中華書局, 2020.06
冊 ;　公分
ISBN 978-986-5512-11-8(全套 : 平裝)

1.四庫全書 2.目錄 3.研究考訂

018.16　　109007048

NO.J0019
ISBN 978-986-5512-11-8（平裝套號）

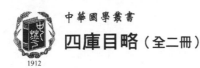